JN434130

IFRS 회계와 사회

김석웅 · 김태동 · 이영한 · 최영문

교육과학사

머리말

우리 사회의 경제활동 중에서 생산의 주체는 기업이다. 기업의 생산활동이 효율적이고 효과적으로 움직일 때 우리 사회도 그에 따라 효율적이고 효과적으로 움직일 것이다.

기업을 중심으로 하는 많은 이해관계자들은 기업의 경영활동에 관심을 가지고 있다. 이해관계자들 이 기업의 경영활동을 파악하기 위해서는 회계정보를 읽을 수 있어야 한다. 회계는 기업의 언어이며, 기업의 언어를 알아야 기업을 제대로 파악할 수 있기 때문에, 기업의 이해관계자들은 회계를 알아야 할 것이다.

기업의 이해관계자들은 기업의 재무상태, 경영성과, 현금흐름 등에 많은 관심을 가지고, 이에 관한 정보에 입각해서 자신들의 의사결정을 실시하여 사회자원의 효율적인 배분을 촉진하게 된다. 오늘날 기업의 활동은 국제화되어 있어서 기업에 관한 회계정보도 국제회계기준에 따라 작성하게 된다.

본서는 회계학의 입문서로 집필된 것이다. 경제학의 경우에 경제학원론처럼, 본서는 회계학을 처음 배우고자 하는 사람들에게 회계학의 전체적인 숲의 모습을 보여주고자 노력하였다. 대학에서의 회계원리 강좌는 회계학의 한 분야인 재무회계의 기초부분에 해당한다고 볼 수 있다. 따라서 회계학을 처음 배우는 사람이 회계원리만 배우게 될 경우에는 재무회계의 일부인 회계원리(부기)를 회계학의 전부인 양 오해할 가능성이 있을 것이다. 이런 점을 고려하여 본서에서는 회계학의 전체적인 숲의 모습을 보여주고자 노력하면서, 회계정보의 생산, 이용 등 우리 사회에서 회계가 수행하는 다양한 기능을 살펴볼 수 있도록 하였다.

본서는 크게 재무회계, 원가 · 관리회계, 세무회계, 회계감사 등의 4부분으로 구성되어 있다. 본서를 통해서 회계학의 전반적인 모습을 파악하고, 회계가 우리 사회에서 기능하는 다양한 역할을 이해하는 데 도움이 되기를 바랄 뿐이다.

끝으로 본서의 출간을 쾌히 허락해 주신 교육과학사의 김동규 대표님과 이주표 부장님께 진심으로 감사를 드리며, 출간 준비가 길지 않았는데도 강의 일정에 맞게 출간할 수 있도록 도와주신 편집부원 여러분께도 고마움을 전하고자 한다.

본 교재를 만나게 될 독자 여러분의 건강과 건승을 기원하면서...

또 다른 개강을 앞두고

공저자 김석웅 · 김태동 · 이영한 · 최영문

목차

제1부 회계의 기초

제2부 재무회계

회계의 기초 1

제1장 회계의 기초개념

회계의 기초개념

1장

제1절 기업의 본질
제2절 회계의 본질
제3절 재무보고를 위한 개념체계
제4절 일반적으로 인정된 회계원칙

"이 세상엔 애석하게도 복식 부기의 아름다움을 모른 채 평생을 보내는 사람들이 너무 많다는 게 내 지론이야. 그리고 복식 부기는 인류 역사상 무척 중요한 발명들 가운데 하나야. 복식 부기에 의한 정확한 계산 없이 큰 사업체, 특히 국제무역에 종사하는 회사를 운영할 수는 없었을 거야. 그리고 그러한 회사들이 없었으면 지금 세상이 어떨까 한번 생각해봐. 내 생각엔 복식 부기의 발명은 내연 기관의 발명과 맞먹는 중요한 사건이야."

"복식 부기는 누가 발명했나요?"

"애석하게도 그것은 알려지지 않았어. 내 생각엔.... 역사상 중요한 발명들처럼 복식 부기도 여러 사람들이 오랫동안 조금씩 다듬어 낸 것 같아. 의자나, 책상이나, 가위나, 바지처럼 정말 중요한 발명들은 그런 게 많잖아?"

"내가 언제나 말하는 바지만, 기획부에서 일하려면 회사 업무의 모든 부면에 대해 조금씩은 알아야 해. 앞으로 합작 투자 업무가 있으니까, 회계 지식은 꼭 필요해. 그리고 회계에 관한 영어 어휘를 아는 것은 당장 필요하고, 참."

복거일의 소설, 「碑銘을 찾아서」(문학과 지성사, 1987)

제1절 기업의 본질

경제주체의 하나인 기업, 특히 영리기업은 고객에게 재화나 서비스를 제공하여 이익을 창출하고자 한다. 이익의 크기는 일반적으로 재화와 서비스를 고객에게 제공한 대가로 수령한 금액과 재화와 용역을 제공하는 과정에서 희생된 자원의 장부금액을 차감하여 측정된다.

본서의 내용은 이익 창출 이외의 목적을 가지는 종교기관, 자선단체, 학교 등의 비영리조직이 아닌, 영리기업을 주된 대상으로 전개된다.

1. 기업의 유형

영리기업은 일반적으로 제조업, 판매업, 서비스업 등의 형태로 운영된다. 이들의 특성을 살펴보면 다음과 같다.

제조업 : 투입물(원자재, 노동력)을 제품으로 변환시켜서 고객에게 판매한다. 자동차회사, 전자회사, 음료수회사 등이 제조업에 해당한다.

판매업 : 다른 기업으로부터 제품 또는 상품을 구입해서 고객에게 판매한다. 즉, 도 · 소매업을 영위하는 상품매매기업이 이에 속한다.

서비스업 : 고객에게 서비스를 판매한다. 여행사, 금융회사, 회계법인 등이 서비스업에 해당한다.

2. 기업조직의 형태

기업조직의 공통적인 형태는 개인기업, 조합, 회사 등이다. 여기서 회사는 다시 주식회사, 유한회사, 합명회사, 합자회사 등으로 구분된다.

개인기업(sole proprietorship)은 개인이 창업해서 소유하는 기업이며 설립이 상대적으로

쉽다. 미국에서도 기업의 70% 이상은 개인기업이다.

조합(partnership)은 두 명 이상의 개인이 공동으로 소유하는 기업이다. 미국에서는 기업의 약 10%가 조합의 형태로 운영된다.

주식회사(corporation)의 주인은 주주이다. 주식회사의 소유권을 나타내는 주식은 유상 또는 무상으로 투자자들에게 발행된다. 오늘날 존재하는 회사 형태의 대부분은 주식회사이며 국가생산력의 상당 부분을 담당하고 있다. 미국에서는 기업의 20% 정도가 주식회사이다. 본서의 주된 내용은 주식회사를 중심으로 전개된다.

3. 기업의 활동

모든 기업은 세 가지 형태의 활동(영업활동, 투자활동, 재무활동)에 관련되어 있다. 예를 들면, 어떤 기업의 설립자는 자신의 사업을 시작해서 성장시키기 위해서는 재무활동을 필요로 한다. 이러한 재무활동의 일부는 개인의 저축에서 나오며, 일부는 은행과 같은 외부의 원천에서 나온다. 그 후 조달한 현금은 사업을 운영하기 위해 필요한 기계나 차량운반구와 같은 유형자산에 투자된다. 일단 이러한 시설이 갖추어지면, 설립자는 제품을 제조해서 판매하는 영업활동을 시작할 수 있을 것이다.

3.1 재무활동

돈을 벌기 위해서는 돈이 필요하다. 기업의 두 가지 주요한 외부자금원천은 자금차입과 주식발행이다. 예를 들면, 회사는 다양한 방식으로 돈을 차입할 수 있을 것이다. 은행에서 차입할 수도 있고, 사채를 발행함으로써 투자자로부터 직접 빌릴 수도 있으며, 재화를 외상으로 매입함으로써 납품업자로부터 돈을 빌릴 수도 있다. 자금을 빌려준 사람이나 기관을 채권자(creditors)라 한다. 채권자에게 갚아야 하는 금액을 부채(liabilities)라 한다.

그 원천에 따라 다양한 형태의 부채가 있다. 매입채무(외상매입금, 지급어음), 차입금, 미지급임금, 미지급세금, 사채 등이 있다.

주식회사는 투자자에게 주식을 매각함으로써 자금을 조달할 수 있다. 자본금은 주주가 주식(보통주와 우선주)을 매입하면서 회사에 불입한 금액을 나타내기 위해 이용되는 액면가에 해당하는 용어이다. 채권자는 일정한 기간 동안 주주에 우선하여 원금과 이자를 받을 권리를 가진다. 주주는 회사에 이익이 발생할 경우 배당금을 받을 권리가 있다.

3.2 투자활동

일단 회사가 재무활동을 통해 자금을 조달하였다면, 회사는 그 자금을 투자활동에 이용할 것이다. 투자활동에는 기업이 영업하기 위해 필요로 하는 기계, 건물과 같은 유형자산의 구입이 포함된다. 회사의 초기단계에서는 많은 유형자산이 필요하다. 예를 들면, 컴퓨터, 차량운반구, 기계, 건물 등은 투자활동으로 인해 획득한 자원이다. 기업이 소유한 자원을 자산(assets)이라고 한다. 기업의 가장 중요한 자산 중의 하나가 현금(cash)이다.

기업자산의 대부분은 투자활동을 통해 구입된다. 그러나 다른 것들은 영업활동을 통해 발생하기도 한다. 예를 들면, 어떤 회사가 고객에게 재화를 판매하고는 즉시 현금을 수령하지 않는다면, 그 회사는 미래에 그 고객으로부터 대금을 수령할 권리를 가진다. 미래에 대금을 수령할 이러한 권리는 매출채권(account receivable)이라는 자산이다.

3.3 영업활동

일단 기업이 창업하기 위해 필요한 자산을 가지고 있다면, 기업은 그 영업을 시작할 수 있다. 대부분의 기업은 상품이나 서비스의 판매를 통하여 수익을 창출한다. 수익(收益, revenue)은 일반적으로 해당 기업이 일정 회계기간동안 자본거래를 제외한 다양한 거래를 통하여 거두어들인 경제적 효익의 증가분으로 측정된다.

수익은 다양한 원천에서 발생한다. 예를 들면, 상품매매기업의 일차적인 수익원천은 상품의 판매이다. 서비스기업의 경우에는 서비스(용역)의 판매가 주된 수익의 원천이다. 상품매매기업이나 서비스기업이 상품이나 서비스의 판매를 통하여 거두어들인 수익을 매출액이라고 한다. 서비스기업의 매출액을 용역수익이라고 부르기도 한다. 또한 해당 기업이 투자활동과 같은 주된 영업 이외의 활동을 통하여 이자수익, 배당금수익 등과 같은 영업외수익이 발생할 수도 있다.

기업이 상품이나 서비스를 판매하는 과정, 즉 수익을 창출하는 과정에서 다양한 비용(費用, expense)이 발생한다. 영업활동과 관련된 비용의 예를 들면 판매된 상품의 원가에 해당하는 매출원가를 비롯하여, 급여, 임차료, 공공요금 등과 같은 판매비와 관리비가 있다. 이외에도 영업외활동과 관련된 비용과 법인세비용 등이 발생한다.

기업은 일정 회계기간 동안에 발생한 모든 수익과 모든 비용을 비교하여 순이익 또는 순손실을 결정한다. 즉, 수익이 비용보다 더 크면 순이익(net income)이, 반대로 비용이 수익보다 더 크면 순손실(net loss)이 발생하였다고 보고한다.

제2절 회계의 본질

1. 회계의 본질 : 기업의 언어

오늘날의 세계는 정보를 작성, 전달, 분석, 이용하는 정보의 세계이다. 우리는 온갖 종류의 자료, 정보에 접근하고 전달하는 시대인 정보시대에 살고 있다. 정보는 우리가 사는 방식과 우리가 가지는 기회에 영향을 준다. 우리가 이용가능한 정보로부터 완전한 혜택을 누리기 위해서는 정보시스템에 관한 지식을 필요로 한다. 이러한 정보시스템에는 정보를 수집하고, 처리하며, 의사결정자에게 정보를 제공하는 것이 포함된다.

기업에 관한 정보를 제공하는 것이 회계의 중요한 목적이다. 회계는 기업의 활동에 관한 정보를 생산, 전달, 이용하는 정보시스템이다. 부기는 거래와 사건을 기록하는 것이며 이것은 회계의 한 부분일 뿐이다. 회계는 거래와 사건에 관한 정보를 식별, 인식, 전달할 뿐만 아니라 그 정보를 분석하고 해석하는 중요한 역할도 한다.

기술이 진보하기 때문에, 기술도 현대기업의 핵심적인 한 부분이며 회계에서 주요한 역할을 수행한다. 기술은 업무의 정확성을 개선하면서 기록의 시간, 노력, 비용을 줄여준다. 일부 중소기업은 다양한 회계업무를 여전히 수작업으로 수행하고 있지만, 정보기술에 의해 영향을 받고 있다. 기술이 대량의 자료를 저장, 처리, 요약하는 방식을 변화시킴에 따라, 회계도 업무영역이 확장되어 상담, 기획, 기타 금융서비스도 회계와 밀접하게 관련을 맺게 되었다. 이러한 서비스는 자료의 분류, 그 의미의 해석, 주요한 요소의 식별, 그 의미의 분석 등을 필요로 하게 되었다.

기업에서 회계의 역할은 무엇인가? 회계는 경영자가 기업을 운영하는 데 이용하기 위해 정보를 제공한다. 그리고 회계는 기업의 경제적 성과와 상태를 평가하는 데 이용하기 위해 이해관계자에게 정보를 제공한다.

일반적으로 회계는 기업의 경제적 활동과 상태에 관해서 이해관계자에게 정보를 제공하는 정보시스템으로 정의된다.

회계를 기업의 언어(language of business)라고 한다. 이것은 회계가 기업정보를 이해관계자에게 전달하는 수단이기 때문이다.

회계가 기업의 이해관계자에게 정보를 제공하는 과정은 [도표 1-1]과 같다. 기업은 먼저 그 이해관계자를 식별해야 한다. 그리고 나서 기업은 이해관계자의 다양한 정보욕구를 평가하고 그러한 욕구를 충족시키기 위한 회계시스템을 설계해야 한다. 마지막으로 회계시스템은 기업활동과 사건에 관한 경제적 자료를 기록한다.

일반적으로 기업의 이해관계자는 회계보고서를 의사결정의 기초가 되는 주된 정보원천으로 이용하지만, 다른 정보도 많이 이용한다.

| 도표 1-1 | 정보제공 과정

거래의 식별 → 인 식 → 측 정 → 전 달 → 이해관계자

2. 회계의 역할

인간사회에서 가장 중요한 문제 중의 하나는 경제문제인데, 이 경제문제는 자원의 희소성(scarcity of resources) 때문에 발생한다. 즉 인간의 물질적인 욕망은 무한한 데 반해서 이를 충족시키는 수단인 자원의 양은 상대적으로 희소하다.

여기서 자원이란 토지와 같은 자연자원 이외에도 노동, 자본 등 모든 생산요소들을 총체적

으로 일컫는 말이다. 우리는 바로 이 자원 또는 생산요소들을 이용하여 여러 가지 재화와 용역을 생산하게 된다.

그런데 인간의 재화와 용역에 대한 수요는 무한하므로 이를 만드는데 쓰이는 자원의 용도도 수없이 많으나, 실제로 자원의 양은 한정되어 있으므로 사람들의 모든 욕구를 충족시킬 수는 없다. 따라서 자원의 희소성으로 인해서 자연히 수많은 재화와 용역에 대한 수요 중에서 어떤 것을 충족시킬 것인가 하는 선택이 필요하게 된다. 이는 곧 한정된 자원을 이용하여 어떤 재화를 생산할 것인가를 선택할 필요가 있다는 것을 의미한다. 즉 희소한 자원의 효율적 배분 문제가 경제문제라 할 수 있을 것이다. 여기서 최소의 비용으로 최대의 효과를 올리려는 경제원칙이 발생하게 된다.

자본주의 사회에서는 자원의 희소성 때문에 모든 형태의 경제문제를 시장기구(market mechanism) 또는 가격기구(price mechanism)를 이용하여 해결하려고 한다. 여기서 가격기구나 시장기구가 작용한다는 것은 시장에서 수요와 공급이 상호작용하여 균형가격 및 균형수급량이 결정된다는 것을 의미하는데, 이를 보이지 않는 손(invisible hand)이 작용한다고 말한다. 가격기구는 모든 시장에서 작용하고 있는데, 시장은 각종의 재화와 용역이 거래되는 상품시장과 (자본, 노동 등과 같은) 각종의 생산요소가 거래되는 생산요소시장으로 나눌 수 있다.

경제행위를 행하는 주체는 경제주체라고 하는 데, 경제주체에는 가계, 기업, 정부가 있다. 가계는 상품시장에서 각종의 재화와 용역을 소비하는 한편, 생산요소시장에서는 가계가 소유하고 있는 각종의 생산요소를 공급하기도 한다.

기업은 상품시장에서 자신이 생산한 각종의 재화와 용역을 공급하여, 생산요소시장으로부터는 생산활동을 위하여 필요한 각종의 생산요소를 수요하게 된다. 한편, 정부는 생산활동과 소비활동을 조정하는 역할을 하게 한다.

경제주체가 시장에서 경제원칙에 입각해서 경제행위를 행할 때 정보를 필요로 하는 바, 여기서는 주로 기업을 대상으로 기업에 관한 정보인 회계정보의 생산, 이용, 감사 등과 관련해서 회계정보가 사회에서 수행하는 다양한 기능과 역할을 살펴보고자 한다.

2.1 사회적 자원의 효율적 배분

인간이 이용할 수 있는 사회적 자원은 한정되어 있다. 이러한 한정된 자원이 어떻게 배분되는가에 따라 사회전체의 자원흐름도 달라지게 된다. 즉, 한정된 자원이 생산성이 높은 기업에 배분되면 그 자원을 이용하여 얻어지게 되는 생산은 생산성이 낮은 기업에 배분되는 경우에 비하여 크게 되고, 따라서 사회 전체의 생활은 더욱 풍요롭게 될 것이다.

회계는 한정된 사회적 자원을 효율적으로 배분하는데 중요한 정보를 제공하게 된다. 예를 들면, 회계정보는 기업의 생산성을 평가하는데 유용하게 이용될 수 있으며, 한정된 은행의 자금력을 효율적으로 배분될 수 있도록 돕기도 한다. 그리고 회계정보가 증권시장에 제공됨으로써 기업이 발행한 주식이나 채권과 같은 증권의 가격을 합리적으로 결정하여 주고, 그 가격에 의해 증권시장을 통한 사회의 자본을 합리적으로 배분해 주는 역할도 한다.

이와 같이 회계정보는 투자자와 채권자에게 제공되어 이들로 하여금 기업의 생산성을 판단하는 데 도움을 준다. 즉, 생산성이 높다고 판단되는 기업의 증권가격은 상승하게 되고, 가격이 오르게 되면 그 기업은 증권을 추가적으로 발행하여 새로운 자본을 조달할 수 있게 된다. 그러나 반대의 경우에는 기업이 새로운 증권을 발행하여 자본을 조달하기가 어렵게 되어, 결과적으로 증권시장을 통하여 기업에 제공될 수 있는 한정된 자본은 생산성이 높은 기업에 많이 돌아가게 된다.

회계정보는 이러한 증권시장의 바람직한 기능을 효과적으로 수행하는 데 필수적인 투자자의 합리적 판단에 매우 중요한 것이다.

2.2 사회적 자원의 효율적 관리

경영자는 기업에 배분된 자원을 효율적으로 이용하고 관리함으로써 보다 많은 효익을 얻고자 한다. 이를 위해 기업의 경영자들은 자원관리와 관련된 의사결정을 하게 된다. 경영자들이 자원관리과정에서 합리적인 의사결정을 내리기 위해서는 그들의 의사결정과 관련한 회계정보가 필요하다. 회계정보는 기업의 경영자들이 그들에게 위탁된 자원을 효율적으로 관리하기 위한 합리적 결정에 도움을 주는 중요한 재무정보를 제공해 준다.

2.3 회계책임

기업의 규모가 증가함에 따라 소유와 경영을 분리하게 되었다. 경영은 전문경영자가 맡게 되고, 소유주인 기업외부의 자본가가 자신의 자본을 전문경영자에게 위탁함으로써 기업을 더욱 능률적이고 효과적으로 운영하게 되었다. 여기서 경영자는 기업에 필요한 자금을 외부로부터 수탁받았기 때문에 이를 잘 운영할 책임이 있는데, 이를 수탁책임(stewardship)이라고 하며, 기업의 운영상황과 결과를 외부의 자금제공자에게 설명할 책임을 회계책임(accountability)이라고 한다. 이러한 회계책임은 회계정보를 통해 설명되는 바, 전문경영자가 주주총회에서 수탁책임과 회계책임을 잘 수행하였는지의 여부를 평가받아서 신임을 받게 된다. 만약 신임을 받지 못하면 회사를 그만두어야 할 것이다.

2.4 사회의 통제

회계정보는 여러 가지 사회적 통제의 합리적이고 능률적인 수행을 위해서 이용되고 있다. 즉, 국가는 회계정보를 이용하여 기업에 대하여 적정한 세금을 부과하고, 합리적인 경제정책을 수립하며 다양한 규제를 가하고 있다. 최근에 기업의 환경오염에 대한 사회적 관심이 점차적으로 높아져 가고 있다. 기업은 대기오염이나 수질오염 등의 방지를 위하여 스스로 노력하여야 하며, 이를 위해 적합한 수준의 환경비용을 부담하여야 한다. 따라서 기업이 부담한 환경비용에 관한 보고서는 기업의 사회적 책임을 평가하는 데 중요한 정보가 된다.

3. 회계정보의 이용자

모든 조직은 사람들이 의사결정을 더 잘 하도록 도와주기 위해 정보를 전달하는 회계정보시스템을 설치하고 있기 때문에 회계는 기업의 언어(language of business)라고 한다. 회계정보시스템은 두 종류의 이용자(내부이용자와 외부이용자)로 나눌 수 있는 다양한 이용자에게 이바지한다.

3.1 내부이용자

회계정보의 내부이용자에는 기업을 기획하고, 조직하고, 운영하는 경영자와 생산에 종사하는 종업원이 있다. 경영자에는 마케팅경영자, 생산감독관, 재무담당이사, 임원 등이 포함된다. 기업을 운영할 때, 경영자는 기업내부의 중요한 문제(각 제품단위의 제조원가는 얼마인가? 어떤 제품라인의 수익성이 가장 좋은가? 종업원에게 임금인상을 해줄 여유가 있는가? 등)에 직면해서 회계정보를 이용해서 해결책을 구해야 한다. 그리고 종업원은 기업의 안전성과 수익성에 대한 정보에 관심을 갖는다. 이들은 또한 기업의 보수, 퇴직급여 및 고용기회 제공능력을 평가할 수 있는 정보를 필요로 한다.

이용자는 적시에 상세한 정보가 필요하다. 내부이용자의 경우에, 회계는 내부보고서를 제공한다. 이의 예로는 신규판매전략의 이익예측, 차기 현금수요의 예측 등이 있다. 이외에, 요약재무정보가 재무제표의 양식으로 제시된다.

3.2 외부이용자

회계정보의 외부이용자에는 여러 가지 유형이 있다. 투자자(소유자)는 주식을 구입, 보유, 판매하기 위한 의사결정을 하기 위해 회계정보를 이용한다. 납품업자, 은행 등과 같은 채권자는 신용을 부여하거나 자금을 대여하는 위험을 평가하기 위해 회계정보를 이용한다.

기타 외부이용자의 정보욕구와 질문은 상당히 다양하다. 국세청과 같은 과세당국(taxation authorities)은 기업이 세법을 준수하는지의 여부를 알고자 한다. 증권선물거래소, 금융감독원 등과 같은 규제기관(regulatory agencies)은 기업이 정해진 규정내에서 운영하고 있는지의 여부를 알고자 한다. 고객(customers)은 기업이 제품보증을 계속 실시하고 그 생산라인을 지속할 것인지의 여부에 관심이 있다. 일반대중(general public)은 재무제표에서 기업의 성장과 활동범위에 관한 추세와 현황에 대한 정보를 얻을 수 있다. 기업은 종업원의 고용과 지역 내 납품업자의 양성과 같은 다양한 방법으로 지역경제에 상당한 기여를 할 수 있다.

4. 회계분야

회계분야에는 다양한 분야가 있는데 이들을 여러 가지 방식으로 분류할 수 있다.

우선 부기와 회계를 구분해 보자.

부기 부기(book-keeping)는 회계의 한 분야이며, 장부기입의 약자로서 제무제표작성의 목적으로 특정한 기업실체에서 발생하는 회계사건이나 거래를 일정한 기입원리에 따라 장부에 기록하여 재무제표를 작성하는 기술(art)이다. 여기서는 회계정보의 생산측면만을 포함한다.

회계 회계(accounting)는 기업실체의 이해관계자에게 그들의 의사결정에 유용한 정보를 식별, 인식, 측정, 전달하여 이용하는 모든 과정을 포함한다.

한편 부기는 다시 단식부기와 복식부기로 구분할 수 있다.

단식부기 단식부기(single entry book-keeping)는 자산, 부채, 자본, 수익, 비용 등의 증감을 일정한 원리나 원칙이 없이 어느 한 쪽 측면만을 파악하여 기록, 계산하는 부기를 말한다.

복식부기 복식부기(double entry book-keeping)는 자산, 부채, 자본, 수익, 비용 등의 증감을 일정한 원리와 원칙에 따라 기록, 계산하는 방법을 말한다. 여기서 일정한 원리와 원칙이란 모든 거래는 하나 이상의 차변요소와 하나 이상의 대변요소로 이루어진다는 거래의 이중성과 차변요소의 합계와 대변요소의 합계는 항상 일치한다는 대차평균의 원리에 따라 거래나 사건을 기록, 계산하는 복식부기의 원리를 의미한다.

경제주체(가계, 기업, 정부)에 따라 회계를 구분하기도 한다.

가계회계 소비경제의 주체인 가정의 경제현상을 회계처리하는 분야
기업회계 생산경제의 주체인 기업의 경제현상을 회계처리하는 분야
정부회계 생산과 소비의 조정주체인 정부의 경제현상을 회계처리하는 분야

회계대상에 영리성이 있는가의 유무에 따라 회계를 다음과 같이 구분하기도 한다.

영리기관회계 기업회계
비영리기관회계 정부회계, 학교회계, 사회복지법인회계

일반적으로 회계는 기업회계를 대상으로 하며 기업회계는 다시 그 기능에 따라 다음과 같이 구분할 수 있다.

재무회계 기업외부의 일반이해관계자(주주, 채권자, 정부기관, 일반대중 등)에게 기업에

관한 회계정보를 생산해서 전달하는 것을 주된 기능으로 하는 회계분야이다.

재무회계는 기업외부의 모든 이해관계자를 대상으로 하여 생산한 회계정보를 특히 일반목적의 회계정보라 하는데, 재무회계정보가 여기에 해당한다.

원가회계 원가를 결정하고 관리하는 회계분야. 원가 중에서도 주요 관심사는 제조과정에서 발생하는 원가와 최종제품의 원가이다. 구체적으로 원가회계는 실제원가와 예측원가에 관한 정보를 생산하는데, 이 원가정보는 현행업무를 통제하고 미래를 계획하는 데 활용된다. 또한 최종제품과 부분적으로 완성된 재공품의 원가는 외부보고용의 재무회계에도 사용된다.

관리회계 기업내의 일상적인 운영과 관리, 그리고 미래의 장기전략 구축 등을 위하여 회계정보를 이용하는 회계분야이다. 관리회계에서 주로 다루는 의사결정문제는 기업조직의 최고경영자로부터 일반 종업원이 당면하는 모든 문제를 망라하고 있다. 구체적인 문제에서 관리회계인은 문제해결의 가능한 대안을 모두 조사하고 그 중에서 최선의 대안을 선택하는 일을 한다.

세무회계 세금을 결정하여 세무보고서를 작성하거나 새로운 기업거래와 활동 등의 세무효과를 검토하는 활동을 하는 회계분야. 세무회계는 기업에서 납부할 법인세의 결산뿐만 아니라 부동산의 매매, 투자자산의 거래, 장기시설투자계획, 기업형태의 선정 등의 각종 활동에 대한 세금 문제를 포함하고 있다.

회계감사 회계정보의 적합성과 신뢰성을 독립적으로 검토하는 회계분야. 기업외부에 있는 공인회계사가 회계감사를 하는 경우에는 회계보고서 작성에 이용된 기초적인 원시자료를 조사하고 그 회계보고서의 공정성(fairness)과 신뢰성(reliability)에 대한 의견을 기업회계기준에 비추어 표명한다. 이외에 내부감사인은 기업의 각 하부조직이 기업의 정책과 절차에 따라 제대로 업무를 수행하는지의 여부를 독립적으로 검토한다.

회계정보시스템(전산회계) 회계자료를 체계적으로 축적, 가공하고 전달하기 위한 절차를 설계하고 운영하기 위한 경영정보시스템을 말한다. 회계정보시스템을 전문으로 하는 회계인은 기업의 재산을 보호하고 경영자에게 필요한 정보를 효율적으로 제공하기 위하여 적절한 견제와 균형을 갖춘 정보시스템을 고안해야 한다.

국제회계 다국적 기업의 국제적 거래, 사건, 상황 등을 기록, 측정하여 회계정보를 생산하는 회계분야. 최근에 기업의 활동무대가 국가간 경계를 넘어 점점 세계화됨에 따라서 국제회계의 중요성은 급속히 높아가고 있다. 국제회계의 주요내용으로는 각국의 회계제도의 비교, 내부이전가격의 결정, 외화환산회계, 국제회계기준의 제정 등을 들 수 있다.

환경회계 지구의 환경이 악화됨에 따라 지속가능한 경제발전이 문제가 되었으며, 환경문제를 도외시하고는 경제발전과 기업발전을 도모할 수 없게 되었다. 환경회계는 기업의 관점에서 환경처리비용을 어떻게 회계처리하고 보고할 것인가에 관한 문제를 다룬다.

5. 회계의 직업세계

회계담당자는 민간회계나 공공회계에 종사한다. 기업이나 비영리기관에 근무하는 회계담당자는 민간회계(private accounting)에 종사하는 것이다. 수수료를 받고 서비스를 제공하는 회계담당자는 공공회계(public accounting)에 종사하는 것이다. 기업내의 모든 기능은 회계정보를 이용하기 때문에, 민간회계나 공공회계에서의 경험은 경력에 견고한 토대를 제공해 준다. 산업계와 정부기관의 중요한 많은 직위들을 회계의 배경을 가진 사람들이 차지하고 있다. [도표 1-2]는 기업 이사진의 주요한 경력을 보여주고 있다.

| 도표 1-2 | 기업 이사진의 경력

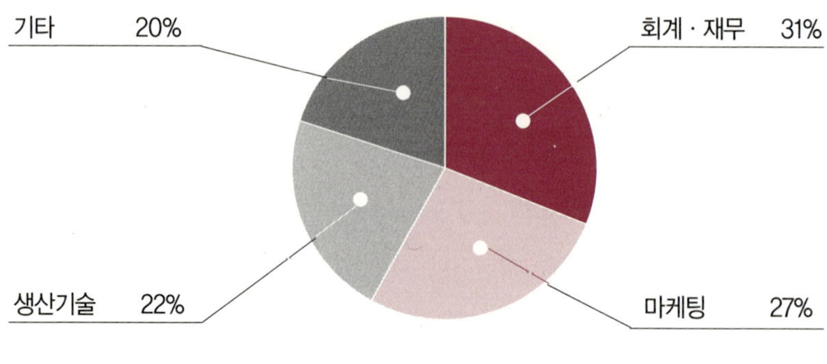

[도표 1-2]에서 보는 바와 같이 미국의 경우(Business Week에서 발표한 자료에서 인용)는 회계분야나 재무분야에서 경력을 쌓은 사람이 임원(이사)으로 승진할 확률이 높다는 것을 알 수 있다.

5.1 공공회계

공공회계(public accounting)에서, 회계담당자는 마치 의사가 환자에게 봉사하고 변호사가 사건의뢰인에게 봉사하는 것과 동일한 방식으로 일반대중에게 전문적인 용역을 제공할 것이다. 공공회계의 주요한 부분에는 감사(auditing)도 포함된다. 이 분야에서, 공인회계사(certified public accountant, CPA)는 회계법인[1]에 속하거나 개인으로 기업의 재무제표를 검토하고, 재무제표의 적정성에 관한 의견을 표명한다. 재무제표가 적정할 때, 이용자는 그 재무제표가 신뢰성이 있다고 생각한다.

세금계산(taxation)은 공공회계의 또 다른 주요한 분야이다. 세무사와 같은 조세전문가가 수행하는 업무에는 국세청과 같은 정부기관 앞에서 의뢰인을 대표하고, 조세상담, 절세전략, 납세신고서를 작성하는 것이 포함된다. 공공회계의 세 번째 분야는 경영상담(management consulting)이다. 이것은 기본회계시스템의 설치로부터 기업이 사업을 확장해야 하는지의 여부를 결정하는 것을 도와주는 것까지 다양하다.

5.2 민간회계

민간회계의 활동범위와 의무는 다양하다. 민간회계담당자를 가끔 관리회계담당자(management accountant)라고도 한다. 이들이 제조업체에 고용되어 있다면, 이들은 산업회계담당자 또는 원가회계담당자(cost accountant)라고도 한다. 기업에서는 최고회계책임자를 콘트롤러(controller)라고 부르기도 한다. 이외에 정부기관이나 비영리기관에 봉사하는 회계담당자도 민간회계분야에 속한다. 민간회계에서는 다음과 같은 활동을 한다.

1. **일반회계** 일상의 거래를 기록하고 재무제표와 관련정보를 작성하는 것.

1) 우리나라에도 삼일회계법인, 한영회계법인, 안진회계법인, 삼정회계법인 등 많은 회계법인이 있다. 미국에는 4개의 거대한 국제적인 회계법인이 있는데, 이들은 Deloitte Touche Tohmatsu, Ernst & Young, KPMG, PriceWaterhouseCoopers 등이다.

2. **원가회계** 특정한 제품의 제조원가를 결정하는 것.
3. **예산편성** 경영자가 수익, 매출원가, 영업비 등에 관한 목표를 계량화하는 것을 도와주는 것.
4. **회계정보시스템** 수작업과 전산화의 자료처리시스템을 설계하는 것.
5. **세무회계** 기업을 위해 납세신고서를 작성하고, 절세전략을 입안하는 것.
6. **내부감사** 기업의 운영이 경영정책을 준수하는지의 여부를 살펴보기 위해 기업의 운영을 검토하고 영업의 효율성을 평가하는 것.

특정한 기업내에서 민간회계담당자는 공공회계의 회계담당자처럼 매우 다양한 의무를 수행한다.

제3절 재무보고를 위한 개념체계

개념체계는 외부이용자를 위한 재무제표의 작성과 표시에 있어 기초가 되는 개념을 정립한다. 개념체계의 의의와 목적 및 내용을 소개하면 다음과 같다.

1. 개념체계의 의의

재무보고를 위한 개념체계(conceptual framework for financial reporting)는 외부정보이용자를 위하여 재무제표를 작성하고 표시함에 있어서 기초가 되는 개념을 정립하고, 회계실무를 평가할 수 있는 준거체계를 제공하여 주며, 새로운 회계실무를 발전시키는 지침으로서의 역할을 수행한다.

회계기준은 다양한 내부·외부 이해관계자들의 이해관계를 조정해주는 성격을 가지고 있으므로 체계적이지 못하고 회계기준 사이에 일관성이 결여될 가능성도 존재한다. 재무보고의 본래 목적을 달성하기 위하여 존재하는 개념체계(conceptual framework)란 회계와 관련된 일련의 현상의 기본이 되고 있거나 그 현상들을 지배하고 있는 규칙 또는 원칙을 체계화한 것을 말한다. 즉, 일관된 회계이론을 정립하고 이를 전개하기 위하여 필요한 틀과 일관된 지침을 제공해주는 것이 바로 개념체계인 것이다.

2. 개념체계의 목적

개념체계는 외부이용자를 위한 재무제표의 작성과 표시에 있어 기초가 되는 개념을 정립한다. 재무보고를 위한 개념체계의 목적은 다음과 같이 정리할 수 있다.

① 한국회계기준위원회가 향후 새로운 한국채택국제회계기준을 제정하고 기존의 한국채택국제회계기준의 개정을 검토할 때에 도움을 준다.

② 한국채택국제회계기준에서 허용하고 있는 대체적인 회계처리방법의 수를 축소하기 위한 근거를 제공하여 회계기준위원회가 재무제표의 표시와 관련되는 법규, 회계기준 및 절차의 조화를 촉진시킬 수 있도록 도움을 준다.

③ 재무제표의 작성자가 한국채택국제회계기준을 적용하고 한국채택국제회계기준이 미비한 주제에 대한 회계처리를 하는 데 도움을 준다.

④ 재무제표가 한국채택국제회계기준을 따르고 있는지에 대해 감사인이 의견을 형성하는 데 도움을 준다.

⑤ 한국채택국제회계기준에 따라 작성된 재무제표에 포함된 정보를 재무제표의 이용자가 해석하는 데 도움을 준다.

⑥ 회계기준위원회의 업무활동에 관심 있는 이해관계자에게 한국채택국제회계기준을 제정하는 데 사용한 접근방법에 대한 정보를 제공한다.

3. 개념체계와 한국채택국제회계기준의 관계

개념체계는 한국채택국제회계기준이 아니므로 특정한 측정과 공시에 관한 기준을 정하지 아니한다. 따라서 개념체계는 어떤 경우에도 특정 한국채택국제회계기준에 우선하지 아니한다. 즉, 개념체계와 한국채택국제회계기준이 상충(trade-off)되는 경우에는 특정한 측정과 공시에 관한 기준을 정하고 있는 한국채택국제회계기준이 개념체계보다 우선한다. 개념체계는 특정 항목을 인식하기 위한 한국채택국제회계기준이 없는 경우에 회계처리를 위한 지침(guidance)을 제공하는 것이기 때문이다.

4. 개념체계의 구조

국제회계기준위원회(IASB)가 제정한 재무보고를 위한 개념체계는 다음과 같이 구성되어 있다.

(1) 재무보고의 목적 : 정보이용자의 경제적 의사결정에 유용한 정보제공

(2) 유용한 재무정보의 질적특성

① 근본적 질적특성 : 목적적합성, 표현의 충실성

② 보강적 질적특성 : 비교가능성, 검증가능성, 적시성, 이해가능성

(3) 재무제표를 구성하는 요소 : 자산, 부채, 자본, 수익, 비용

(4) 자본 및 자본유지의 개념 : 명목재무자본유지, 불변구매력재무자본유지, 실물자본유지

5. 재무보고의 목적

(1) 일반목적재무보고의 목적

일반목적재무보고의 목적은 현재 및 잠재적 투자자와 대여자 및 기타 채권자가 기업에 자원을 제공하는 것에 대한 의사결정을 할 때 유용한 보고기업 재무정보를 제공하는 것이다. 투자자, 대여자 및 기타 채권자의 수익에 대한 기대는 기업에 유입될 미래 순현금유입의 금액, 시기 및 불확실성의 전망에 대한 그들의 평가에 달려 있다. 따라서 현재 및 잠재적 투자자, 대여자 및 기타 채권자는 기업에 유입될 미래 순현금유입에 대한 전망을 평가하는 데 도움을 주는 정보를 필요로 한다.

한편, 보고기업의 경영진도 해당 기업에 대한 재무정보에 관심이 있다. 그러나 경영진은 그들이 필요로 하는 재무정보를 내부에서 구할 수 있기 때문에 일반목적재무보고서에 의존할 필요가 없다.

(2) 일반목적 재무보고가 제공하는 정보

일반목적재무보고서는 대표적으로 다음과 같은 두 가지 성격의 정보를 제공한다.

첫째, 보고기업의 경제적 자원과 이에 대한 청구권에 관한 재무상태정보를 제공한다. 왜냐하면, 보고기업의 경제적 자원과 청구권(economic resources and claims)의 성격 및 금액에 대한 정보는 정보이용자가 보고기업의 재무적 강점과 약점을 식별하는 데 도움을 줄 수 있기 때문이다. 또한 그 정보는 정보이용자가 보고기업의 유동성과 지급능력, 추가적인 자금 조달의 필요성 및 그 자금 조달이 얼마나 성공적일지를 평가하는 데 도움을 줄 수도 있다. 경제적 자원과 청구권에 관한 정보는 재무상태표를 통하여 확인할 수 있다.

둘째, 보고기업의 경제적 자원과 청구권을 변동시키는 거래와 그 밖의 사건의 영향에 대한 정보도 제공한다. 보고기업의 경제적 자원과 청구권의 변동(changes in economic resources and claims)은 주로 그 기업의 재무성과로 인해 발생하며, 재무성과 이외의 사건 또는 거래에서도 발생할 수 있다.

보고기업의 미래현금흐름에 대한 전망을 올바르게 평가하기 위하여 정보이용자는 이 두 변동을 구별할 수 있는 능력이 필요하다. 보고기업의 경제적 자원과 청구권의 변동 원인 중의 하나인 재무성과(financial performance)에 대한 정보는 그 기업의 경제적 자원에서 해당 기업이 창출한 수익을 정보이용자가 이해하는 데 도움을 준다.

기업이 창출한 수익에 대한 정보는 경영진이 보고기업의 자원을 효율적이고 효과적으로 사용해야 하는 책임을 얼마나 잘 이행하였는지를 보여준다. 특히 미래 현금흐름의 불확실성을 평가하는 데 있어서는 그 수익의 변동성 및 구성요소에 대한 정보도 역시 중요하다.

경제적자원과 청구권의 변동에 관한 정보는 포괄손익계산서와 현금흐름표 등을 통해서 확인할 수 있다.

6. 유용한 재무정보의 질적특성

질적특성(qualitative characteristics)은 일반목적 재무보고를 통해 제공되는 정보가 그 목적을 달성하기 위해 갖추어야 할 주요 속성을 말한다. 따라서 질적특성은 현재 및 잠재적 투자자, 대여자 및 기타 채권자가 재무보고서에 포함된 정보에 근거하여 보고기업에 대한 의사결정을 할 때 정보의 유용성을 판단하는 기준이 된다.

개념체계에서는 유용한 재무정보가 갖추어야 할 질적특성으로서 목적적합성(relevance)과 표현의 충실성(representational faithfulness)으로 구성되는 근본적 질적특성(fundamental qualitative characteristics)과 비교가능성, 검증가능성, 적시성, 이해가능성 등으로 구성되는 보강적 질적특성(enhancing qualitative characteristics)을 제시하고 있다.

(1) 근본적 질적특성 : 목적적합성(relevance)

의사결정에 유용한 정보가 되려면 재무정보가 정보이용자의 경제적 의사결정에 차이가 날 수 있어야 하는데, 이를 목적적합성이라 한다. 목적적합성을 구성하는 세부특성에는 예측가치, 확인가치, 중요성 등이 있다.

① **예측가치**(predictive value) : 예측가치는 미래 예측을 위한 정보로서의 가치를 말한다.

② **확인가치**(confirmatory value) : 과거 의사결정의 확인과 수정을 위한 정보로서의 가치를 말하며, 피드백가치(feedback value)라고도 한다. 재무정보의 예측가치와 확인가치는 상호 연관되어 있다. 예측가치를 갖는 정보는 확인가치도 갖는 경우가 많다. 예를 들어, 미래 연도 수익의 예측 근거로 사용할 수 있는 당해 연도 수익 정보를 과거 연도에 행한 당해 연도 수익 예측치와 비교할 수 있다. 그 비교 결과는 정보이용자가 그 과거 예측에 사용한 절차를 수정하고 개선하는 데 도움을 줄 수 있다.

③ **중요성**(materiality) : 중요성은 보고기업과 관련된 의사결정에 영향을 미칠 수 있는 정보로서의 가치를 말한다. 즉, 중요성은 개별 기업 재무보고서 관점에서 해당 정보와 관련된 항목의 성격이나 규모 또는 이 둘 모두에 근거하여 해당 기업에 특유한 측면의 목적적합성을 의미한다. 따라서 회계기준위원회는 중요성에 대한 획일적인 기준치를 정하거나 특정한 상황에서 무엇이 중요한 것인지를 미리 결정할 수는 없다.

(2) 근본적 질적특성 : 표현의 충실성(representational faithfulness)

의사결정에 유용한 정보가 되려면 목적적합한 현상을 표현하는 것뿐만 아니라 나타내고자 하는 현상을 충실하게 표현해야 하는데, 이를 표현의 충실성이라 한다. 재무보고서가 완벽하게 충실한 표현이 되려면 재무보고서와 관련된 서술이 완전하고, 중립적이며, 오류가 없어야 한다는 것이다.

① **완전한 서술**(complete depiction) : 완전한 서술은 재무보고서가 정보이용자가 현상을 이해하는데 필요한 모든 정보를 제공해야 한다는 것이다. 예를 들어, 자산 집합의 완전한 서술은 적어도 집합 내 자산의 특성에 대한 기술과 집합 내 모든 자산의 수량적 서술, 그러한 수량적 서술이 표현하고 있는 기술 내용을 포함한다.

② **중립적 서술**((neutral depiction) : 중립적 서술은 정보의 선택이나 표시에 편향이 없는 재무정보를 제공해야 한다는 것이다. 중립적 정보는 목적이 없거나 행동에 대한 영향력이 없는 정보를 의미하지 않는다.

③ **오류없는 서술** (depiction free from error) : 오류없는 서술은 현상의 기술이나 절차상에 오류나 누락이 없는 정보의 제공을 의미한다. 하지만 오류가 없다는 것이 모든 면에서 완벽하게 정확하다는 것을 의미하는 것은 아니다. 예를 들어, 관측가능하지 않은 가격이나 가치의 추정치는 정확한지 또는 부정확한지 결정할 수 없다. 그러나 추정치로서 금액을 명확하고 정확하게 기술하고, 추정 절차의 성격과 한계를 설명하며, 그 추정치를 도출하기 위한 적절한 절차를 선택하고 적용하는 데 오류가 없다면 그 추정치의 표현은 충실하다고 할 수 있다.

(3) 보강적 질적특성 : 비교가능성(comparability)

의사결정에 더욱 유용한 정보가 되려면 기업간 비교가능성과 기간간 비교가능성이 있는 정보를 제공해야 하는데 이와 관련된 질적 특성을 비교가능성이라 한다. 정보이용자의 의사결정은 여러 대안들 중에서 선택을 하는 것이다. 따라서 보고기업에 대한 정보는 다른 기업에 대한 유사한 정보와 비교(기업간 비교가능성)할 수 있고, 해당 기업에 대한 다른 기간이나 다른 일자의 유사한 정보와 비교(기간간 비교가능성)할 수 있다면 더욱 유용하다.

일관성(consistency)은 비교가능성과 관련은 되어 있지만 동일하지는 않다. 일관성은 한 보고기업 내에서 기간 간 또는 같은 기간 동안에 기업 간, 동일한 항목에 대해 동일한 방법을 적용하는 것을 말한다. 비교가능성은 목표이고 일관성은 그 목표를 달성하는 데 도움을 준다. 한편, 비교가능성은 통일성(uniformity)이 아니다. 정보가 비교가능하기 위해서는 비슷한 것은 비슷하게 보여야 하고 다른 것은 다르게 보여야 한다. 재무정보의 비교가능성은 비슷한 것을 달리 보이게 하여 보강되지 않는 것처럼, 비슷하지 않은 것을 비슷하게 보이게 한다고 해서 보강되지 않는다.

(4) 보강적 질적특성 : 검증가능성(verifiability)

의사결정에 더욱 유용한 정보가 되려면 제공되는 정보에 대하여 합리적인 판단력이 있고 독립적인 서로 다른 관찰자가 어떤 서술이 충실한 표현이라는데 의견이 일치할 수 있어야 하는데 이를 검증가능성이라 한다. 물론 완전히 일치하지 않을 수는 있다. 따라서 계량화된 정보가 검증가능하기 위해서 단일 점추정치이어야 할 필요는 없다. 가능한 금액의 범위 및 관련된 확률도 검증될 수 있기 때문이다.

검증은 직접적 또는 간접적으로 이루어질 수 있다. 직접 검증은 현금을 세는 것과 같이 직접적인 관찰을 통하여 금액이나 그 밖의 표현을 검증하는 것을 의미한다. 간접 검증은 모형, 공식 또는 그 밖의 기법에의 투입요소를 확인하고 같은 방법을 사용하여 그 결과를 재계산하는 것을 의미한다. 예를 들어, 기말재고자산의 검증을 위해 투입요소인 수량과 원가를 확인하고 보고기업과 같은 원가흐름가정을 사용하여 재고자산의 장부금액을 검증하는 것이 간접 검증의 방법이다.

(5) 보강적 질적특성 : 적시성(timeliness)

의사결정에 더욱 유용한 정보가 되려면 제공되는 정보가 의사결정에 영향을 미칠 수 있도록 정보이용자가 제때에 이용가능하게 할 수 있어야 하는데 이를 적시성이라 한다. 일반적으로 정보는 오래될수록 유용성이 낮아진다. 그러나 일부 정보는 보고기간 말 후에도 오랫동안 적시성이 있을 수있다. 예를 들어, 일부 정보이용자는 과거의 정보를 이용하여 추세를 식별하고 평가할 필요가 있을 수 있기 때문이다.

(6) 보강적 질적특성 : 이해가능성(understandability)

의사결정에 더욱 유용한 정보가 되려면 제공되는 정보가 이용자에게 쉽게 이해될 수 있도록 제공되어야 하는데 이를 이해가능성이라 한다. 정보를 명확하고 간결하게 분류하고, 특징지으며, 표시하면 이해가능하게 된다. 일부 현상은 본질적으로 복잡하여 이해하기 쉽게 할 수 없다. 그 현상에 대한 정보를 복잡하다는 이유만으로 재무보고서에서 제외하면 그 재무보고서의 정보를 더 이해하기 쉽게 할 수 있다. 그러나 그 보고서는 불완전하여 잠재적으로 오도할 수 있다. 재무보고서는 사업활동과 경제활동에 대해 합리적인 지식이 있고, 부지런히 정보를 검토하고 분석하는 정보이용자를 위해 작성된다. 때로는 박식하고 부지런한 정보이용자도 복잡한 경제적 현상에 대한 정보를 이해하기 위해 자문가의 도움을 받는 것이 필요할 수 있다.

(7) 유용한 재무보고에 대한 제약 : 원가(cost)

재무정보의 보고에는 원가가 소요되고, 해당 재무정보의 효익이 재무정보의 원가를 정당화한다는 것이 중요하다. 따라서 원가는 재무보고로 제공될 수 있는 정보에 대한 포괄적 제약요인이다.

원가 제약요인을 적용함에 있어서, 회계기준위원회도 특정 정보를 보고하는 효익이 그 정보를 제공하고 사용하는 데 발생한 원가를 정당화할 수 있을 것인지 평가해야 한다. 본질적인 주관성 때문에, 재무정보의 특정 항목 보고의 원가 및 효익에 대한 평가는 개인마다 달라진다. 따라서 회계기준위원회는 단지 개별 보고기업과 관련된 것이 아닌, 재무보고 전반적으로 원가와 효익을 고려하려고 노력하고 있다.

① 재무정보의 원가

재무정보의 제공자는 재무정보의 수집, 처리, 검증 및 전파에 대부분의 노력을 투입하면서 원가가 발생한다. 한편, 정보이용자도 궁극적으로 수익 감소의 형태로 그 원가를 부담하게 된다. 또한, 재무정보의 이용자는 제공된 정보를 분석하고 해석하는 데에도 원가가 발생한다. 필요한 정보가 제공되지 않으면, 그 정보를 다른 곳에서 얻거나 그것을 추정하기 위한 추가적인 원가가 정보이용자에게 발생한다.

② 재무정보의 효익

목적적합하고 나타내고자 하는 바가 충실하게 표현된 재무정보를 보고하는 것은 정보이용자가 더 확신을 가지고 의사결정하는 데 도움을 주게 된다. 이것은 자본시장이 더 효율적으로 기능하도록 하고, 경제 전반적으로 자본비용을 감소시키면서 효익을 제공하게 된다. 개별 투자자, 대여자 및 기타 채권자도 더 많은 정보에 근거한 의사결정을 함으로써 효익을 얻는다. 그러나 정보이용자 각자가 목적적합하다고 보는 모든 정보를 일반목적재무보고서에서 제공하는 것은 가능하지 않다.

7. 재무제표를 구성하는 요소 : 자산, 부채, 자본, 수익, 비용

재무제표는 거래나 그 밖의 사건의 재무적 영향을 경제적 특성에 따라 대분류(broad

classes)하여 나타낸다. 이러한 대분류를 재무제표의 요소(elements of financial statement)로 정의한다.

재무상태표에서 재무상태의 측정과 직접 관련된 요소는 자산, 부채, 자본이고 포괄손익계산서에서 경영성과의 측정과 직접 관련된 요소는 수익과 비용이다.

(1) 재무상태표의 기본요소 : 자산, 부채, 자본

재무상태의 측정에 직접 관련되는 요소는 자산, 부채, 자본이다.

아래의 자산과 부채의 정의는 그 본질적 특성을 식별하기 위한 필요조건일 뿐, 재무상태표에 인식하기 위한 충분조건은 아니다. 위의 정의를 만족하는 거래가 이후에 설명할 재무제표의 인식기준(criteria for the recognition)을 충족하는 경우에만 재무상태표에 자산 · 부채로 인식된다. 또한 특정 항목이 자산, 부채 또는 자본의 정의를 충족하는지를 판단할 때에 단순한 법률적 형식이 아닌 거래의 실질과 경제적 현실을 고려하여야 한다.

① 자산(asset)

자산은 과거 사건의 결과로 기업이 통제하고 있고, 미래경제적효익이 기업에 유입될 것으로 기대되는 자원이다. 기업의 자산은 과거의 거래나 그 밖의 사건14)에서 창출된다. 기업은 일반적으로 구매나 생산을 통하여 자산을 획득하지만 다른 거래나 사건도 자산을 창출할 수 있다. 그러한 예로는 지역의 경제성장을 장려하기 위한 정부의 프로그램에 따라 증여받은 자산이나 매장된 광물의 발견 등이 포함된다. 미래에 발생할 것으로 예상되는 거래나 사건 자체만으로는 자산이 창출되지 아니한다. 예를 들면, 재고자산을 구입하고자 하는 의도 그 자체는 자산의 정의를 충족하지 못한다.

자산으로 인식하기 위해서는 당해 자산을 통제(control)하고 있어야 하고, 당해 자산에 미래경제적효익(future economic benefit)이 내재되어 있어야 한다. 미래경제적효익이란 직접 또는 간접으로 미래 현금 및 현금성자산이 기업에 유입되는데 기여하게 될 잠재력(the potential)을 말한다. 이 잠재력은 기업의 영업활동의 일부인 생산과 관련될 수 있고, 현금이나 현금성자산으로의 전환 능력의 형태이거나 대체적인 제조과정의 도입으로 생산원가가 절감되는 경우와 같이 현금유출을 감소시키는 능력일 수도 있다.

② 부채(liability)

부채는 과거 사건에 의하여 발생하였으며, 경제적효익이 내재된 자원이 기업으로부터 유출됨으로써 이행될 것으로 기대되는 현재의무이다. 부채는 과거의 거래나 그 밖의 사건에서 발생한다. 예를 들면, 재화를 구입하거나 용역을 제공받는 경우 매입채무가 발생하며, 은행대출을 받은 경우에는 상환의무가 발생한다. 또한 기업이 고객의 연간 매입액에 따라 미래에 지급할 환불액을 부채로 인식할 경우 고객에 대한 과거의 매출이 부채를 발생시키는 거래가 된다.

부채의 본질적 특성은 기업이 현재의무(present obligation)를 갖고 있다는 것이다. 의무란 특정한 방법으로 실행하거나 수행할 책무(duty) 또는 책임(responsibility)을 말한다.

현재의무와 미래의 약속은 구별되어야 한다. 미래에 특정 자산을 취득하겠다는 경영진의 의사결정(future commitment) 그 자체만으로는 현재의무가 발생하지 아니한다. 또한 기업이 거래상대방의 요구에 따라 현재의무를 이행하기 위해서는 일반적으로 미래경제적효익이 내재된 자원을 희생하게 된다. 현재의무는 다양한 방법으로 이행될 수 있으며 채권자의 권리포기나 권리상실 등 다른 방법에 의해서 소멸되기도 한다.

③ 자본(equity)

자본(equity)이란 기업의 모든 자산에서 모든 부채를 차감한 잔여지분이며, 소유주의 잔여청구권이다. 즉, 부채는 채권자의 청구권이고 자본은 소유주의 청구권이다. 따라서, 자본은 독립적으로 측정되는 것이 아니고 자산총액에서 부채총액을 차감하여 측정된다. 일반적으로 자본은 당해 기업순자산의 공정가치나 기업주식의 시가총액과 아주 우연한 경우에만 일치한다.

(2) 포괄손익계산서의 기본요소 : 수익, 비용

경영성과의 측정치(measure of performance)로는 주로 이익(profit)이 사용되며, 이익은 투자수익률이나 주당이익과 같은 측정치의 기초로 사용된다. 이익의 측정과 직접 관련된 요소는 수익과 비용이며, 수익과 비용의 인식과 측정, 그리고 그에 따른 이익은 부분적으로는 기업의 재무제표 작성에 적용된 자본과 자본유지개념에 따라 결정된다. 수익과 비용은 다음과 같이 정의한다. 아래에서 기술되는 수익과 비용의 정의는 그 본질적 특성을 식별하기 위한 것이지, 포괄손익계산서에 인식하기 위한 충분조건은 아니다. 위의 수익과 비용의 정의를 충족하는 거래도 이후에 설명할 인식기준을 충족하는 경우에만 포괄손익계산서에 수익과 비용으로 인식된다.

① 수익(revenue)

수익은 자산의 유입이나 증가 또는 부채의 감소에 따라 자본의 증가를 초래하는 특정 회계기간 동안에 발생한 경제적효익의 증가로서, 지분참여자에 의한 출연과 관련된 것은 제외한다.

광의의 수익(revenue)의 정의에는 협의의 수익(revenue)과 차익(gains)을 모두 포함하며, 시장성 있는 유가증권의 재평가나 장기성 자산의 장부금액 증가로 인한 미실현이익을 포함한다.

협의의 수익은 기업의 정상영업활동의 일환으로 발생하며 매출액, 수수료수익, 이자수익, 배당수익, 로열티수익 및 임대료수익 등 다양한 명칭으로 구분된다.

한편, 차익은 광의의 수익의 정의를 충족하는 항목 중 협의의 수익이외의 항목으로 기업의 정상영업활동의 일환이나 그 이외의 활동에서 발생할 수 있다. 차익도 경제적효익의 증가를 나타내므로 본질적으로 협의의 수익과 차이가 없다. 따라서 개념체계에서는 차익을 별개의 요소로 보지 않고, 차익과 수익을 광의의 수익으로 정의하고 있다. 다만, 정보이용자의 경제적 의사결정에 도움을 주기위해 차익은 포괄손익계산서에 수익과 구분 표시한다. 또한 일반적으로 수익은 관련비용과 함께 총액으로 보고되지만, 차익은 관련 비용을 차감한 순액으로 보고된다.

② 비용(expense)

비용은 자산의 유출이나 소멸 또는 부채의 증가에 따라 자본의 감소를 초래하는 특정 회계기간 동안에 발생한 경제적효익의 감소로서, 지분참여자에 대한 분배와 관련된 것은 제외한다.

광의의 비용(expense)의 정의에는 협의의 비용(expense)뿐만 아니라 차손(losses)을 포함하며, 외화차입금의 환율상승의 영향으로 발생하는 미실현손실도 포함한다.

협의의 비용은 기업의 정상적인 영업활동의 일환으로 발생하며 매출원가, 급여 및 감가상각비 등 다양한 명칭으로 구분되며, 현금 및 현금성자산, 재고자산 또는 유형자산과 같은 자산의 유출이나 소모의 형태로 나타난다.

한편, 차손은 광의의 비용의 정의를 충족하는 항목 중 협의의 비용이외의 항목으로 기업의 정상적인 영업활동의 일환이나 그 이외의 활동에서 발생할 수 있다. 차손도 경제적효익의 감소를 나타내므로 본질적으로 협의의 비용과 차이가 없다. 따라서 개념체계에서는 차손을 별개의 요소로 보지 아니한다. 다만, 정보이용자의 경제적 의사결정에 도움을 주기위해 차손은 포괄손익계산서에 비용과 구분 표시하는 것이 일반적이다. 또한 차손의 경우에도 차익과 마찬가지로 관련 수익을 차감한 순액으로 보고된다.

8. 재무제표를 구성하는 요소의 인식

인식(recognition)은 재무제표 요소의 정의(definition)에 부합하고 아래에서 설명하는 두 개의 인식기준을 모두 충족하는 항목을 재무상태표나 포괄손익계산서에 반영하는 과정을 말한다.

인식기준을 충족하는 항목은 재무상태표나 포괄손익계산서에 인식되어야 한다. 관련된 회계정책의 공시(disclosure), 주석(notes) 또는 설명 자료만으로는 그러한 항목의 인식누락을 정당화할 수 없다. 인식은 거래와 사건의 경제적 효과를 최초로 기록하는 것뿐만 아니라 동일한 항목에 대한 후속적인 변화와 기록되었던 항목의 제거를 모두 포함한다. 한편, 어떤 항목이 재무제표 요소에 부합하는 본질적 성격을 가지고 있으나 인식기준을 충족하지 못하는 경우에도 해당 항목은 주석, 설명 자료 또는 부속명세서에는 공시될 수 있다. 이러한 공시는 재무제표의 이용자가 기업의 재무상태, 성과 및 재무상태변동을 평가할 때 해당 항목에 대한 정보가 목적적합하다고 판단되는 경우에 적절하다.

(1) 인식요건

특정 항목을 인식하기 위해서는 앞서 언급한 재무제표 요소의 정의를 충족함과 동시에 아래에 제시되는 두 개의 인식기준을 모두 만족하여야 한다. 첫 번째 인식기준은 당해 항목과 관련된 미래경제적효익이 기업실체에 유입되거나 유출될 가능성이 높아야 한다(50% 초과)는 것이고, 두 번째 인식기준은 당해 항목의 원가 또는 가치를 신뢰성 있게 측정할 수 있어야 한다는 것이다.

(2) 자산의 인식

자산은 미래경제적효익이 기업에 유입될 가능성이 높고 해당 항목의 원가 또는 가치를 신뢰성 있게 측정할 수 있을 때 재무상태표에 인식한다. 다만, 지출은 발생하였으나 당해 회계기간 후에 관련된 경제적효익이 기업에 유입될 가능성이 높지 않다고 판단되는 경우에는 재무상태표에 자산으로 인식하지 아니한다. 대신에 그러한 거래는 포괄손익계산서에 비용으로 인식한다.

(3) 부채의 인식

부채는 현재 의무의 이행에 따라 경제적효익이 내재된 자원의 유출 가능성이 높고 결제될 금액에 대해 신뢰성 있게 측정할 수 있을 때 재무상태표에 인식한다. 미이행된 계약상의 의무는 일반적으로 재무제표에 부채로 인식하지 아니한다.

(4) 수익의 인식

수익은 자산의 증가나 부채의 감소와 관련하여 미래경제적효익이 증가하고 이를 신뢰성 있게 측정할 수 있을 때 포괄손익계산서에 인식한다. 이는 실제로 수익의 인식이 자산의 증가나 부채의 감소에 대한 인식과 동시에 이루어짐을 의미한다. 예를 들면, 재화나 용역의 매출에 따라 자산의 순증가가 인식되며 미지급채무의 면제에 따라 부채의 감소가 인식된다.

(5) 비용의 인식

비용은 자산의 감소나 부채의 증가와 관련하여 미래경제적효익이 감소하고 이를 신뢰성 있게 측정할 수 있을 때 포괄손익계산서에 인식한다. 이는 실제로 비용의 인식이 부채의 증가나 자산의 감소에 대한 인식과 동시에 이루어짐을 의미한다. 예를 들면, 종업원급여의 발생에 따라 부채의 증가가 인식되며 설비의 감가상각에 따라 자산의 감소가 인식된다.

9. 재무제표를 구성하는 요소의 측정

재무제표에 인식되고 평가되어야 할 재무제표 요소의 화폐금액을 결정하는 과정을 측정(measurement)이라 한다. 측정은 아래와 같은 측정기준의 선택과정을 포함한다. 재무제표를 작성할 때 기업이 가장 보편적으로 채택하고 있는 측정기준은 역사적 원가이다.

(1) 역사적 원가(historical cost)

자산의 경우 취득의 대가로 취득 당시에 지급한 현금 또는 현금성자산이나 그 밖의 대가의 공정가치이며, 부채의 경우 부담하는 의무의 대가로 수취한 금액이다.

(2) 현행원가(current cost)

자산의 경우 동일하거나 또는 동등한 자산을 현재시점에서 취득할 경우에 그 대가로 지급하여야 할 현금이나 현금성자산의 금액이며, 부채는 현재시점에서 그 의무를 이행하는데 필요한 현금이나 현금성자산의 할인하지 아니한 금액이다.

(3) 실현가능가치(realizable value), 이행가치(settlement value)

자산의 경우 정상적으로 처분하는 경우 수취할 것으로 예상되는 현금이나 현금성자산의 금액이며, 부채의 경우 이행가치로 평가하는데, 이는 정상적인 영업과정에서 부채를 상환하기 위해 지급될 것으로 예상되는 현금이나 현금성자산의 할인하지 아니한 금액이다.

(4) 현재가치(present value)

자산의 경우 정상적인 영업과정에서 그 자산이 창출할 것으로 기대되는 미래 순현금유입액의 현재할인가치 금액이며, 부채의 경우 정상적인 영업과정에서 그 부채를 상환할 때 필요할 것으로 예상되는 미래 순현금유출액의 현재할인가치 금액이다.

10. 자본의 개념과 자본유지개념의 종류

(1) 자본의 개념

자본개념(concept of capital)은 재무적 개념과 실물적 개념으로 구분할 수 있다. 기업은 재무제표 이용자의 정보요구에 기초하여 적절한 자본개념을 선택하여야 한다. 선택된 자본개념에 따라 이익의 결정 목표가 무엇인지를 알 수 있다.

① 재무적 개념(financial concept)

자본의 재무적 개념이란 투자된 화폐액 또는 투자된 구매력을 자본으로 보는 것을 말한다. 재무제표의 이용자가 주로 명목상의 투하자본이나 투하자본의 구매력 유지에 관심이 있다면 재무적 개념의 자본을 채택하여야 한다. 오늘날 대부분의 기업은 자본의 재무적 개념에 기초하여 재무제표를 작성한다.

② 실물적 개념(physical concept)

자본의 실물적 개념이란 1일 생산수량과 같은 기업의 생산능력을 자본으로 보는 것을 말한다. 재무제표의 이용자가 기업의 조업능력 유지에 관심이 있다면 실물적 개념의 자본을 사용하여야 한다.

(2) 자본유지개념의 종류별 이익측정

기업이 유지해야할 자본개념은 재무자본유지(financial capital maintenance)와 실물자본유지(physical capital maintenance)로 구분할 수 있다.

① 재무자본유지개념과 이익측정

재무자본유지개념 하에서 이익은 해당 기간 동안 소유주에게 배분하거나 소유주가 출연한 부분을 제외하고 기말 순자산의 재무적 측정금액(화폐자본)이 기초 순자산의 재무적 측정금액을 초과하는 경우에만 발생한다.

재무자본유지개념을 사용하기 위해서는 당해 재무자본을 명목화폐단위(nominal monetary units) 또는 일반물가수준을 반영하는 불변구매력단위(constant purchasing power units)를 이용하여 측정할 수 있다.

② 실물자본유지개념

실물자본유지개념 하에서 이익은 해당 기간 동안 소유주에게 배분하거나 소유주가 출연한 부분을 제외하고 기업의 기말 실물생산능력(the physical productive capacity)이나 조업능력, 또는 그러한 생산능력을 갖추기 위해 필요한 자원이나 기금(실물자본 : physical capital)이 기초 실물생산능력을 초과하는 경우에만 발생한다. 개념체계에서는 실물자본유지개념을 사용하기 위해서는 당해 실물자본을 현행원가기준에 따라 측정해야만 한다고 규정하고 있다. 이는 재무자본유시개념이 특징한 측정기준의 적용을 요구하지 아니하는 것과는 차이가 있다.

II. 재무제표 작성의 기본가정

재무제표는 그 목적에 부합하기 위하여 기업이 계속기업(going concern)이며 예상 가능한 기간 동안 영업을 계속할 것이라는 가정 하에 작성된다. 그러나 실제로 많은 기업들이 설립된 후 수년 내에 파산하여 영업을 계속하지 못하는 경우가 드물지 않다. 그러므로 여기서 계속(going)의 의미는 영구적(permanent)이라는 뜻이 아니라 예상 가능한 충분할 정도의 기간(the foreseeable future)을 의미한다.

따라서 기업은 그 경영활동을 청산하거나 중요하게 축소할 의도나 필요성을 갖고 있지 않다는 가정을 적용하여 재무제표를 작성하며, 만약 이러한 의도나 필요성이 있다면 재무제표는 계속기업을 가정한 기준과는 다른 기준(예: 청산기업을 가정한 기준)을 적용하여 작성하여야 하며, 이때 적용한 기준은 별도로 공시하여야 한다. 역사적 원가주의, 감가상각, 수익비용 대응 개념 및 유동성배열법은 모두 계속기업가정을 근거로 한다.

제4절 일반적으로 인정된 회계원칙

(1) 일반적으로 인정된 회계원칙의 의의

일반목적 재무보고를 위해 필요한 회계기준(accounting standards)을 일반적으로 인정된 회계원칙(GAAP : generally accepted accounting principles)이라 한다. '일반적으로 인정된(generally accepted)' 이란 용어는 특정 회계사항에 관하여 회계원칙제정권을 가진 기관이 회계원칙을 정하거나, 오랜 기간에 걸쳐 특정한 회계처리관습이 실무에서의 광범위한 지지를 받아 사용된 결과 이제는 하나의 원칙으로 형성되어 있다는 것을 의미한다. 따라서 '일반적으로 인정된 회계원칙' 이란 다수의 실질적으로 권위있는 지지(substantial authoritative support)를 갖는 회계원칙으로 정의된다. 한편, 일반적으로 인정된 회계원칙은 다양한 기업의 이해관계자들의 이해를 조정해야 하므로 정치적 과정(political process)을 거쳐 만들어지는 타협의 산물이기도 하다.

(2) 일반적으로 인정된 회계원칙의 필요성

기업실체와 관련된 회계정보를 정보제공자가 특정한 기준이 없이 임의적인 방법으로 작성하여 공시한다면 동일한 경제적인 사건에 대하여 서로 다른 정보가 제공될 수 있다. 반면, 일반적으로 인정된 회계원칙에 따라 재무제표를 작성하여 공시하게 되면 통일된 기준에 의하여 재무제표가 작성되었으므로 재무제표의 비교가능성이 증진되고, 동일한 용어와 형식을 사용하므로 이해가능성이 높아지며, 재무제표의 신뢰성이 높아진다.

(3) 일반적으로 인정된 회계원칙의 특징

일반적으로 인정된 회계원칙은 다음과 같은 특징을 갖는다.

첫째, 회계행위의 지침이며 회계실무를 이끌어가는 지도 원리이다. 일반적으로 인정된 회계원칙은 다수의 권위 있는 전문가들이 지지하여 제정하거나 다수의 실무자들이 존중하여 수용한 것이다. 따라서 회계실무를 종합적으로 체계화한 것이므로 회계행위의 지침이며, 실무의 지도원리가 된다.

둘째, 보편타당성과 다수의 이해관계자들의 이해조정적 성격이 있다. 기업의 이해관계자들은 다수이고 각각 추구하는 목표가 상이하다. 일반적으로 인정된 회계원칙은 모든 기업에 보편타당하게 적용 가능한 지침을 제공하므로 특정 이해관계자에게 유리하거나 불리하지 않도록 한다. 이로 인하여 다양한 이해관계자들의 대립적인 이해관계를 조정한다.

셋째, 기업의 환경변화에 따라 함께 변화한다. 일반적으로 인정된 회계원칙은 기업이 처한 정치적 · 경제적 환경이 변화함에 따라 함께 변화한다. 왜냐하면 회계원칙이 기업환경의 변화에 따라 적절히 변화해야만 경제적 현상을 적절히 보고할 수 있기 때문이다. 회계원칙은 사회적 합의의 산물이므로 사회환경이 변하면 함께 변할 수밖에 없다.

전 | 공 | 용 | 어

개인기업(sole proprietorship)
계속기업(going concern)
공인회계사(certified public accountant, CPA)
목적적합성(relevance)
발생기준(accrual basis)
보통주(common stock)
부기(book-keeping)
부채(liabilities)
비교가능성(comparability)
비교재무제표(comparative financial statements)
비용(expenses)
수익(revenues)
신뢰성(reliability)
신중성(prudence)
실물자본유지(physical capital maintenance)
실질적으로 권위있는 지지(substantial authoritative support)
연례보고서(annual report)
완전성(completeness)
원가원칙(cost principle)
이해가능성(understandablility)
인식(recognition)
일반적으로 인정된 회계원칙(generally accepted accounting principle)
자본(capital, stockholders' equity)
자산(assets)
재무상태표(statement of financial position)
재무자본유지(financial capital maintenance)
재무제표의 주석(notes to the financial statements)
적시성(timeliness)
조합(partnership)
주식회사(corporation)
중립성(neutrality)
중요성(materiality)
측정(measurement)
포괄손익계산서(comprehensive income statement)
회계(accounting)

연 | 습 | 문 | 제

1-1 기업활동의 세 가지 유형을 설명하라.

1-2 회계의 역할을 설명하라.

1-3 회계정보의 내부이용자는 누구인가?

1-4 회계정보의 외부이용자는 누구인가?

1-5 일반적으로 인정된 회계원칙(GAAP)을 설명하라.

1-6 재무제표의 목적을 설명하라.

1-7 재무제표의 질적 특성을 설명하라.

1-8 재무제표의 기본가정을 설명하라.

1-9 회계에서 인식이란 무엇인가?

1.10 회계에서 측정이란 무엇인가?

1-11 관리회계와 재무회계를 비교했을 때 다음 중 재무회계의 특징이 아닌 것은?

① 규정된 형식과 원칙을 따른다.
② 외부정보이용자인 주주나 채권자에게 유용한 정보를 제공한다.
③ 미래지향적인 정보를 제공한다.
④ 일반적으로 인정된 회계원칙의 지배를 받는다.

[해설] ③
재무회계는 내부 경영자를 위한 미래지향적인 관리회계에 비해 과거지향적인 정보를 제공한다.

1-12 현금흐름표에서 기계의 구입을 위한 현금감소는 어떻게 분류되는가?

① 영업활동으로 인한 현금흐름　② 생산활동으로 인한 현금흐름
③ 투자활동으로 인한 현금흐름　④ 재무활동으로 인한 현금흐름

[해설] ③
현금흐름표에서 기계의 구입은 투자활동으로 인한 현금유출로 분류된다. 재고자산의 구입이나 고객에게 상품판매 등의 과정에서는 영업활동으로 인한 현금흐름이 발생한다. 또한 차입금의 상환 및 배당금의 지급 등의 과정에서는 재무활동으로 인한 현금흐름이 발생한다.

재무회계 2

재무회계정보의 생산 : 회계거래의 분석과 기록

2장

"돈의 흐름과 자본의 효율적인 관리를 주로 담당하는 사람을 중국의 상인들은 장계(掌界) 혹은 화계(火界)라고 부르고 있었는데, 이들의 생명은 '근소한 일도 사사로이 이익을 보지 않는' 정직성에 달려 있었다. 이들의 길은 장차 '독립해서 스스로 상인이 되는 것' 이었으나 그렇게 하기 위해서는 '뒤에서 큰 이익을 얻는' 자신의 역할에 충실하여야만 하였다. 마침 임상옥은 중국상인들의 독특한 회계제도에 대해 깊은 관심을 가지고 있던 참이었다. 중국의 회계제도는 마침내 우리나라에도 들어와 '회계'(會計)라는 이름으로 바뀌게 되었는데 이들이 주로 하는 일은 나가고 들어오는 돈의 흐름을 따지고 셈하여서 재산과 수입 및 지출의 관리와 운영을 계산하는 경리(經理)를 말함이었던 것이다."

최인호의 소설, 「상도(商道)」(여백미디어, 2000)

기업경영자는 상이한 시점에서 기업의 상태에 관한 정보를 필요로 한다. 이러한 정보는 기업에 대한 거래의 영향을 분석하고 의사결정에 유용하다. 예를 들면, 이웃집 세탁소의 주인은 현금을 얼마만큼 이용할 수 있는지, 현금을 얼마만큼 지출하였는지, 어떤 종류의 서비스를 제공하였는지를 알 필요가 있을 것이다.

제2장에서는 이러한 종류의 정보를 회계등식(자산=부채+자본)을 이용하여 분석하고 기록하는 방법을 공부하기로 한다.

제1절 회계순환과정

회계기간 중에 발생하는 회계처리대상인 거래나 사건을 식별해서 인식하고 측정해서 이를 기록하고, 회계기말에 그러한 회계기록을 요약하여 재무제표를 작성하는 과정은 회계기간마다 동일하게 발생하므로 회계순환과정(accounting cycle)이라고 한다.

회계순환과정은 [도표 2-1]에서 보는 바와 같이 9개의 단계로 이루어지고 있다. 이 순환과정에서 수정전시산표, 수정후시산표, 마감후시산표 등의 작성이 반드시 필수적인 것은 아니며 보조적인 수단이다. 회계순환과정은 기업거래분석으로 시작하고 마감후시산표의 작성으로 종료한다는 점을 알 수 있다. 순환과정의 단계들은 순서대로 실시되며 각각의 회계기간에서 반복된다.

회계순환과정에서 처음에는 발생된 모든 거래나 사건을 분석해서 회계처리의 대상인지의 여부를 식별하고, 이들을 거래의 8요소로 분석해서 차변요소와 대변요소로 나누어 분개장에 분개하고 원장에 전기하는 일련의 과정이다. 이와 같이 단계 1, 2, 3의 과정은 회계기간 동안 매일 반복해서 발생한다.

단계 4, 5, 6, 7은 월별, 분기별, 반기별, 연도별 등과 같이, 기간기준으로 결산시에 실시된다. 이 과정은 첫 번째 과정에서 이루어진 분개와 전기에 오류가 있는지의 여부를 알아보기 위해 계정과목별로 합산하여 시산표를 만들고, 결산정리분개인 수정분개를 실시한 후 재무제표를 작성하는 과정이다. 여기서 정산표(work sheet, W/S)는 수정분개와 재무제표의 작성을 용이하게 하는 보조수단에 불과하기 때문에 반드시 필요한 것은 아니다.

단계 8, 9의 마감분개와 마감후시산표는 항상 기업의 회계년말에 작성된다. 각 계정들을 마감하고 오류의 여부를 살펴보기 위해 마감후시산표를 작성하는 과정이다.

| 도표 2-1 | 회계순환과정

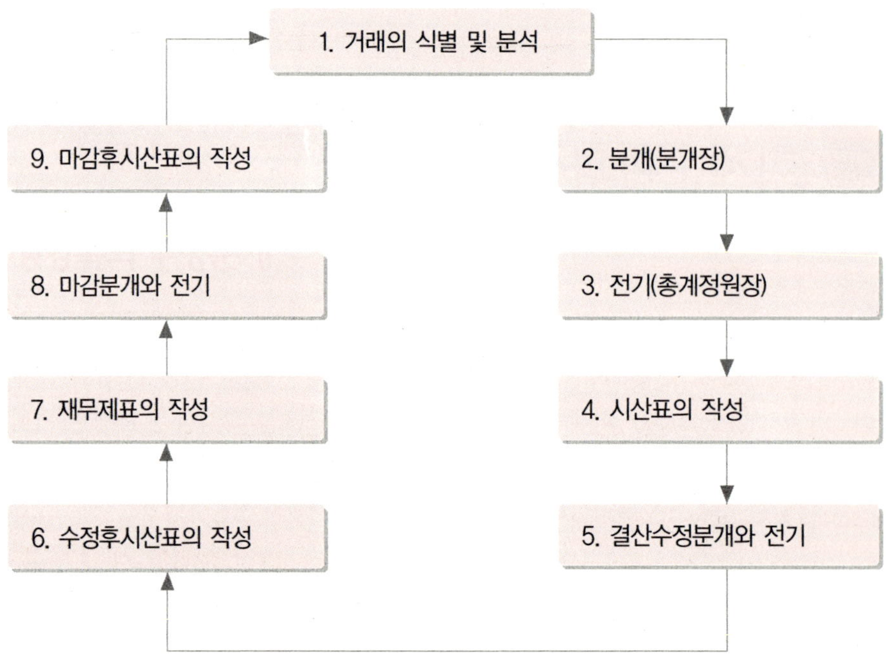

본 장에서는 단계 1부터 먼저 살펴보기로 한다.

제2절 회계거래

회계거래를 분석하기 위해서는 먼저 어떠한 경제적 사건을 식별해야 하는가를 알 필요가 있다. 모든 사건이 다 재무제표에 기록 · 보고되는 것은 아니다. 예를 들면, (주)현대자동차가 신규종업원을 고용하였다거나 신형컴퓨터를 구입하였다고 하자. 이러한 사건들이 모두 회계기록에 반영되는가? 신규종업원을 고용하였다는 사건은 회계장부에 기록되지 않을 것이지만, 신형컴퓨터를 구입하였다는 사건은 기록될 것이다. 이와 같이 어떤 경제적 사건의 결과로 자산, 부채, 자본의 항목들이 변화하여 이들을 재무제표에 기록할 필요가 있을 때 이러한 경제적 사건을 회계거래(accounting transaction)라고 한다.

1. 거래의 종류

회계거래는 손익의 발생여부에 따라, 현금의 수지에 따라, 또는 기업외부와의 관계에 따라 여러 가지로 나눌 수 있다.

1.1 손익의 발생여부에 의한 분류

(1) 교환거래

교환거래(exchange transaction)는 수익이나 비용이 발생하지 않고, 자산, 부채, 자본이 서로 증감하는 변화를 초래하는 거래이다. 예를 들면, 토지를 현금으로 매입한다든가, 부채를 상환하는 경우의 거래이다.

(2) 손익거래

손익거래(income transaction)는 비용과 수익을 발생시키는 거래를 말하며, 수익거래와 비용거래로 구분된다. 이것은 자본의 증감을 일으키면서 동시에 자산 구성부분에도 동액의 증감을 일으키는 거래이다. 예를 들면, 예금이자의 수령, 사채이자의 지급 등이다.

(3) 혼합거래

혼합거래(mixed transaction)는 교환거래와 손익거래가 동시에 발생하는 거래이다. 예를 들면, 차입금의 원금과 이자를 상환하는 경우이다.

1.2 현금수지 여부에 의한 분류

(1) 현금거래

현금거래는 현금의 수수가 따르는 거래를 말하며, 이는 입금거래와 출금거래로 나눌 수 있다. 예를 들면, 급여의 지급, 상품의 현금매출 등이다.

(2) 대체거래

현금의 수지가 수반되지 않는 거래로서 이는 전부대체거래와 일부대체거래로 구분할 수 있다. 예를 들면, 상품을 외상으로 매입하는 경우는 전부대체거래이고, 상품을 외상으로 매입하면서 일부를 현금으로 지급하는 경우는 일부대체거래이다.

1.3 발생장소에 의한 분류

(1) 외부거래

외부거래는 기업외부와의 관계에서 이루어지는 거래로 대부분의 거래가 외부거래이다.

(2) 내부거래

내부거래는 기업내부에서 발생하는 거래로 고정자산에 대한 감가상각이라든가 잉여금의 적립 등 회계처리상 결산시에 발생하는 수정분개나 원가회계에서 원가계산의 경우가 이에 해당한다.

2. 거래의 요소

회계거래의 요소에는 [도표 2-2]와 같이 자산의 증가, 자산의 감소, 부채의 증가, 부채의 감소, 자본의 증가, 자본의 감소, 수익의 발생, 비용의 발생 등 8가지 요소가 있다.

| 도표 2-2 | 회계거래의 8요소

차변요소	대변요소
자산의 증가	자산의 감소
부채의 감소	부채의 증가
자본의 감소	자본의 증가
비용의 발생	수익의 발생

위의 도표에서 거래의 8요소의 결합관계를 구체적으로 살펴보면 다음과 같다.

자산의 증가 ─┬─ ① 자산의 감소
├─ ② 부채의 증가
├─ ③ 자본의 증가
└─ ④ 수익의 발생

① 자산의 증가와 자산의 감소를 초래하는 거래

예를 들면, 건물을 100,000,000원에 취득하고 현금으로 결제하다.

이 거래에서는 건물이라는 자산의 증가와 현금이라는 자산의 감소가 발생한다.

② 자산의 증가와 부채의 증가를 초래하는 거래

예를 들면, 상품을 5,000,000원 어치 외상으로 구입하다.

이 거래에서는 상품이라는 자산의 증가와 매입채무라는 부채의 증가가 발생한다.

③ 자산의 증가와 자본의 증가를 초래하는 거래

예를 들면, 현금 100,000,000원을 출자하여 영업을 시작하였다.

이 거래에서는 현금이라는 자산의 증가와 자본금이라는 자본의 증가가 발생한다.

④ 자산의 증가와 수익의 발생을 초래하는 거래

예를 들면, 주식투자로 인하여 배당금 10,000원을 현금으로 수령하였다.

이 거래에서는 현금이라는 자산의 증가와 배당금수익이라는 수익이 발생하였다.

부채의 감소
- ⑤ 자산의 감소
- ⑥ 부채의 증가
- ⑦ 자본의 증가
- ⑧ 수익의 발생

⑤ 부채의 감소와 자산의 감소를 초래하는 거래

예를 들면, 차입금 3,000,000원을 현금으로 상환하다.

이 거래에서는 차입금이라는 부채의 감소와 현금이라는 자산의 감소가 발생하였다.

⑥ 부채의 감소와 부채의 증가를 초래하는 거래

예를 들면, 차입금 1,000,000원을 장기어음을 발행하여 상환을 연기하였다.

이 거래에서는 차입금라는 부채의 감소와 장기차입금이라는 부채의 증가가 발생하였다.

⑦ 부채의 감소와 자본의 증가를 초래하는 거래

예를 들면, 전환사채 500,000원을 자본금으로 전환하였다.

이 거래에서는 전환사채라는 부채의 감소와 자본금이라는 자본의 증가가 발생하였다.

⑧ 부채의 감소와 수익의 발생을 초래하는 거래

예를 들면, 채권자로부터 차입금 1,000,000원의 상환을 면제받았다.

이 거래에서는 차입금이라는 부채의 감소와 채무면제이익이라는 수익이 발생하였다.

자본의 감소
- ⑨ 자산의 감소
- ⑩ 부채의 증가
- ⑪ 자본의 증가

⑨ 자본의 감소와 자산의 감소를 초래하는 거래

예를 들면, 주주에게 배당금 100,000원을 현금으로 지급하였다.

이 거래에서는 배당금이 이익의 처분이기 때문에 자본(이익잉여금)의 감소와 현금이라는 자산의 감소가 발생하였다.

⑩ 자본의 감소와 부채의 증가를 초래하는 거래

예를 들면, 조합원 김대한이 탈퇴할 때 출자금 1,000,000원을 차입금으로 대체하였다.

이 거래에서는 출자금이라는 자본의 감소와 차입금이라는 부채의 증가가 발생하였다.

⑪ 자본의 감소와 자본의 증가를 초래하는 거래

예를 들면, 자본잉여금을 자본금으로 전입하였다.

이 거래에서는 자본잉여금이라는 자본의 감소와 자본금이라는 자본의 증가가 발생하였다.

비용의 발생
- ⑫ 자산의 감소
- ⑬ 부채의 증가
- ⑭ 자본의 증가

⑫ 비용의 발생과 자산의 감소를 초래하는 거래

예를 들면, 종업원의 급여 2,000,000원을 현금으로 지급하였다.

이 거래에서는 급여라는 비용의 발생과 현금이라는 자산의 감소가 발생하였다.

⑬ 비용의 발생과 부채의 증가를 초래하는 거래

예를 들면, 지급이자 200,000원이 발생하였으나, 아직 지급하지 않았다.

이 거래에서는 지급이자라는 비용의 발생과 미지급이자라는 부채의 증가가 발생하였다.

⑭ 비용의 발생과 자본의 증가를 초래하는 거래

예를 들면, 종업원의 급여 2,000,000원을 우리사주조합을 이용하여 주식을 발행하여 지급하였다.

이 거래에서는 종업원급여라는 비용의 발생과 자본금이라는 자본의 증가가 발생하였다.

상기의 거래 이외의 거래(자본의 감소와 수익의 발생, 비용의 발생과 수익의 발생이라는 두 거래)는 잘 발생하지 않는 거래이다.

3. 거래의 분석

일정한 시점에서 기업의 재무상태는 자산과 그 자산에 대한 청구권으로 구성되는데, 이러한 청구권은 다시 채권자의 청구권과 소유주의 청구권으로 나누어진다. 여기서 채권자의 청구권을 부채라 하고, 소유주의 청구권을 자본 또는 주주지분이라고 하는데, 이 관계를 등식으로 표시하면 다음과 같다.

자 산 = 부 채 + 자 본

상기의 식을 회계등식(accounting equation)이라고 하는데, 본 장에서는 자산, 부채, 자본에 대한 영향에 의해서 거래를 분석하는 방법을 배울 것이다. 거래분석(transaction analysis)은 경제적 사건이 회계등식에 미치는 구체적인 영향을 식별하는 과정이다.

회계등식은 항상 균형상태를 이루어야 한다. 각각의 거래는 하나 이상의 차변요소와 하나 이상의 대변요소로 이루어져서 등식에 이중효과를 가지는 데, 이를 거래의 이중성(duality of transaction)이라고 한다. 예를 들면, 만약 어떤 개별자산이 증가한다면, 이에 상응해서 다른 자산이 감소하거나, 부채가 증가하거나, 자본이 증가해야 한다.

어떤 자산이 증가할 때 두 개 이상의 항목이 영향을 받을 수도 있다. 예를 들면, 만약 어떤 기업이 1천만원짜리 컴퓨터를 현금 6,000,000원과 지급어음 4,000,000원으로 구입한다면, 자산(컴퓨터)이 10,000,000원 증가하고, 다른 자산(현금)은 6,000,000원 감소하며, 부채(미지급금)가 4,000,000원 증가한다. 이의 결과는 회계등식이 여전히 균형상태로 있다는 것이다. 즉 아래와 같이 자산이 순액 4,000,000원 만큼 증가하였고, 부채가 4,000,000원만큼 증가하였다.

자 산	=	부 채	+	자 본
+10,000,000		+4,000,000		
− 6,000,000				
4,000,000		4,000,000		

경제적 사건이 회계등식에 어떻게 영향을 주는가를 예시하기 위해, 10월 한 달 동안 (주)가나다에 영향을 주는 사건들을 검토하기로 한다.

사건(1)

주주의 현금투자 10월 1일에 주주들이 10,000,000원의 현금을 기업에 투자하고 10,000,000원어치의 보통주를 수령하였다. 이 사건으로 자산과 자본이 증가하였기 때문에 이 사건은 회계거래이다. (주)가나다의 장부에 자산인 현금 10,000,000원의 증가와 자본인 보통주자본금 10,000,000원의 증가가 있다. 이 거래의 회계등식에 대한 영향은 다음과 같다.

	자 산	=	부 채	+	자 본
	현 금	=			보통주자본금
(1)	+10,000,000				+10,000,000

이 등식은 균형상태에 있다. 이 경우에 자본의 증가는 보통주식의 발행으로 인한 것이다. 자본변화의 원천에 대해 추적하는 것은 특히 이익의 계산에 중요하다.

사건(2)

현금과의 교환으로 어음발행 (주)가나다는 10월 1일에 액면가 5,000,000원이고 액면이자율 12%인 3개월짜리 어음을 서울은행에 발행해 주었다. 이 거래로 인해서 자산과 부채가 동일하게 증가하게 된다. 즉, 현금(자산)이 5,000,000원 증가하고 차입금(부채)이 5,000,000원 증가한다. 이 거래의 구체적인 영향과 처음 두 거래의 누적효과는 다음과 같다.

		자 산	=	부 채	+	자 본
		현 금		차입금		보통주자본금
	구잔액	10,000,000				10,000,000
(2)		+5,000,000		+5,000,000		
	신잔액	15,000,000		5,000,000	+	10,000,000
				15,000,000		

자산합계는 이제 15,000,000원이며 자본과 새로운 부채의 합계도 15,000,000원이다.

사건(3)

비품의 현금구입 10월 2일에 (주)가나다는 비품를 (주)서울비품에게 현금 5,000,000원을 지불하고 취득하였다. 이 사건은 (주)가나다의 자산에 동일한 크기의 증가와 감소가 발생하기 때문에 거래이다. 비품(자산)가 5,000,000원 증가하고, 현금(자산)이 5,000,000원 감소한다.

		자 산			=	부 채	+	자 본
		현 금	+	비 품		차입금		보통주자본금
	구잔액	15,000,000				5,000,000		10,000,000
(3)		−5,000,000		+5,000,000				
	신잔액	10,000,000	+	5,000,000	=	5,000,000	+	10,000,000
		15,000,000				15,000,000		

자산합계는 이제 15,000,000원이고, 자본과 부채의 합계도 15,000,000원이다.

사건(4)

고객으로부터 현금의 선수 10월 2일에 (주)가나다는 고객 김길동으로부터 현금 1,200,000원을 미리 수령하였다. 이 사건은 (주)가나다가 12월 31일까지 완료하기로 기대되는 광고서비스로 현금(자산)을 수령하였기 때문에 회계상의 거래이다.

그러나 광고서비스가 수행될 때까지 수익을 기록해서는 안 된다. 잡지업계와 항공업계에서는 고객들이 미리 지불하는 것으로 기대된다. 이러한 업종의 기업들은 잡지가 고객에게 배달되거나 탑승이 제공될 때까지 고객에 대한 부채를 가진다. 제품이나 서비스가 제공되는 즉시, 수익을 기록할 수 있다.

(주)가나다는 서비스를 수행하기 전에 현금을 수령하였기 때문에, (주)가나다는 이 서비스에 대한 부채를 가진다. 현금은 1,200,000원만큼 증가하고 부채인 선수수익(unearned revenue)이 같은 금액만큼 증가한다.

	자 산			=	부 채			+	자 본
	현 금	+	비 품		차입금	+	선수수익		보통주자본금
구잔액	10,000,000		5,000,000		5,000,000				10,000,000
(4)	+1,200,000						+1,200,000		
신잔액	11,200,000	+	5,000,000	=	5,000,000	+	1,200,000	+	10,000,000
	16,200,000				16,200,000				

사건(5)

현금으로 결제된 서비스 10월 3일 (주)가나다는 (주)동해로부터 수행한 광고서비스에 대해 현금 10,000,000원을 수령하였다. 이 사건은 (주)가나다가 서비스의 대가로 자산(현금)을 수령하였기 때문에 회계상의 거래이다.

광고서비스는 (주)가나다의 주된 수익산출활동이다. 수익은 자본을 증가시킨다. 자산과 자본은 이 거래로 증가한다. 현금은 10,000,000원 증가하고 이익잉여금도 10,000,000원 증가한다. 등식에서 새로운 잔액은 다음과 같다.

	자 산			=	부 채			+	자 본		
	현 금	+	비 품		차입금	+	선수수익		보통주자본금	+	이익잉여금
구잔액	11,200,000		5,000,000		5,000,000		1,200,000		10,000,000		
(5)	+10,000,000										+ 10,000,000
신잔액	21,200,000	+	5,000,00	=	5,000,000	+	1,200,000	+	10,000,000	+	10,000,000
	26,200,000				26,200,000						

가끔 기업들은 서비스를 "외상으로" 제공한다. 즉, 기업들은 서비스의 대가를 나중에 받기로 하고 서비스를 제공한다. 그러나 수익은 서비스를 수행할 때 가득(earned)된다. 그러므로 서비스를 수행할 때 현금을 수령하지 않았을지라도 자본은 증가할 것이다. 현금을 수령하는 대신에, 기업은 다른 종류의 자산인 매출채권(account receivable)을 수령한다. 매출채권은

나중에 현금을 수령할 권리를 나타낸다. (주)가나다가 이러한 서비스를 현금이 아닌 외상으로 제공하였다고 하자. 이 사건은 회계등식을 이용하여 다음과 같이 보고될 것이다.

자 산	=	부 채	+	자 본
매출채권				이익잉여금
+10,000,000				+10,000,000

나중에, 10,000,000원을 고객으로부터 회수할 때, 매출채권은 10,000,000원만큼 하락할 것이며 현금은 10,000,000원만큼 증가할 것이다.

자 산		=	부 채	+	자 본
현 금	매출채권				
+10,000,000	−10,000,000				

이 경우에 자본은 현금의 회수에 의해 영향을 받지 않는다. 그 대신에 하나의 자산(매출채권)을 다른 자산(현금)과 교환한 것이 기록될 것이다.

사건(6)

임차료의 지급 10월 3일에 (주)가나다는 10월 한 달간의 사무실임차료 900,000원을 현금으로 지급하였다. 이 임차료지급으로 인해서 현금이 감소하기 때문에 임차료지급은 회계상의 거래이다.

임차료는 수익을 발생시키기 위한 노력에서 (주)가나다에 발생한 비용이다. 임차료지급은 회계등식의 균형을 유지시키기 위해 현금을 감소시키고 자본(특히 이익잉여금)을 감소시킴으로써 기록된다. 이 거래를 기록하기 위해 현금은 900,000원만큼 감소되고 이익잉여금도 900,000원만큼 감소된다. 이러한 지급의 회계등식에 대한 영향은 다음과 같다.

	자산		=	부채		+	자본	
	현금	+ 비품		차입금	+ 선수수익		보통주자본금	+ 이익잉여금
구잔액	21,200,000	5,000,000		5,000,000	1,200,000		10,000,000	10,000,000
(6)	−900,000							−900,000
신잔액	20,300,000	+ 5,000,000	=	5,000,000	+ 1,200,000		+ 10,000,000	+ 9,100,000
	25,300,000			25,300,000				

사건(7)

현금으로 보험가입 10월 4일에 (주)가나다는 내년 9월 30일에 소멸하는 1년짜리 보험에 대해 600,000원을 지급하였다. 이 사건은 하나의 자산이 다른 자산으로 교환되었기 때문에 거래이다. 자산인 현금이 600,000원 감소하였다. 지급액은 한 달 이상에 해당하기 때문에 자산인 선급보험료가 600,000원 증가하였다. 한 회계기간 이상동안 효력이 있을 비용의 지급은 선급비용으로 식별된다. 자산합계의 금액은 변화하지 않는다. 즉, 하나의 자산계정이 감소하는 금액만큼 다른 자산계정이 증가한다.

	자산			=	부채		+	자본	
	현금	+ 선급보험료	+ 비품		차입금	+ 선수수익		보통주자본금	+ 이익잉여금
구잔액	20,300,000		5,000,000		5,000,000	1,200,000		10,000,000	9,100,000
(7)	−600,000	+ 600,000							
신잔액	19,700,000	+ 600,000	+ 5,000,000	=	5,000,000	+ 1,200,000		+ 10,000,000	+ 9,100,000
	25,300,000				25,300,000				

사건(8)

소모품의 외상구입 10월 5일에 (주)가나다는 (주)서해로부터 3개월어치의 광고용 소모품을 2,500,00원에 외상으로 구입하였다. 소모품은 고객에게 서비스를 제공하는 과정에 이용될 자원을 의미하기 때문에 이 거래에 의해 자산이 증가한다. 부채는 (주)서해에 갚아야 하는 금액만큼 증가한다. 자산인 소모품이 2,500,000원 증가하고, 부채인 매입채무(accounts payable)는 같은 금액만큼 증가한다. 회계등식에 대한 영향은 다음과 같다.

	자산				= 부채			+ 자본	
	현 금	+ 소모품	+ 선급보험료	+ 비 품	차입금	+ 매입채무	+ 선수수익	보통주자본금	+ 이익잉여금
구잔액	19,700,000		600,000	5,000,000	5,000,000		1,200,000	10,000,000	9,100,000
(8)		+ 2,500,000				+ 2,500,000			
신잔액	19,700,000 +	2,500,000 +	600,000 +	5,000,000 =	5,000,000 +	2,500,000 +	1,200,000 +	10,000,000 +	9,100,000
	27,800,000				27,800,000				

사건(9)

신규종업원의 고용 10월 9일에 (주)가나다는 10월 15일에 일을 시작하기 위해 신규종업원을 4명 고용하였다. 각각의 종업원은 주당 5일 근무조건으로 주당 500,000원의 임금을 2주 단위로 받을 것이다. 종업원들은 10월 26일에 처음으로 임금수표를 받을 것이다. 회사의 자산, 부채, 자본은 변화하기 않았기 때문에 회계등식에 대해 어떠한 영향도 없다. 즉, 회계상의 거래는 발생하지 않았다. 이 시점에서는 종업원들이 10월 15일에 일을 시작할 것이라는 합의만 있다.

사건(10)

배당금의 지급. 10월 20일에 (주)가나다는 500,000원의 배당금을 지급하였다. 배당금은 순이익의 배분이지 비용은 아니다. 배당금거래는 자산과 자본에 영향을 준다. 현금과 이익잉여금이 500,000원 감소한다.

	자산				= 부채			+ 자본	
	현 금	+ 소모품	+ 선급보험료	+ 비 품	차입금	+ 매입채무	+ 선수수익	보통주자본금	+ 이익잉여금
구잔액	19,700,000	2,500,000	600,000	5,000,000	5,000,000	2,500,000	1,200,000	10,000,000	9,100,000
(10)	−500,000								−500,000
신잔액	19,200,000 +	2,500,000 +	600,000	+ 5,000,000 =	5,000,000 +	2,500,000 +	1,200,000 +	10,000,000 +	8,600,000
	27,300,000				27,300,000				

사건(11)

종업원임금으로 현금지급 종업원들은 2주 동안 일하여서 임금으로 4,000,000원을 벌었으며 10월 26일에 지급받았다. 임차료의 경우에 발생한 원가처럼, 임금도 비용이다. 이들은 수익을 발생시키기 위한 원가이기 때문에, 자본을 감소시킨다. 종업원과 관련된 이 사건은 자산과 자본이 같은 금액으로 영향을 받기 때문에 거래이다. 그리하여 현금과 이익잉여금은 각각 4,000,000원 감소한다.

	자 산				=	부 채			+	자 본	
	현 금	+ 소모품	+선급보험료+	비 품		차입금	+ 매입채무	+ 선수수익		보통주자본금+	이익잉여금
구잔액	19,200,000	2,500,000	600,000	5,000,000		5,000,000	2,500,000	1,200,000		10,000,000	8,600,000
(11)	−4,000,000										−4,000,000
신잔액	15,200,000+	2,500,000+	600,000	+5,000,000	=	5,000,000+	2,500,000+	1,200,000		+10,000,000+	4,600,000
	23,300,000					23,300,000					

4. 거래의 요약

(주)가나다의 거래는 기본회계등식에 대한 이들의 누적효과를 나타내기 위해 [도표 2-3]에 요약되어 있다. 거래수와 거래의 개별적인 영향이 표시되어 있다. 사건(9)는 거래가 아니기 때문에, 이 사건에 대해서는 기입할 필요가 없다. [도표 2-3]은 세 가지 사실을 보여준다.

1. 각 거래가 자산, 부채, 자본에 대한 그 영향으로 분석되어 있다.
2. 등식의 두 변(오른쪽과 왼쪽)이 항상 일치해야 한다.
3. 자본변화의 원인이 나타나야 한다.

| 도표 2-3 | 거래의 요약

	자산				부채			자본	
	현금 +	소모품 +	선급보험료 +	비품 =	차입금 +	매입채무 +	선수수익 +	보통주자본금 +	이익잉여금
(1)	+10,000,000			=				+10,000,000	
(2)	+5,000,000				+5,000,000				
(3)	−5,000,000			+5,000,000					
(4)	+1,200,000						+1,200,000		
(5)	+10,000,000								+10,000,000
(6)	−900,000								−900,000
(7)	−600,000		+600,000						
(8)		+2,500,000				+2,500,000			
(10)	−500,000								−500,000
(11)	−4,000,000								−4,000,000
	15,200,000+	2,500,000+	600,000+	5,000,000=	5,000,000+	2,500,000+	1,200,000+	10,000,000+	4,600,000
	23,300,000				23,300,000				

제3절 계 정

계정(account)은 특정한 자산, 부채, 자본항목의 증감에 관한 개별적인 회계기록이다. 예를 들면, (주)가나다(제2절에서 논한 기업)는 현금, 매출채권, 매입채무, 용역수익, 급여 등에 대해서는 별도의 계정을 가질 것이다. 가장 단순한 양식에서는 계정이 세 부분으로 구성된다. (1) 계정과목, (2) 차변(왼쪽)측면, (3) 대변(오른쪽)측면. 계정의 이러한 부분의 배열은 T 문자와 닮았기 때문에, T계정(T account)이라고 한다. 계정의 기본양식은 [도표 2-4]에 나타나있다.

| 도표 2-4 | 계정의 기본양식

계정과목	
차 변	대 변
차변잔액	대변잔액

T계정은 개별 계정들에 대한 거래의 효과를 명확히 하는데 도움을 주는 간편한 양식이다. 본서에서는 기본적인 회계의 관계를 설명하기 위해 이 계정형태를 이용할 것이다.

1. 차변과 대변

오늘날, 차변(debit)이라는 용어는 왼쪽을 가리키고 대변(credit)은 오른쪽을 가리킨다. 이들은 공통적으로 차변에 대해서는 Dr.로, 대변에 대해서는 Cr.로 약어로 사용되고 있다. 이러한 용어는 원래 "채무자"(debtor)와 "채권자"(creditor)를 의미하는 라틴어에서 유래하였다.

오늘날 이들은 방향표시이다. 이들은 T계정의 어느 쪽에 수치를 기록할 것인가를 가리킨다. 계정의 왼쪽에 금액을 기재하는 것을 계정에 차변기입한다(debiting)라고 하고, 오른쪽에 기재하는 것을 계정에 대변기입한다(crediting)라고 한다.

왼쪽에 차변을 가지고 오른쪽에 대변을 가지는 절차는 (도로의 오른쪽에서 주행하는 관습처럼) 회계관습이나 회계절차이다. 이 절차는 모든 계정에 적용된다. 양쪽의 합계를 비교할 때, 차변금액의 합계가 대변의 합계를 초과할 때 그 계정은 차변잔액(debit balance)을 가질 것이다. 만약 대변금액의 합계가 차변금액의 합계를 초과할 때 그 계정은 대변잔액(credit balance)을 가질 것이다.

계정에서 차변과 대변의 기록은 (주)가나다의 현금거래에 대해 [도표 2-5]에 나타나 있다. [도표 2-3]의 현금칸에서 자료를 가져왔다.

| 도표 2-5 | 계정과목일람표의 요약과 계정양식

(단위 : 원)

계정과목일람표의 요약 현 금
10,000,000
5,000,000
−5,000,000
1,200,000
10,000,000
−900,000
−600,000
−500,000
−4,000,000
15,200,000

계정양식

현 금	
(차변)10,000,000	(대변) 5,000,000
5,000,000	900,000
1,200,000	600,000
10,000,000	500,000
	4,000,000
잔액 15,200,000	

[도표 2-5]에서는 모든 양(+)의 금액은 현금의 수입을 의미한다. 모든 음(−)의 금액은 현금의 지출을 의미한다. 계정양식에서는 현금의 증가가 차변으로 기록되고, 현금의 감소는 대변으로 기록된다. 한 쪽에 증가와 다른 쪽에 감소를 가지는 것은 오류를 기록하는 것을 감소시키고 계정의 각 변의 합계를 결정하고 계정의 잔액을 결정하는 데 도움을 준다. 계정의 차변잔액 15,200,000원은 (주)가나다의 현금의 감소보다는 현금의 증가가 15,200,000원 더 많다는 것을 가리킨다. 즉, 회사는 0원의 잔액으로 시작한 이후, 이제 현금계정에 15,200,000원을 가지고 있다.

2. 차변과 대변의 절차

각 거래가 기본회계등식을 균형상태로 유지하기 위해서는 두 개 이상의 계정에 영향을 주어야 한다. 즉, 각 거래의 경우, 계정에서 차변의 합계는 대변의 합계와 동일해야 한다. 차변합계와 대변합계의 동일성(대차평균의 원리)은 거래를 기록하는 복식부기시스템에 기초를 제공해 준다.

복식부기시스템(double-entry system)하에서 각 거래의 이중효과가 적절한 계정에 기록된다. 이 시스템은 거래를 기록하는데 논리적인 방법을 제공해 준다. 이것은 또한 기록금액의 정확성을 보증하는 수단을 제공해 준다. 만약 모든 거래의 차변과 대변이 동일한 금액으로 기록된다면, 계정들의 모든 차변합계는 모든 대변합계와 동일해야 한다. 회계등식의 동일성을 결정하기 위한 복식부기시스템은 제2절에서 사용된 +/−절차보다 훨씬 더 효율적이다. 그곳에서는 각 거래가 발생한 후, 회계등식의 양변의 동일성을 결정하기 위해 자산합계를 부채와 자본의 합계와 비교하는 것이 필요하였다.

2.1 자산과 부채의 분개절차

[도표 2-5]에서 자산인 현금의 증가가 왼쪽에 기재되었고 현금의 감소가 오른쪽에 기재되었다. 기본등식의 양변(자산=부채+자본)은 동일해야 한다는 것을 알고 있다. 그러므로, 부채의 증가 및 감소는 자산의 증가 및 감소와는 반대로 기록되어야 할 것이다. 부채의 증가는 오른쪽이나 대변에 기재되어야 하고, 부채의 감소는 왼쪽이나 차변에 기재되어야 한다. 차변과 대변이 자산과 부채에 미치는 영향은 다음과 같이 요약된다.

| 도표 2-6 | 차변과 대변의 영향-자산과 부채

차 변	대 변
자산증가	자산감소
부채감소	부채증가

자산계정은 정상적으로 차변잔액을 보여준다. 즉, 특정한 자산계정의 차변은 그 계정의 대변을 초과해야 한다. 이와 마찬가지로 부채계정은 정상적으로 대변잔액을 보여준다. 즉, 부채계정의 대변은 그 계정의 차변을 초과해야 한다. 정상잔액(normal balance)은 다음과 같이 도표로 나타낼 수 있다.

| 도표 2-7 | 정상잔액 - 자산과 부채

자 산	
차변에 증가	대변에 감소
정상잔액	

부 채	
차변에 감소	대변에 증가
	정상잔액

어느 것이 계정의 정상잔액인가를 알게 됨으로써 여러분은 오류를 추적하는 데 도움이 될 것이다. 예를 들면, 토지와 같은 자산계정의 대변잔액이나 미지급임금과 같은 부채의 차변잔액은 기록의 오류를 가리킬 것이다. 그러나 때때로 비정상잔액이 정확할 수도 있다. 예를 들면, 현금계정은 기업이 은행잔액을 초과하여 인출할 때 대변잔액을 가질 것이다.

2.2 자본의 분개절차

자본은 크게 자본금과 이익잉여금으로 구성된다. 앞에서 수익, 비용, 배당금지급은 이익잉여금에 영향을 준다는 것을 살펴보았다. 자본을 이제 5가지 부분(보통주자본금, 이익잉여금, 배당금, 수익, 비용)으로 나누어 살펴보기로 하자. 복식부기시스템에서는 이러한 이들의 각각에 대해 계정이 유지되고 있다.

보통주자본금

주주의 투자와 교환으로 보통주가 발행된다. 보통주자본금계정은 대변에 의해 증가하고 차변에 의해 감소한다. 예를 들면, 현금을 기업에 투자할 때, 현금은 차변에 기입(증가)되고 보통주자본금은 대변에 기입(증가)된다. 보통주자본금에 대한 차변과 대변의 효과는 [도표 2-8]과 같다.

| 도표 2-8 | 차변과 대변의 효과(보통주자본금)

차 변	대 변
보통주자본금의 감소	보통주자본금의 증가

이 계정의 정상잔액은 다음과 같이 도표로 나타낼 수 있다.

| 도표 2-9 | 정상잔액(보통주자본금)

자 본	
차변에 감소	대변에 증가
	정상잔액

이익잉여금

이익잉여금은 기업에 유보되는 순이익이다. 이것은 기업의 영리활동을 통해 축적되어온 주주지분의 몫을 의미한다. 이익잉여금은 [도표 2-10]과 같이, 대변(예를 들면, 순이익)에 의해 증가하고, 차변(예를 들면, 순손실)에 의해 감소한다.

| 도표 2-10 | 차변과 대변의 효과(이익잉여금)

차 변	대 변
이익잉여금의 감소	이익잉여금의 증가

이익잉여금의 정상잔액은 [도표 2-11]과 같이 나타낼 수 있다.

| 도표 2-11 | 정상잔액(이익잉여금)

이익잉여금	
차변에 감소	대변에 증가
	정상잔액

배당금

배당금은 주식회사가 주주에게 각 주주의 소유비율에 따라 일정한 금액으로 배분하는 것이다. 가장 일반적으로 배분형태는 현금배당이다. 배당금으로 이익잉여금에 대한 주주의 청구권이 감소하게 된다. 배당금은 자본을 감소시키기 때문에, 배당금계정의 증가는 차변으로 기록된다. [도표 2-12]와 같이 배당금계정은 정상적으로 차변잔액을 가진다.

| 도표 2-12 | 정상잔액(배당금)

배당금

차변에 증가	대변에 감소
정상잔액	

수익과 비용

수익을 가득할 때, 자본은 증가한다. 그러므로 차변과 대변의 수익계정에 대한 효과는 자본에 대한 효과와 동일하다. 수익계정은 차변에 의해 증가하고 대변에 의해 감소한다.

한편, 비용은 자본을 감소시킨다. 따라서 비용은 차변에 의해 기록된다. 비용은 순이익을 계산하는데 음(−)의 요소이고 수익은 양(+)의 요소이기 때문에, 비용계정의 증가쪽과 감소쪽이 수익계정과는 반대이어야 한다는 것이 논리적이다. 그리하여 비용계정은 차변에 의해 증가하고 대변에 의해 감소한다.

수익과 비용에 대한 차변과 대변의 효과는 다음과 같이 나타낼 수 있다.

| 도표 2-13 | 차변과 대변의 효과(수익과 비용)

차 변	대 변
수익의 감소	수익의 증가
비용의 증가	비용의 감소

수익계정의 대변은 차변을 초과해야 하고, 비용계정의 차변은 대변을 초과해야 한다. 그리하여 수익계정은 정상적으로 대변잔액을 보여주고, 비용계정은 정상적으로 차변잔액을 보여준다. 정상잔액은 다음과 같이 나타낼 수 있다.

| 도표 2-14 | 정상잔액(수익과 비용)

수 익

차변에 감소	대변에 증가
	정상잔액

비 용

차변에 증가	대변에 감소
정상잔액	

3. 자본의 관계

3.1 자본의 관계

보통주자본금과 이익잉여금은 재무상태표의 자본에, 배당금은 자본변동표, 수익과 비용은 포괄손익계산서에 보고된다. 배당금, 수익, 비용은 결국 기말에 이익잉여금으로 이체된다. 그 결과, 이 3가지 항목의 어느 하나라도 변화가 생기면 이들은 자본에 영향을 준다. 자본에 영향을 주는 계정들의 관계는 [도표 2-15]와 같다.

| 도표 2-15 | 자본의 관계

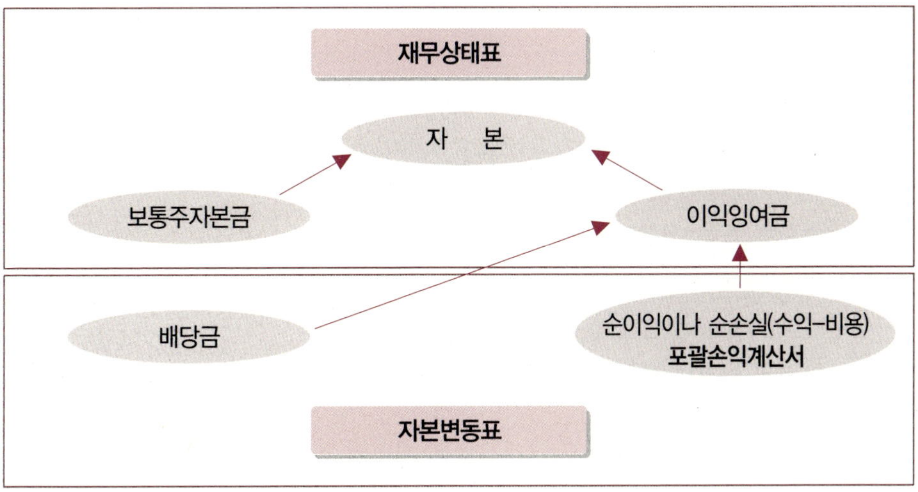

3.2 기본등식의 확장

여러분은 기본회계등식을 이미 배웠다. [도표 2-16]은 이 등식을 확장하여 자본을 구성하는 계정들을 보여주고 있다. 그리고 차변/대변의 규칙과 각 형태의 계정에 대한 효과가 예시되어 있다. 이 도표를 조심스럽게 공부하면 여러분이 복식부기시스템의 근간을 이해하는데 도움을 줄 것이다. 기본등식처럼, 확장된 기본등식도 차변합계와 대변합계가 동일해야 한다(대차균형의 원리).

| 도표 2-16 | 확장된 기본등식과 차변/대변의 규칙과 효과

기본등식	자 산		=	부 채		+	자 본												
확장기본등식	자 산		=	부 채		+	자본금		+	이익잉여금		−	배당금		+	수 익		−	비 용
차변/대변의 효과	Dr.	Cr.		Dr.	Cr.		Dr.	Cr.		Dr.	Cr		Dr.	Cr.		Dr.	Cr.		Dr.	Cr.
	+	−		−	+		−	+		−	+		+	−		−	+		+	−

제4절 기록과정의 단계

실제로 모든 기업에서 기록과정의 기본단계는 다음과 같다.

1. 계정에 대한 그 효과로 각 거래를 분석한다.
2. 분개장에 거래정보를 분개한다.
3. 분개장정보를 원장의 적절한 계정에 전기한다.

분개장이나 원장을 이용하지 않고 거래정보를 계정에 직접 기재하는 것도 가능하지만, 그러한 기업은 거의 없다.

기록과정의 순서는 거래로 시작한다. 거래의 증거는 매출전표, 수표, 청구서, 현금등록기

테이프 등과 같은 원천서류(source document)의 형태로 나온다. 이 증거는 특정한 계정에 대한 거래의 효과를 결정하기 위해 분석된다. 그리고나서 거래는 분개장에 분개된다. 마지막으로, 분개장의 분개가 원장의 지정된 계정으로 전기된다. 기록과정의 사건순서는 [도표 2-17]과 같다.

| 도표 2-17 | 기록과정

각 거래를 분석 → 분개장에 거래를 분개 → 분개장정보를 원장계정에 전기

기록과정의 기본단계는 반복적으로 발생한다. 거래의 분석은 제2절에 예시되어 있었다. 기록과정의 다른 단계는 아래에서 살펴보기로 한다.

1. 분개장

거래는 계정에 전기되기 전에 발생순서대로 분개장(journals)에 처음 기록된다. 각 거래의 경우, 분개장은 특정한 계정에 대한 차변과 대변의 효과를 보여준다(전산시스템에서는 "분개장"이 파일로 보존되고, "계정"들은 데이터베이스에 기록된다).

기업은 다양한 종류의 분개장을 이용하지만, 모든 기업은 가장 기본적인 형태의 분개장인 일반분개장(general journal)을 공통적으로 가지고 있다. 특히, 일반분개장은 날짜, 계정과목, 설명, 참고, 두 개의 금액 칸 등을 가지고 있다. 본서에서 분개장이라는 용어를 이용할 때는 일반분개장을 의미한다.

분개장은 기록과정에서 다음과 같이 세 가지 중요한 기여를 한다.

첫째, 하나의 장소에서 거래의 완전한 효과를 공시한다.

둘째, 발생순서대로 거래의 기록을 제공한다.

셋째, 각 분개에 대한 차변과 대변의 금액을 쉽게 비교할 수 있기 때문에 오류를 방지하는 것을 도와준다.

분개장에 거래자료를 기장하는 것을 분개한다(journalizing)라고 한다. 분개기법의 예를 들기 위해 (주)가나다의 처음 세 거래를 살펴보자. 이 거래는 다음과 같다. 10월 1일 보통주를 발행하고 현금 10,000,000원을 수령하였다. 10월 1일에 어음을 발행하고 5,000,000원을 차입하였다. 10월 2일에 비품를 5,000,000원에 구입하였다. 등식형태로, 이들 거래는 다음과 같이 나타났다.

자 산	=	부 채	+	자 본
현 금	=			보통주자본금
+10,000,000원			+	10,000,000원

자 산	=	부 채	+	자 본
현 금		차입금		
+5,000,000		+5,000,000		

자 산		=	부 채	+	자 본
현 금	비 품				
−5,000,000	+5,000,000				

각각의 거래에 대해 분개를 한다. 완전한 분개는 다음과 같이 구성된다. (1) 거래일자, (2) 차변과 대변에 기입할 계정과 금액, (3) 간단한 거래설명, 이러한 거래는 [도표 2-18]과 같이 분개된다.

| 도표 2-18 | 분개장형태로 거래기록

일반분개장

날 짜	적 요	차 변	대 변
2010.10.01	현 금	10,000,000	
	보통주자본금		10,000,000
	(주주의 현금출자)		
01	현 금	5,000,000	
	지급어음		5,000,000
	(3개월만기, 연리 12%의 지급어음을 발행)		
02	비 품	5,000,000	
	현 금		5,000,000
	(현금으로 비품를 구입)		

분개장 분개의 다음과 같은 특징에 유의하라.

1. 거래날짜는 날짜 칸에 기재한다.
2. 차변계정과목(즉, 차변에 기입되는 계정)은 "적요"라는 칸의 왼쪽 끝에 먼저 기재한다. 그리고 차변금액은 차변 칸에 기록한다.
3. 대변계정과목(즉, 대변에 기입되는 계정)은 약간 안으로 들어가서 "적요"라는 칸의 다음 줄에 기재하고 대변금액은 대변 칸에 기록한다.
4. 거래를 간단하게 설명한다.

분개에서 정확하고 개별적인 계정과목을 이용하는 것이 중요하다. 대부분의 계정은 재무제표에서 나중에 나타나기 때문에, 틀린 계정과목은 부정확한 재무제표를 유도한다. 처음에는 계정과목을 선택하는데 약간의 융통성이 존재한다. 중요한 기준은 각각의 과목이 계정의 내용을 적절하게 서술해야 한다는 것이다. 예를 들면, 운송트럭원가에 이용되는 계정과목은 운송설비, 운송트럭 또는 트럭일 것이다. 일단 기업이 특정한 과목을 이용하기로 선택하면, 그 계정을 포함하는 나중의 모든 거래들은 그 계정과목 하에서 기록되어야 한다.

예 제

다음과 같은 사건들이 (주)대전의 사업개시 첫 달에 발생하였다.

1. 주주에게 보통주를 현금발행하고 현금 20,000,000원을 수령하였다.
2. 30일 이내에 갚기로 하고 비품를 4,800,000원어치 외상으로 구입하였다.
3. 3명의 임원을 채용하였다.

해 답

분개장에 각각의 사건을 다음과 같이 분개한다.

1.	차) 현 금	20,000,000	대) 보통주자본금	220,000,000
			(보통주를 현금발행하다)	
2.	차) 비 품	4,800,000	대) 미지급금	4,800,000
			(비품를 외상으로 구입하다)	

3. 거래가 발생하지 않았으므로 분개가 없다.

2. 원장

기업이 유지하는 모든 계정집단을 원장(ledger)이라 한다. 원장은 특정한 계정잔액의 변동에 관한 모든 정보를 한 장소에서 유지한다.

기업은 다양한 종류의 원장을 가질 수도 있지만, 모든 기업은 총계정원장을 가진다. 총계정원장(general ledger)은 모든 자산, 부채, 자본계정을 포함하고 있다. 기업은 원장으로 가제식 노트(looseleaf binder)나 카드파일을 이용할 수 있는데, 각 계정은 별도의 카드나 종이에 유지된다. 그러나 오늘날 대부분의 기업은 전산회계시스템을 이용하고 있다. 본서에서 원장이라는 용어를 이용할 때는 별도의 언급이 없는 한 총계정원장을 의미한다.

2.1 계정과목일람표

계정의 유형과 수는 각 기업마다 그 규모, 복잡성, 사업의 유형에 따라 다르다. 예를 들면, 계정의 수는 경영자가 어느 정도 상세한 것을 원하는가에 달려있다. 어떤 기업의 경영자는 모든 유형의 전기 · 가스 · 수도비용에 대해 하나의 계정을 원할 수도 있을 것이다. 다른 기업의 경영자는 전기료, 가스료, 수도료처럼 각각의 비용에 대해 각각의 계정을 원할 수도 있다. 이와 마찬가지로, (주)가나다와 같은 소기업은 대기업에 비해서 많은 계정과목을 가지지 않을 것이다.

대부분의 기업은 계정과목일람표(chart of accounts)에 계정들을 가지고 있다. 기업의 존속기간동안 필요에 따라 신규계정과목이 만들어질 수도 있다. (주)가나다의 계정과목일람표가 [도표 2-19]와 같다고 하자.

| 도표 2-19 | (주)가나다의 계정과목일람표

자 산	부 채	자 본	수 익	비 용
현 금	차 입 금	보통주자본금	광고수익	급 여
매출채권	매입채무	이익잉여금		소모품비
광고소모품	미지급이자	배 당 금		임 차 료
선급보험료	선수수익	집합손익		보 험 료
비 품	미지급급여			이자비용
(감가상각누계액)				감가상각비

2.2 전기

분개장으로부터 원장계정으로 옮겨 적는 절차를 전기(posting)라고 한다. 이 단계의 기록과정은 개별계정에서 분개된 거래의 효과를 누적하고 있다. 전기는 다음과 같은 단계를 거친다.

1. 분개장에 있는 적절한 차변계정과목 칸에 차변금액과 날짜를 원장에 기재한다.
2. 분개장에 있는 적절한 대변계정과목 칸에 대변금액과 날짜를 원장에 기재한다.

제5절 기록과정의 예

[도표 2-20]에서 [도표 2-30]까지는 (주)가나다의 10월 한달 동안의 거래를 이용하여 기록과정에서 기본단계를 보여준다. 이의 회계기간은 한 달이다. 기본분석과 차변/대변의 분석은 각 거래의 분개와 전기보다 선행한다. 이러한 거래분석을 조심스럽게 공부하라. 거래분석의 목적은 먼저 계정의 형태를 식별하고 다음으로 그 계정의 차변이나 대변이 필요한지의 여부를 결정하는 것이다. 분개를 하기 전에 이러한 형태의 분석을 항상 수행해야 한다. 이렇게 함으로써 분개를 이해할 수 있을 것이다.

| 도표 2-20 | 주주의 현금투자

거래 : 10월 1일에 주주가 (주)가나다에 현금 10,000,000원을 투자하였다.

기본분석 : 자산인 현금이 10,000,000원 증가하고 자본(보통주자본금)이 10,000,000원 증가하였다.

등식분석 :

	자 산	=	부 채	+	자 본
	현 금	=			보통주자본금
(1)	+10,000,000	=			+10,000,000

차변/대변 분석 :
- 차변은 자산이 증가 : 차) 현금 10,000,000원
- 대변은 자본이 증가 : 대) 보통주자본금 10,000,000원

분개 : 10월 1일 차) 현 금 10,000,0000 대) 보통주자본금 10,000,000
(현금을 사업에 투자하다)

전기

현 금	
10/01 10,000,000	

보통주자본금	
	10/01 10,000,000

| 도표 2-21 | 지급어음의 발행

거래 : 10월 1일에 3개월 만기, 연리12%인 지급어음에 서명하고 현금 5,000,000원을 수령하였다.
기본분석 : 자산인 현금이 5,000,000원 증가하고 부채인 차입금이 5,000,000원 증가하였다.

등식분석 :

	자 산	=	부 채	+	자 본
	현 금	=	차입금		
(2)	+5,000,000	=	+5,000,000		

차변/대변 분석 :
- 차변은 자산이 증가 : 차) 현금 5,000,000원
- 대변은 부채가 증가 : 대) 차입금 5,000,000원

분개 : 10월 1일 차) 현 금 5,000,0000 대) 차입금 5,000,000
(3개월만기 연리 12%인 어음을 현금을 받고 발행하다)

전기

현 금

차변	대변
10/01 10,000,000	
10/01 5,000,000	

차입금

차변	대변
	10/01 5,000,000

| 도표 2-22 | 비품의 구입

거래 : 10월 2일에 비품를 구입하고 현금 5,000,000원을 지불하였다.
기본분석 : 자산인 비품가 5,000,000원 증가하고 자산인 현금이 5,000,000원 감소하였다.

등식분석 :

	자 산			=	부 채	+	자 본
	현 금	+	비 품	=			
(3)	−5,000,000	+	5,000,000	=			

차변/대변 분석 :
- 차변은 자산이 증가 : 차) 비품 5,000,000원
- 대변은 자산이 감소 : 대) 현금 5,000,000원

분개 : 10월 2일 차) 비 품 5,000,0000 대) 현 금 5,000,000
(비품를 현금으로 구입하다)

전기

현 금

차변	대변
10/01 10,000,000	10/02 5,000,000
10/01 5,000,000	

비 품

차변	대변
10/02 5,000,000	

| 도표 2-23 | 고객으로부터 현금을 미리 수령

거래 : 10월 2일에 12월 31일에 완료될 것으로 예상되는 광고서비스의 대가로 고객으로부터 현금 1,200,000원을 미리 수령하였다.

기본분석 : 자산인 현금이 1,200,000원 증가하고 부채인 선수수익이 1,200,000원 증가하였다.

등식분석 :

	자 산	=	부 채	+	자 본
	현 금	=	선수수익		
(4)	+1,200,000	=	+1,200,000		

차변/대변 분석 :
- 차변은 자산이 증가 : 차) 현금 1,200,000원
- 대변은 부채가 증가 : 대) 선수수익 1,200,000원

분개 : 10월 2일 차) 현 금 1,200,0000 대) 선수수익 1,200,000
(고객으로부터 광고대가로 현금을 미리 수령하다)

전기

현 금

차변		대변	
10/01	10,000,000	10/02	5,000,000
10/01	5,000,000		
10/02	1,200,000		

선수수익

차변		대변	
		10/02	1,200,000

| 도표 2-24 | 현금의 대가로 제공한 광고서비스

거래 : 10월 3일에 10월에 제공한 광고서비스의 대가로 고객으로부터 현금 10,000,000원을 수령하였다.

기본분석 : 자산인 현금이 10,000,000원 증가하고 수익인 광고수익이 10,000,000원 증가하였다.

등식분석 :

	자 산	=	부 채	+	자 본
	현 금	=			이익잉여금
(5)	+1,000,000	=			+1,000,000

차변/대변 분석 :
- 차변은 자산이 증가 : 차) 현금 10,000,000원
- 대변은 수익이 증가 : 대) 광고수익 10,000,000원

분개 : 10월 3일 차) 현 금 10,000,0000 대) 광고수익 10,000,000
(광고를 제공하고 현금을 수령하다)

전기

현 금

차변		대변	
10/01	10,000,000	10/02	5,000,000
10/01	5,000,000		
10/02	1,200,000		
10/03	10,000,000		

광고수익

차변		대변	
		10/0	10,000,000

| 도표 2-25 | 현금으로 임차료지급

거래 : 10월 3일에 10월분 임차료를 현금으로 지급하였다.
기본분석 : 비용인 임차료가 900,000원 증가하고 자산인 현금이 900,000원 감소하였다.

등식분석 :

	자 산	=	부 채	+	자 본
	현 금	=			이익잉여금
6)	−900,000	=			−900,000

차변/대변 분석 :
차변은 비용이 증가 : 차) 임차료 900,000원
대변은 자산이 감소 : 대) 현금 900,000원

분개 : 10월 3일 차) 임차료 900,0000 대) 현 금 900,000
(사무실 10월분 임차료를 현금으로 지급하다)

전기

현 금

10/01	10,000,000	10/02	5,000,000
10/01	5,000,000	10/03	900,000
10/02	1,200,000		
10/03	10,000,000		

임차료

10/03	900,000	

| 도표 2-26 | 보험에 가입하고 현금을 지급

거래 : 10월 4일에 내년 9월 30일에 만기가 될 1년만기 보험에 가입하고 현금 600,000원을 지급하다.
기본분석 : 자산인 선급보험료가 600,000원 증가하고 자산인 현금이 600,000원 감소하였다.

등식분석 :

	자 산			=	부 채	+	자 본
	현 금	+	선급보험료	=			
(7)	−600,000	+	600,000				

차변/대변 분석 :
차변은 자산이 증가 : 차) 선급보험료 600,000원
대변은 자산이 감소 : 대) 현금 600,000원

분개 : 10월 4일 차) 선급보험료 600,0000 대) 현 금 600,000
(10월 1일부터 유효한 1년만기 보험에 가입하고 현금을 지급)

전기

현 금

10/01	10,000,000	10/02	5,000,000
10/01	5,000,000	10/03	900,000
10/02	1,200,000	10/04	600,000
10/03	10,000,000		

선급보험료

10/04	600,000	

| 도표 2-27 | 소모품의 외상구입

거래 : 10월 5일에 3개월추정 광고원자재를 2,500,000원에 외상으로 구입하였다.

기본분석 : 자산인 광고소모품이 2,500,000원 증가하고 부채인 매입채무인 2,500,000원 증가하였다.

등식분석 :	자 산	=	부 채	+	자 본
	광고소모품	=	매입채무		
(8)	+2,500,000	=	+2,500,000		

차변/대변 분석 : 차변은 자산이 증가 : 차) 광고소모품 2,500,000원
대변은 부채가 증가 : 대) 매입채무 2,500,000원

분개 : 10월 5일 차) 광고소모품 2,500,0000 대) 매입채무 2,500,000
(소모품을 외상으로 구입하다)

전기

광고소모품			
10/05	2,500,000		

매입채무			
		10/01	2,500,000
		10/05	2,500,000

| 도표 2-28 | 신규임원의 채용

거래 : 10월 9일에 4명의 임원을 채용하였다.

기본분석 : 이것은 회계거래가 아니므로 분개를 할 필요가 없다.

| 도표 2-29 | 배당금의 지급

거래 : 10월 20일에 이사회는 배당을 선언하고 주주에게 500,000원의 현금배당을 지급하였다.

기본분석 : 배당금계정이 500,000원 증가하고 자산인 현금이 500,000원 감소한다.

등식분석 :	자 산	=	부 채	+	자 본
	현 금	=			이익잉여금
(10)	−500,000	=			−500,000

차변/대변 분석 : 차변은 배당금이 증가 : 차) 배당금 500,000원
대변은 자산이 감소 : 대) 현금 500,000원

분개 : 10월 20일 차) 배당금 500,0000 대) 현 금 500,000
(배당을 선언하고 현금을 지급하다)

전기

현금			
10/01	10,000,000	10/02	5,000,000
10/01	5,000,000	10/03	900,000
10/02	1,200,000	10/04	600,000
10/03	10,000,000	10/20	500,000

배당금			
10/20	500,000		

| 도표 2-30 | 종업원급여의 현금지급

거래 : 10월 26일에 종업원급여 4,000,000원을 현금으로 지급하다.

기본분석 : 비용계정인 급여가 4,000,000원 증가하고 자산인 현금이 4,000,000원 감소하였다.

등식분석 :

	자 산	=	부 채	+	자 본
	현 금	=			이익잉여금
4)	−4,000,000	=			−4,000,000

차변/대변 분석 :
차변은 비용이 증가 : 차) 급여 4,000,000원
대변은 자산이 감소 : 대) 현금 4,000,000원

분개 : 10월 26일 차) 급 여 4,000,0000 대) 현 금 4,000,000
(급여를 지급)

전기

현금			
10/01	10,000,000	10/02	5,000,000
10/01	5,000,000	10/03	900,000
10/02	1,200,000	10/04	600,000
10/03	10,000,000	10/20	500,000
		10/26	4,000,000

급여			
10/26	4,000,000		

분개와 전기의 요약

10월 한달 동안 (주)가나다의 분개장은 [도표 2-31]과 같다. 원장은 [도표 2-32]와 같다.

| 도표 2-31 | (주)가나다의 일반분개장

날 짜	적 요	차 변	대 변
20×1/			
10/01	현 금	10,000,000	
	보통주자본금		10,000,000
	(주주가 현금출자하다)		
01	현 금	5,000,000	
	차 입 금		5,000,000
	(3개월만기 연리12%인 지급어음을 현금으로 발행하다)		
02	비 품	5,000,000	
	현 금		5,000,000
	(비품를 현금으로 구입하다)		
02	현 금	1,200,000	
	선수수익		1,200,000
	(미래 광고서비스의 대가로 현금을 미리 수령하다)		
03	현 금	10,000,000	
	광고수익		10,000,000
	(제공한 광고에 대해 현금을 수령하다)		
03	임 차 료	900,000	
	현 금		900,000
	(10월의 사무실 임차료로 현금을 지급하다)		
04	선급보험료	600,000	
	현 금		600,000
	(10월 1일부터 유효한 보험에 가입하다)		
05	광고소모품	2,500,000	
	매입채무		2,500,000
	(소모품을 외상으로 구입하다)		
20	배 당 금	500,000	
	현 금		500,000
	(배당을 선언하고 현금배당을 실시하다)		
26	급 여	4,000,000	
	현 금		4,000,000
	(급여를 현금으로 지급하다)		

| 도표 2-32 | (주)가나다의 총계정원장

현 금

10/01	10,000,000	10/02	5,000,000
01	5,000,000	03	900,000
02	1,200,000	04	600,000
03	10,000,000	20	500,000
		26	4,000,000
잔액	15,200,000		

선수수익

		10/02	1,200,000
		잔액	1,200,000

광고소모품

10/05	2,500,000		
잔액	2,500,000		

보통주자본금

		10/01	10,000,000
		잔액	10,000,000

선급보험료

10/04	600,000		
잔액	600,000		

배 당 금

10/20	500,000		
잔액	500,000		

비 품

10/02	5,000,000		
잔액	5,000,000		

광고수익

		10/03	10,000,000
		잔액	10,000,000

매입채무

		10/05	2,500,000
		잔액	2,500,000

급 여

10/26	4,000,000		
잔액	4,000,000		

차 입 금

		10/01	5,000,000
		잔액	5,000,000

임 차 료

10/03	900,000		
잔액	900,000		

예 제

다음 분개장의 분개를 보고 원장에 전기하라.

날 짜	계정과목	차 변	대 변
07/01	현 금		30,000,000
	보통주자본금		30,000,000
09	매출채권	6,000,000	
	서비스수익		6,000,000
24	현 금		4,000,000
	매출채권		4,000,000

해 답

현 금

차변	대변
07/01 30,000,000	
24 4,000,000	

매출채권

차변	대변
07/09 6,000,000	07/24 4,000,000

보통주자본금

차변	대변
	07/01 30,000,000

서비스수익

차변	대변
	07/09 6,000,000

제6절 시산표

회계기말이 되면, 결산의 예비절차로서 기간 중에 이루어진 계정기록의 정확성 여부를 검토하기 위해 일반적으로 시산표를 먼저 작성한다. 시산표(trial balance)는 일정한 시점에서 자산, 부채, 자본, 수익, 비용 등 모든 계정과목과 그 계정과목들의 잔액이나 합계를 한 곳에 나열하여 모아놓은 표이다. 이 계정과목들은 원장에 나타나는 순서대로 나열되는데, 차변잔액은 시산표의 차변인 왼쪽에 나열되고 대변잔액은 시산표의 대변인 오른쪽에 나열된다. 이 시산표는 결산시에 수정분개를 실시하기 전에 결산의 예비단계로서 작성되기 때문에 수정전 시산표(unadjusted trial balance)라고도 한다.

시산표의 일차적 목적은 전기 후에 차변합계와 대변합계가 동일하다는 것을 증명하는 것이다. 달리 말하자면, 시산표에서 차변계정잔액의 합계는 대변계정잔액의 합계와 동일해야 한다. 만약 차변과 대변이 일치하지 않다면, 시산표에는 분개와 전기에서 오류가 있다는 것을 시사한다. 이외에, 시산표의 이차적 목적은 재무제표의 작성을 용이하게 하는 것이다. 시산표에는 계정의 잔액을 반영하는 잔액시산표, 각 계정의 차변합계액과 대변합계액을 반영하는 합계시산표, 각 계정의 잔액과 합계액을 모두 반영하는 합계잔액시산표가 있다.

시산표를 작성하는 절차는 다음과 같다.

1. 계정과목과 그 잔액을 열거한다.
2. 차변과 대변 칸의 합계를 구한다.
3. 두 칸의 동일성을 증명한다.

(주)가나다의 원장으로부터 작성한 시산표는 아래와 같다.

| 도표 2-33 | (주)가나다의 (잔액)시산표

시산표

20×1년 10월 31일 (단위 : 천원)

	차 변	대 변
현 금	15,200	
광고소모품	2,500	
선급보험료	600	
비 품	5,000	
차 입 금		5,000
매입채무		2,500
선수수익		1,200
보통주자본금		10,000
배 당 금	500	
광고수익		10,000
급 여	4,000	
임 차 료	900	
	28,700	28,700

차변합계(28,700,000원)와 대변합계(28,700,000원)가 동일하다는 점에 유의하라.

시산표의 한계

시산표는 모든 거래가 기록되었다거나 원장이 정확하다는 것을 증명하지는 않는다. 시산표의 칸이 일치할지라도 수많은 오류가 존재할 수 있다. 예를 들면, 시산표는 (1) 거래가 분개되지 않을 때, (2) 정확한 분개가 전기되지 않을 때, (3) 분개가 두 번 전기될 때, (4) 부정확한 계정이 분개나 전기에 이용될 때, (5) 거래금액을 기록할 때 오류의 상쇄가 이루어질 때도 대차평균이 이루어질 수 있다. 달리 말하자면, 동일한 차변과 대변이 틀린 계정이나 틀린 금액에 전기되는 한, 차변합계는 대변합계와 동일할 것이다. 그러나 그 한계에도 불구하고, 시산표는 오류를 발견하기 위한 유용한 여과장치이며 실무에서 빈번하게 이용된다.

예제

김승우는 친구들과 20×1년 9월 1일에 (주)경성을 개업하였다. 영업한 첫 달에 다음과 같은 거래가 발생하였다.

9월 1일 주주들이 기업에 20,000,000원을 투자하였다.
2일 9월달 한달간의 점포 임차료로 현금 1,000,000원을 지불하였다.
3일 비품를 25,000,000원에 구입하고는 10,000,000원은 현금으로 지불하고 나머지는 6개월 만기, 연리12%의 어음을 발행하였다.
4일 1년만기 보험에 가입하고 보험료 1,200,000원을 지불하였다.
10일 신문에 개업을 광고하고 신문사로부터 200,000원의 청구서를 수령하였다.
15일 상품을 외상으로 6,200,000원어치 판매하였다.
20일 배당을 선언하고 주주에게 현금 700,000원을 지급하였다.
30일 9월 15일에 고객으로부터 외상으로 매출한 것 중에서 현금 5,000,000원을 수령하였다.

(1) 9월달의 거래를 분개하라.
(2) 9월의 거래를 총계정원장에 전기하라.
(3) 20×1년 9월 30일에 시산표를 작성하라.

해답

(1)

일자		차변	금액	대변	금액
20×1년	9월 1일	차) 현 금	20,000,000	대) 보통주자본금	20,000,000
		(기업에 현금투자하다)			
	2일	차) 임차료	1,000,000	대) 현 금	1,000,000
		(9월 점포임차료를 지불하다)			
	3일	차) 비 품	25,000,000	대) 현 금	10,000,000
				미지급금	15,000,000
		(비품를 현금과 6개월만기, 연리12%의 어음을 발행하고 구입하다)			
	4일	차) 선급보험료	1,200,000	대) 현 금	1,200,000
		(1년만기 보험에 가입하다)			
	10일	차) 광고비	200,000	대) 미지급비용	200,000
		(신문사로부터 광고비 청구를 받다)			
	15일	차) 매출채권	6,200,000	대) 매 출	6,200,000
		(상품을 외상으로 매출하다)			
	20일	차) 배당금	700,000	대) 현 금	700,000
		(배당을 선언하고 현금을 지급하다)			
	30일	차) 현 금	5,000,000	대) 매출채권	5,000,000

(2) **총계정원장**

현 금

차변		대변	
9/1	20,000,000	9/2	1,000,000
30	5,000,000	3	10,000,000
		4	1,200,000
		20	700,000
잔액	12,100,000		

보통주자본금

차변		대변	
		9/1	20,000,000
		잔액	20,000,000

매출채권

차변		대변	
9/15	6,200,000	9/30	5,000,000
잔액	1,200,000		

배당금

차변		대변	
9/20	700,000		
잔액	700,000		

선급보험료

차변		대변	
9/4	1,200,000		
잔액	1,200,000		

매 출

차변		대변	
		9/15	6,200,000
잔액	6,200,000		

비 품

차변		대변	
9/3	25,000,000		
잔액	25,000,000		

광고비

차변		대변	
9/10	200,000		
잔액	200,000		

미지급금

차변		대변	
		9/3	15,000,000
		잔액	15,000,000

임차료

차변		대변	
9/2	1,000,000		
잔액	1,000,000		

미지급비용

차변		대변	
		9/10	200,000
		잔액	200,000

(3) **시산표**

20×1년 9월 30일 (단위 : 원)

	차 변	대 변
현 금	12,100,000	
매출채권	1,200,000	
선급보험료	1,200,000	
비 품	25,000,000	
미지급금		15,000,000
미지급비용		200,000
보통주자본금		20,000,000
배 당 금	700,000	
매 출		6,200,000
광 고 비	200,000	
임 차 료	1,000,000	
	41,400,000	41,400,000

전 | 공 | 용 | 어

T계정(T-account)
계정(account)
계정과목일람표(chart of accounts)
대변(credit)
복식부기시스템(double-entry system)
분개장(journal)
시산표(trial balance)
원장(ledger)
일반분개장(general journal)
전기(posting)
차변(debit)
총계정원장(general ledger)
회계거래(accounting transaction)
회계등식(accounting equation)

연 | 습 | 문 | 제

2-1 (1)의 경우와 같이 다음 거래와 사건들의 경우에, 이들이 수익, 비용, 이익, 자산, 부채, 자본에 미치는 영향이 증가일 경우에는 +, 감소일 경우에는 −의 부호로 표시하고 영향 없을 경우에는 0으로 표시하라.

(1) 서비스를 외상으로 제공하다.

수익	비용	이익	자산	부채	자본
+	0	+	+	0	+

(2) 미래에 서비스를 제공하기로 하고 대가를 미리 수령하다.

(3) 보험에 가입하고 2년분의 보험료를 지급하다.

(4) 종업원에게 현재 수행한 업무에 대해 급료를 현금으로 지급하다.

(5) 무형자산을 상각하다.

(6) 재고자산을 외상으로 구입하다.

(7) 재고자산을 현금으로 판매하고 이익을 남기다.

(8) 가입한 (3)의 보험에 대해 가입 후 1년이 경과하여 당기의 보험료를 인식하다.

(9) (2)의 서비스 중에서 당기에 해당하는 서비스를 제공하다.

(10) 유형자산의 감가상각을 실시하다.

(11) 발생한 종업원의 급료를 연말에 아직 지급하지 않았다.

(12) 은행차입금에 대한 이자비용을 아직 지급하지 않았다.

(13) 연말에 영업사원에 지불해야 할 수수료를 지급하지 않았다.

거래	수익	비용	이익	자산	부채	자본
(2)						
(3)						
(4)						
(5)						
(6)						
(7)						
(8)						
(9)						
(10)						
(11)						
(12)						
(13)						

2-2 다음에서 포괄손익계산서의 계정과목에는 "손", 재무상태표의 계정과목에는 "재"라고 표시하라.

(1) 법인세 ( ) (2) 매출액 ( ) (3) 재고자산 ( )
(4) 매출원가 ( ) (5) 매출채권 ( ) (6) 이익잉여금 ( )
(7) 보통주 ( ) (8) 지급이자 ( ) (9) 종업원급료 ( )
(10) 차입금 ( )

2-3 다음 거래를 거래의 8요소로 분석하고 분개하라.

(1) 보통주를 투자자에게 발행하고 현금 2,500,000원을 수령하다.
(2) 비품를 외상으로 900,000원어치 구입하다.
(3) 임차료 500,000원을 지주에게 지불하다.
(4) 6개월치 보험료 2,100,000원을 미리 지불하다.
(5) 비서에게 급여 500,000원을 지불하다.

2-4 다음 거래들이 자산, 부채, 자본에 주는 영향을 보기와 같이 적절한 금액과 증감을 나타내는 부호(+, −)를 사용하여 표시하라.

보기 : 주당 2,000원으로 주식 10,000주를 발행하였다.

자 산	=	부 채	+	자 본
+20,000,000				+20,000,000

(1) 매일은행으로부터 현금 5,000,000원을 차입하였다.

(2) 유형자산을 현금 3,000,000원으로 구입하였다.

(3) 상품을 외상으로 8,000,000원어치 구입하였으며 30일이내에 갚을 예정이다.

(4) 고객에게 상품을 외상으로 6,000,000원(원가는 4,000,000원)어치 판매하였으며 30일 이내에 받을 것이다.

(5) 외상매입금 중에서 현금 7,000,000원을 상환하였다.

(6) 외상매출금 중에서 6,000,000원을 수령하였다.

(7) 주주에게 현금배당금 2,000,000원을 선언하고 지급하였다.

2-5 4번 문제의 거래들을 차변요소와 대변요소로 구분하라.

2-6 재무상태표 등식을 이용하여 다음 중 동시에 발생할 수 없는 거래의 유형은? 단, 두 가지 외 다른 거래는 없다고 가정한다.

① 자산의 증가, 부채의 증가　　② 자산의 감소, 부채의 감소

③ 부채의 감소, 자본의 감소　　④ 자산의 증가, 자산의 감소

[해설] ③

재무상태표 등식은 〈자산=부채+자본〉이다. 회계거래의 인식은 항상 재무상태표 등식을 성립시켜야만 한다. 따라서 부채의 감소는 자본의 감소와 함께 일어날 수 없으며, 만약 부채의 감소와 자본의 증가라면 가능하다.

2-7 (주)부산의 자산과 부채, 자본이 다음과 같을 때 (주)부산의 자본의 총액은 얼마인가?

단기차입금	₩100,000	이익잉여금	₩25,000	비품장치	₩170,000
현　　금	90,000	매출채권	40,000	매입채무	50,000
자 본 금	?				

① ₩50,000　　② ₩75,000

③ ₩100,000　　④ ₩150,000

[해설] ④
(1) 자산총액 = ₩170,000(비품장치) + 90,000(현금) + 40,000(매출채권) = ₩300,000
(2) 부채총액 = ₩100,000(단기차입금) + 50,000(매입채무) = ₩150,000
(3) 자본 = 자산 − 부채 = ₩300,000 − 150,000 = ₩150,000

2-8 20×1년 동안 (주)경상의 자산은 ₩50,000 감소하였으며 부채는 ₩90,000 감소하였다. 그렇다면 (주)경상의 자본에는 어떠한 변화가 있겠는가?

① ₩40,000 증가하였다.　② ₩140,000 감소하였다.
③ ₩40,000 감소하였다.　④ ₩140,000 증가하였다.

[해설] ①
재무상태표 등식을 이용하면 자본은 ₩40,000 증가되었음을 알 수 있다.

2-9 다음은 각 거래에 대한 분개이다. 올바르지 않은 것은?

① 비품 ₩50,000을 구입하고 구입대금은 1개월 후에 지급하기로 하다.
(차) 비　품 50,000 (대) 선 급 금 50,000
② 용역을 제공하고 용역대금 ₩50,000은 2개월 후에 받기로 하다.
(차) 매출채권 50,000 (대) 용역수익 50,000
③ 지난 달 구입한 비품의 외상구입액 ₩50,000을 현금으로 지급하다.
(차) 미지급금 50,000 (대) 현　금 50,000
④ 은행의 당좌예금계좌에 현금 ₩50,000을 예입하다.
(차) 당좌예금 50,000 (대) 현　금 50,000

[해설] ①
비품을 구입하고 대금은 1개월 후에 지급하기로 하였기 때문에 미지급금이라는 유동부채 계정이 발생한다. 선급금은 자산계정으로서 대금지급이 먼저 이루어졌을 경우에 사용되는 계정이다.
(차) 비　품 50,000 (대) 미지급금 50,000

2-10 ₩300,000 상당의 차량을 구입하고, ₩200,000은 현금으로 지급하였으며 잔액은 60일 만기의 어음을 발행하였다. 이 거래의 영향은?

① 자산은 ₩300,000 증가하고, 부채는 ₩100,000 증가한다.
② 자산은 ₩100,000 증가하고, 자본은 그 금액만큼 감소한다.
③ 총자산에는 변동이 없다. 그러나 부채가 ₩100,000 증가하고 그 금액만큼 자본이 감소한다.
④ 자본에는 변동이 없다. 그러나 자산과 부채가 각각 ₩100,000씩 증가한다.

[해설] ④
전체적으로 자산은 ₩100,000 증가하고(차량운반구의 증가, 현금의 감소), 부채도 동 금액만큼 증가한다(지급어음의 증가).
(차) 차량운반구 300,000 (대) 현　금 200,000
지급어음 100,000

재무회계정보의 생산 : 결산

3장

"복식부기는 인간의 가장 정교한 발명품 중의 하나이며, 모든 훌륭한 경영자는 경영에 이것을 도입해야 한다."(Double-entry bookkeeping is one of the finest inventions of the human spirit, and every good manager should introduce it in his administration)

독일의 문호 괴테의 소설, 「빌헬름 마이스터」 중에서
Von Goethe, J.W.(1795), *Wilhelm Meister's Years of Apprenticeship.*

수익과 비용을 적절하게 수정한다는 것은 중요하고도 필요하다. 적절하게 수정하지 않는다면 수익과 비용을 잘못 계상하게 된다. 본장에서는 이러한 수정을 가능하게 하는 발생주의(accrual)회계개념을 소개하고자 한다.

제1절 시간문제

만약 기업이 그 영업을 종료할 때까지 재무제표의 작성을 기다릴 수 있다면, 수정은 필요 없을 것이다. 그 시점에서 최종 재무상태표와 기업이 가득한 평생이익의 크기를 쉽게 결정할 수 있을 것이다. 다음과 같은 일화가 평생이익을 계산하는 하나의 방식을 예시해 준다.

어떤 과일상점 주인이 매입채무를 서류꽂이에 보관하고, 매출채권을 메모용지철에 보관하고, 현금을 담배상자에 보관하고 있었다. 최근에 공인회계사시험에 합격한 그의 딸이 아버지에게 잔소리하였다. "저는 어떻게 이런 방식으로 사업을 운용할 수 있는지 이해가 되지 않아요. 이익이 얼만지 어떻게 알지요?"

"글쎄다." 아버지가 대꾸하였다. "내가 40년 전에 배에서 내렸을 때, 입고 있었던 바지 외에는 아무 것도 없었다. 오늘날 너의 오빠는 의사, 동생은 대학교수, 너는 공인회계사가 되었다. 너의 엄마와 나는 좋은 차와 집을 가지고 있다. 우리는 좋은 사업체를 가지고 있으며, 모든 것에 대가를 치렀다. 그래서 나는 전부를 합하고는 바지를 차감하면 그곳에 나의 이익이 있을 것이다."

과일상점 주인의 경우 평생 동안의 이익계산방법에 관한 자신의 평가가 옳을지라도, 대부분의 기업은 얼마나 잘 운영하고 있는가에 관해서 보다 즉각적인 피드백을 필요로 한다. 예를 들면, 경영자는 항상 재무결과에 관한 월별 보고서를 원하며, 대부분의 대기업들은 분기별 및 연도별 재무제표를 주주에게 제출해야 하며, 국세청은 모든 기업에게 연간납세신고서를 제출하도록 요구한다. 회계는 기업의 경제적 수명을 인위적인 기간으로 구분한다. 이것을 기간가정 또는 기간별보고의 가정(time period assumption)이라고 한다.

회계기간은 일반적으로 월, 분기(3개월), 반기(6개월), 1년 등이다. 월, 분기, 반기의 기간을 중간기간(interim periods)이라고 한다. 대부분의 대기업들은 반기 재무제표와 연간 재무제표를 작성해야 한다.

1년인 회계기간을 회계연도(fiscal year)라고 한다. 회계연도는 대개의 경우 어떤 달의 첫째 날에 시작하고 12개월 후 월말에 끝난다. 대부분의 기업이 이용하는 회계기간은 역년(calendar year, 1월 1일부터 12월 31일)과 일치한다. 회계연도가 역년과는 다른 기업에는 기말이 6월 30일, 9월 30일, 1월 31일 등이 있고 일본기업들의 경우는 3월 31일이 기말인 경우가 많다.

많은 기업거래가 하나 이상의 이러한 인위적인 기간에 영향을 준다. 예를 들면, 어떤 회사가 구입한 건물이나 어떤 항공사가 구입한 비행기는 오랫동안 사용될 것이다. 건물이나 항공기는 미래에도 사용될 것이기 때문에 구입시점에서 이들의 원가 전부를 비용화하는 것은 합리적이지 않다. 그 대신에 우리는 특정한 회계기간에 대한 각 거래의 영향을 결정해야 한다.

일정한 회계기간에 보고할 수익과 비용의 금액을 결정하는 것은 어려울 수 있다. 적절한 보고는 사업의 본질에 관한 이해를 필요로 한다. 두 가지 원칙이 지침으로 이용되는데 이들은 수익인식원칙과 비용인식원칙(대응원칙)이다. 여기에는 주관적인 판단과 추정치가 포함될 수 있다.

1. 수익인식원칙

수익인식원칙(revenue recognition principle)은 수익을 가득(earned)한 회계기간에 인식해야 한다는 것을 의미한다. 서비스기업에서는 수익이 서비스를 제공하는 시점에서 가득된다고 간주된다. 예를 들면, 세탁소에서 6월 30일에 옷을 세탁하였지만 고객은 7월 첫 주까지 세탁비를 지불하지 않았다고 하자. 수익인식원칙 하에서 수익은 현금을 수령한 7월이 아닌 서비스를 제공한 6월에 가득된다. 6월 30일에 세탁소주인은 그 재무상태표에 매출채권을 보고할 것이며, 제공한 서비스에 대해 포괄손익계산서에 수익을 보고할 것이다.

수익인식원칙의 부적절한 적용은 투자자에게 참담한 결과를 초래할 수 있다. 최근에 투자자들은 기아자동차(1998), 대우그룹(2000), 동아건설(2001), SK글로벌(2003) 등의 회계부정에서 보았듯이 부적절한 수익인식 때문에 많은 돈을 상실하였다.

2. 비용인식원칙

비용인식은 수익인식과 결부되어 있다. 앞의 예에 적용해 보면, 이것은 세탁서비스를 제공할 때 발생한 급여는 서비스수익을 인식하는 기간과 동일한 기간에 보고되어야 한다는 것을 의미한다. 비용인식에서 중요한 문제는 비용이 수익에 언제 기여하는가를 결정하는 것이다. 이것은 비용을 지불하는 기간과 동일할 수도 있고 동일하지 않을 수도 있다. 만약 6월 30일에 발생한 급여가 7월까지 지급되지 않는다면, 세탁소주인은 6월 30일자 재무상태표에 미지급급여를 보고할 것이다. 비용인식의 실무를 대응원칙(matching principle)이라고도 하는데, 이는 노력(비용)이 달성(수익)과 대응해야 한다는 것을 의미하기 때문이다. 이러한 관계는 [도표 3-1]에 나타나 있다.

| 도표 3-1 | 수익과 비용의 인식에서 GAAP 관계

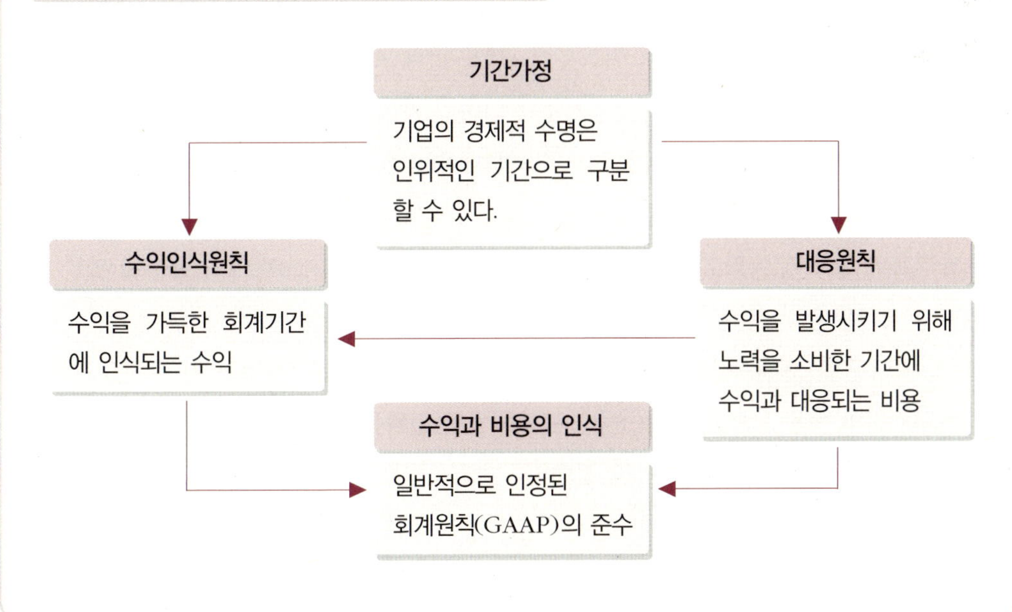

3. 발생주의회계 대 현금주의회계

수익인식원칙과 대응원칙을 결합해서 적용하면 발생주의회계가 된다. 발생주의회계란 기업의 재무제표를 변화시키는 거래가 기업이 실제로 현금을 수령하거나 지불하는 때가 아닌 사건이 발생하는 기간에 기록된다는 것을 의미한다. 예를 들면, 순이익을 결정하기 위해 발생주의를 이용하는 것은 현금을 수령할 때가 아닌 가득할 때(수익인식원칙) 수익을 인식한다는 것을 의미한다. 이와 마찬가지로 발생주의에서 비용은 지불할 때가 아닌 발생할 때(대응원칙) 인식된다.

발생주의의 대안이 현금주의이다. 현금주의회계에서 수익은 현금을 수령할 때 기록되며, 비용은 현금을 지급할 때 기록된다. 현금주의회계에 의해 포괄손익계산서를 작성하는 것은 일반적으로 인정된 회계원칙 하에서 금지된다. 그 이유는 무엇인가? 이것은 가득하였지만 현금을 수령하지 않은 수익을 기록하지 않아서 수익인식원칙을 위반하기 때문이다. 현금기준에 의한 포괄손익계산서는 가득한 수익과 비용을 대응시키지 않으며, 이것은 대응원칙도 위반한다.

예를 들어 여러분이 페인트가게를 운영하고 일 년 동안 큰 건물을 페인트칠을 한다고 하자. 1년 동안 합계 50,000,000원의 비용이 발생하고 지불하였으며, 여기에는 페인트원가와 종업원의 급여도 포함되어 있다고 하자. 여러분이 1년도 말에 80,000,000원을 고객에게 청구하였지만, 2년도까지 지급받지 않았다. 발생기준에 의하면, 여러분은 가득한 기간인 1년도에 수익을 보고할 것이며 비용은 수익을 가득한 기간에 대응될 것이다. 그리하여 1년도에 여러분의 순이익은 30,000,000원 것이며 이 사업으로 인한 수익이나 비용은 2년도에 보고되지 않을 것이다. 1년도에 보고된 이익 30,000,000원은 이 기간에 여러분의 노력의 수익성에 관한 유용한 지표를 제공한다.

만약 여러분이 현금주의로 보고하고 있었다면, 1년도에 50,000,000원, 2년도에 80,000,000원의 비용을 보고할 것이다. 1년도의 영업결과는 50,000,000원의 손실일 것이며, 2년도에는 80,000,000원의 순이익일 것이다. 현금기준측정치는 1년도와 2년도에 여러분의 노력의 결과에 관한 정보가 별로 없다.

| 도표 3-2 | 발생주의회계 대 현금주의회계

	1년도		2년도	
활 동	페인트구입, 건물에 페인트칠하기, 종업원에게 급여지급		1년도에 실시한 작업에 대한 대가를 수령	
발생주의	수 익	80,000,000원	수 익	0
	비 용	50,000,000	비 용	0
	순이익	30,000,000원	순이익	0
현금주의	수 익	0원	수 익	80,000,000원
	비 용	50,000,000	비 용	0
	순손실	(50,000,000)원	순이익	80,000,000원

대부분의 기업들이 발생주의회계를 이용하지만, 일부 중소기업들은 매출채권과 매입채무를 별로 안 가지고 있을 경우 현금주의회계를 이용한다. 이러한 기업들의 경우에 현금주의는 발생주의와 거의 유사하다.

제2절 수정분개의 기초

발생주의회계에서는 수익을 가득한 기간에 기록하고 비용을 발생한 기간에 인식하기 위해, 수정분개를 회계기말에 실시한다. 요컨대, 수정분개(adjusting entries)는 수익인식원칙과 비용인식원칙이 준수되고 있다는 것을 보증하기 위해 필요하다.

수정분개는 회계기말에 정확한 재무제표를 산출하는 것을 가능하게 한다. 그리하여 재무상태표는 재무상태표일에 적절한 자산, 부채, 자본을 보고하고 포괄손익계산서는 그 기간에 적절한 순이익(또는 순손실)을 보고한다. 거래자료를 처음으로 합산하는 (수정전)시산표가 다음과 같은 이유로 최신의 완전한 자료를 반영하지 않을 수 있기 때문에 수정분개가 필요하다.

1. 일부 사건은 매일 분개하는 것이 유용하지 않거나 비효율적이기 때문에 매일 분개되지 않는다. 이의 예로는 소모품의 소비와 종업원의 임금발생 등이 있다.
2. 일부 원가는 반복적인 일상거래의 결과라기보다는 시간의 경과와 더불어 소멸하기 때문에 회계기간에 분개되지 않는다. 이의 예로는 임차료, 보험료, 건물, 설비자산의 이용을 반영하기 위한 감가상각비 등이 있다.
3. 일부 항목은 기록되지 않을 수도 있다. 이의 예로는 다음 회계기간 때까지 수령되지 않을 전기요금청구서가 있다.

수정분개는 재무제표를 작성할 때마다 필요하다. 시산표에서 각 계정이 재무제표목적에 맞게 완전하고 최신인지의 여부를 결정하기 위해 분석된다.

1. 수정분개의 유형

수정분개는 이연항목(deferrals)이나 발생항목(accruals)으로 분류해서 실시된다. 이들은 각각 [도표 3-3]처럼 두 종류를 가진다.

| 도표 3-3 | 수정분개의 종류

이연항목	선급비용 (prepaid expenses)	이용되거나 소비되기 전에 미리 현금으로 지급되고 기록되는 비용
	선수수익 (unearned revenues)	가득되기 전에 현금이 수령되고 부채로 기록되는 수익
발생항목	미수수익 (accrued revenues)	가득하였지만 현금으로 아직 수령하지 않거나 기록되지 않은 수익
	미지급비용 (accrued expenses)	발생하였지만, 현금으로 아직 지급되지 않거나 기록되지 않은 비용

각 종류의 수정에 관한 구체적인 예와 설명은 아래에 제시되어 있다. 각각의 예는 10월 31일 (주)가나다의 시산표에 근거하고 있다.

| 도표 3-4 | 시산표

시산표

(주)가나다 20×1년 10월 31일 (단위 : 천원)

	차 변	대 변
현 금	15,200	
광고소모품	2,500	
선급보험료	600	
비 품	5,000	
차 입 금		5,000
매입채무		2,500
선수수익		1,200
보통주자본금		10,000
이익잉여금		0
배 당 금	500	
광고수익		10,000
급 여	4,000	
임 차 료	900	
	28,700	28,700

여기서는 (주)가나다가 한 달의 회계기간을 이용한다고 가정한다. 그리하여 매달 수정분개가 이루어질 것이다. 분개는 10월 31일에 실시될 것이다.

2. 이연항목의 수정분개

이연항목은 선급비용이거나 선수수익이다. 이연항목의 수정분개는 현재의 회계기간에 발생한 비용이나 가득한 수익에 해당하는 부분을 재무상태표일에 기록해야 한다.

2.1 선급비용

한 회계기간 이상의 기간 동안 효익을 제공해 줄 비용의 지급을 선급비용(prepaid expenses, prepayments)이라고 한다. 비용이 선급될 때, 미래에 수령될 서비스나 효익을 나타내기 위해 자산계정이 증가(차변기입)된다. 일반적인 선급비용의 예로는 보험료, 소모품, 광고, 임차료 등이 있다. 이외에, 건물과 시설을 구입할 때도 선급이 이루어진다.

선급비용은 시간의 경과(예를 들면, 임차료와 보험료)나 사용(예를 들면, 소모품)을 통해 소멸되는 원가다. 이러한 원가의 소멸은 비실제적이고도 불필요한 일상적인 분개를 필요로 하지 않는다. 따라서 재무제표가 작성될 때까지 이러한 원가소멸의 인식을 연기하는 것이 관습적이다. 각각의 재무상태표일에서 현재의 회계기간에 해당하는 비용을 기록하고, 자산계정에 잔존하는 금액을 나타내기 위해 수정분개가 실시된다.

수정전에 자산은 과대계상되고 비용은 과소계상된다. 그러므로 [도표 3-5]에서 보는 바와 같이, 선급비용의 수정분개로 비용계정이 증가(차변)하고 자산계정이 감소(대변)한다.

| 도표 3-5 | 선급비용의 수정분개

선급비용

자	산
미수정잔액	대변 수정분개(−)

→

비	용
차변 수정분개(+)	

일부 특정한 종류의 선급비용을 더 상세하게 살펴보자.

(1) 소모품

종이, 봉투와 같은 소모품의 구입으로 자산계정이 증가(차변)하게 된다. 회계기간동안 소모품이 이용된다. 소모품을 이용함에 따라 소모품비용을 기록하기 보다는 소모품비용을 회계기말에 인식한다. 회계기말에 회사는 잔존하는 소모품을 계산해야 한다. 소모품(자산)계정의 미수정잔액과 보유소모품의 실제원가의 차이는 그 기간에 이용된 소모품(비용)을 나타낸다.

제2장에서 (주)가나다가 10월 5일에 2,500,000원어치의 광고소모품을 구입하였다는 사실을 상기하라. 이 지급은 광고소모품이라는 자산을 증가시킴으로써 기록되었다. 이 계정은 10

월 31일자의 시산표에 2,500,000원의 잔액을 보여준다. 10월 31일 월말 때의 재고조사에 의하면 소모품을 여전히 1,000,000원어치 보유하고 있다. 그리하여 이용된 소모품의 원가는 1,500,000원(2,500,000원 − 1,000,000원)이다. 이러한 소모품의 이용은 광고소모품이라는 자산을 감소시킨다. 그것은 또한 광고소모품비용이라는 비용계정을 증가시킴으로써 자본을 감소시킨다. 소모품의 이용은 다음과 같은 방식으로 회계등식에 영향을 준다.

자 산	=	부 채	+	자 본
−1,500,000				−1,500,000

다음과 같은 수정분개가 이루어진다.

10월 31일	차) 광고소모품비용	1,500,000	대) 광고소모품	1,500,000
	(소모품의 이용을 기록하기 위해)			

수정분개를 전기한 후, T 계정형태로 표시한 두 개의 소모품계정은 아래와 같다.

| 도표 3-6 | 수정후의 소모품계정

(단위 : 천원)

광고소모품

차변			대변		
10/05		2,500	10/31	수정	1,500
10/31	잔액	1,000			

광고소모품비용

차변			대변
10/31	수정	1,500	
10/31	잔액	1,500	

자산계정인 광고소모품은 이제 1,000,000원의 잔액을 보여주는데, 이것은 재무상태표일에 보유하고 있는 소모품의 원가이다. 이외에, 광고소모품비용은 1,500원의 잔액을 보여주는데, 이것은 10월에 이용된 소모품의 원가와 동일하다. 만약 수정분개가 이루어지지 않는다면, 10월의 비용은 과소계상될 것이며 순이익은 1,500,000원만큼 과대계상될 것이다. 그리고 자산과 자본은 10월 31일의 재무상태표에서 1,500,000원만큼 과대계상될 것이다.

(2) 보험료

대부분의 기업은 화재, 절도, 기타 예측할 수 없는 사건으로 인한 손실로부터 보호하기 위해 보험에 가입한다. 보험은 1년 이상 미리 지급되어야 한다. 미리 지급된 보험료는 정상적으로 자산계정인 선급보험료에 기록된다. 재무제표일에 그 기간에 소멸한 보험원가에 대한 보험료를 증가(차변기입)시키고, 선급보험료를 감소(대변기입)시키는 것이 필요하다.

10월 4일에, (주)가나다는 1년분의 화재보험에 가입하고 600,000원을 지급하였다. 유효한 보상일은 10월 1일부터 시작하였다. 이것은 지급되었을 때 선급보험료를 증가시킴으로써 기록되었다. 이 계정은 10월 31일의 시산표에 600,000원의 잔액을 보여준다. 보험약관의 분석에 의하면, 보험료 50,000원(600,000원/12)이 매달 소멸한다는 것을 알 수 있다. 선급보험료의 소멸은 10월(과 다음 11개월)에 회계등식에 다음과 같은 영향을 줄 것이다.

자 산	=	부 채	+	자 본
−50,000				−50,000

그리하여 다음과 같은 수정분개가 이루어진다.

10월 31일	차) 보험료	50,000	대) 선급보험료	50,000
			(소멸보험료를 기록하기 위해)	

수정분개를 전기한 후, 계정들은 [도표 3-7]과 같다.

| 도표 3-7 | 수정후의 보험료계정

(단위 : 천원)

선급보험료

10/04	600	10/31	수정 50
10/31	잔액 550		

보험료

10/31	수정 50	
10/31	잔액 50	

자산인 선급보험료는 550,000원의 잔액을 보여주고 있는데, 이 금액은 나머지 11개월의 보험기간에 해당하는 원가를 의미한다. 이와 동시에 보험료의 잔액은 10월에 이용된 보험료 원가와 동일하다. 만약 이 수정이 이루어지지 않는다면, 10월의 비용은 50,000원만큼 과소계상될 것이며 순이익은 50,000원만큼 과대계상될 것이다. 나아가 회계등식이 보여주는 바와 같이, 자산과 자본도 10월 31일의 재무상태표에 50,000원만큼 과대계상될 것이다.

(3) 감가상각

기업은 특히 건물, 비품, 자동자 등과 같은 장기간의 수명을 가지는 다양한 자산을 소유하고 있다. 이러한 자산들의 사용기간을 자산의 내용연수(useful life)라고 한다. 건물은 수년 동안 서비스를 제공할 것으로 기대되기 때문에, 취득하는 날짜에 비용이라기 보다는 자산으로 기록된다. 제1장에서 설명한 바와 같이, 이러한 자산은 원가원칙에 따라 원가(cost)로 기록된다. 대응원칙에 따라, 이러한 원가의 일부는 그 자산 내용연수의 각 기간 동안 비용으로 보고되어야 한다. 감가상각(depreciation)은 자산의 원가를 그 내용연수 동안 합리적이고 체계적인 방법으로 비용에 배분하는 과정이다.

㉮ 감가상각수정의 필요성

회계의 관점에서, 장기자산의 취득은 본질적으로 서비스에 대한 장기간의 선급이다. 그러므로 감가상각에 대해 정기적으로 수정분개할 필요성은 앞에서 서술한 다른 선급비용의 경우와 동일하다. 즉, 기중에 소멸된 원가(비용)를 인식하는 것과 기말에 미소멸원가(자산)를 보고하는 것이다. 감가상각은 배분개념이지 평가개념이 아니라는 점을 이해하는 것이 매우 중요하다. 즉, 자산을 이용하는 기간에 자산의 원가를 배분하기 위해 자산을 감가상각하는 것이지, 자산가치의 실제변화를 반영하기 위한 것이 아니다.

(주)가나다의 경우, 비품의 감가상각은 매년 480,000원 또는 매달 40,000원으로 추정된다. 이것은 회계등식에 다음과 같은 영향을 줄 것이다.

자 산	=	부 채	+	자 본
−40,000				−40,000

따라서 10월의 감가상각은 다음과 같은 수정분개에 의해 인식된다.

10월 31일	차) 감가상각비	40,000	대) 감가상각누계액-비품	40,000
			(월별감가상각비를 기록하기 위해)	

수정분개를 전기한 후, 계정들은 [도표 3-8]과 같을 것이다.

| 도표 3-8 | 감가상각수정후의 계정들

(단위 : 천원)

비 품

10/04 5,000	
10/31 잔액 5,000	

감가상각누계액-비품

	10/31 수정 40
	10/31 잔액 40

감가상각비

10/31 수정 40	
10/31 잔액 40	

감가상각누계액의 잔액은 매달 40,000원만큼 증가할 것이다.

㉯ 재무제표표시

"감가상각누계액-비품"은 자산차감계정(contra asset account)이다. 자산차감계정은 재무상태표에서 자산계정에 대한 상쇄계정이며, 이의 정상적인 잔액은 대변에 나타난다. 이 계정은 시설의 취득원가와 지금까지 소멸한 원가합계를 공시하기 위해 비품를 감소(대변기입)시키는 대신에 이용된다. 재무상태표에서 감가상각누계액-비품은 [도표 3-9]와 같이 관련자산계정에서 차감된다.

| 도표 3-9 | 감가상각누계액의 재무상태표 표시

(단위 : 천원)

비 품	5,000	
감가상각누계액-비품	(40)	4,960

감가가능자산의 원가와 이와 관련된 감가상각누계액의 차액을 그 자산의 장부가액(book value)이라고 한다. [도표 3-9]에서, 재무상태표일에 시설의 장부가액은 4,960,000원이다. 이 자산의 장부가액과 시장가치는 일반적으로 다른 가치라는 점을 이해해야 한다. 앞에서 언급한 바와 같이, 감가상각의 목적은 가치평가가 아니라 원가배분이라는 것이다.

감가상각비는 기중(이 경우에는 10월)에 소멸한 자산의 원가부분을 식별한다. 회계등식은 이 수정분개의 생략은 자산합계, 자본합계, 순이익 등을 과대계상하게 하고 감가상각비를 과소계상하게 할 것이라는 점을 보여준다.

2.2 선수수익

수익을 가득하기 전에 수령한 현금은 선수수익(unearned revenues)이라는 부채계정을 증가(대변기입)시킴으로써 기록된다. 미래서비스를 위한 임대료, 잡지구독료, 고객예치금 등과 같은 항목들은 선수수익으로 될 것이다. 대한항공, 아시아나항공 등과 같은 항공사들은 탑승권의 판매로 인한 수령액을 항공서비스가 제공될 때까지 선수수익으로 처리한다. 선수수익은 선급비용과는 정반대이다. 사실상, 어떤 기업의 장부상에서 선수수익은 미리 지급한 기업의 장부에서는 선급항목일 가능성이 있다. 예를 들면, 동일한 회계기간이 가정된다면, 소작인이 임차료를 미리 지급하였을 때 지주는 선수임대료수익을 가질 것이다.

미래회계기간에 제공될 서비스에 대한 대가를 수령할 때, 선수수익(부채)계정은 존재하는 의무를 인식하기 위해 증가(대변기입)되어야 한다. 나중에, 서비스를 고객에게 제공함으로써 선수수익이 가득(earned)된다. 회계기간 중에 수익을 가득할 때마다 매일 분개를 하는 것은 실제적이지 않다. 이러한 경우에 가득수익의 인식은 수정과정을 거칠 때까지 연기된다. 그리고 나서 기중에 가득된 수익을 기록하고 회계기말에 잔존하는 부채를 나타내기 위해 수정분개가 이루어진다. 전형적으로 수정전에는 부채가 과대계상되고 수익이 과소계상된다. 그러므로, [도표 3-10]에서 보는 바와 같이, 선수수익의 수정분개는 부채계정에 대한 감소(차변)와 수익계정에 대한 증가(대변)로 된다.

| 도표 3-10 | 선수수익의 수정분개

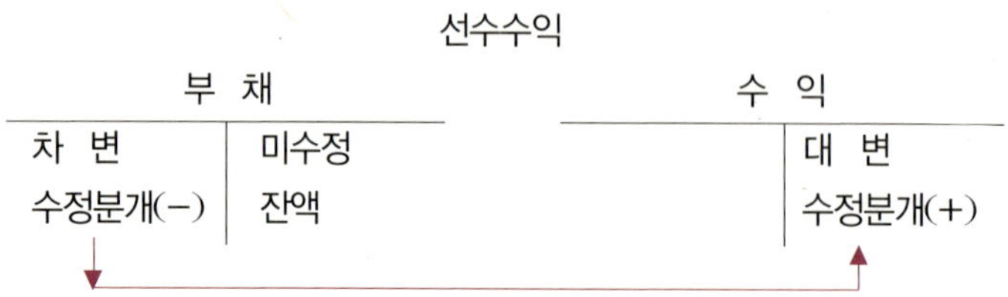

(주)가나다는 12월 31일에 완료될 것으로 예상되는 광고서비스에 대해 김재성씨로부터 10월 2일에 1,200,000원을 수령하였다. 이것은 선수수익에 대변기입되었고, 이 부채계정은 10월 31일의 시산표에 1,200,000원의 잔액을 보여주고 있다. 10월 중에 (주)가나다가 김재성씨를 위해 수행한 업무의 평가로부터 400,000원을 10월에 가득하였다는 것이 결정되었다. 이것은 다음과 같은 방식으로 회계등식에 영향을 줄 것이다.

자 산	=	부 채	+	자 본
		−400,000		+400,000

다음과 같은 수정분개가 이루어진다.

10월 31일	차) 선수수익	400,000	대) 광고수익 (가득한 수익을 기록)	400,000

수정분개를 전기한 후, 계정들은 [도표 3-11]과 같을 것이다.

| 도표 3-11 | 수정후의 수익계정

(단위 : 천원)

선수수익

10/31	수정 400	10/02	1,200
		10/31	잔액 800

광고수익

		10/31	10,000
		10/31	수정 400
		10/31	잔액 10,400

선수수익이라는 부채는 이제 800,000원의 잔액을 보여주는데, 이것은 미래에 수행될 것으로 예상되는 잔존하는 광고서비스를 의미한다. 이와 동시에, 광고수익은 10월에 가득한 10,400,000원의 수익합계를 보여준다. 만약 이 수정이 이루어지지 않는다면, 수익과 순이익은 포괄손익계산서에서 400,000원만큼 과소계상될 것이다. 나아가 10월 31일의 재무상태표에 자본은 400,000원만큼 과소계상될 것이고, 부채는 과대계상될 것이다.

예 제

20×1년 3월 31일에 (주)가야의 원장에는 수정분개를 하기 전에 다음과 같은 계정과목들이 포함되어 있다.

	차 변	대 변
선급보험료	3,600,000	
사무실소모품	2,800,000	
비 품	25,000,000	
감가상각누계액		5,000,000
선수수익		9,200,000

계정을 분석한 결과 다음과 같은 사실이 밝혀졌다.

1. 보험료는 매달 100,000원씩 소멸한다.
2. 보유하고 있는 소모품은 합계 800,000원이다.
3. 비품은 매달 200,000원씩 감가상각한다.
4. 선수수익의 반이 3월에 가득되었다.

3월 한 달의 수정분개를 실시하라.

해 | 답

1. 차) 보험료	100,000	대) 선급보험료 (소멸한 보험료를 기록)	100,000
2. 차) 사무실소모품비용	2,000,000	대) 사무실소모품 (이용한 소모품을 기록)	2,000,000
3. 차) 감가상각비	200,000	대) 감가상각누계액 (월별 감가상각비를 기록)	200,000
4. 차) 선수수익	4,600,000	대) 광고수익 (가득한 수익을 기록)	4,600,000

3. 발생항목의 수정분개

두 번째 종류의 수정분개는 발생항목(accruals)이다. 발생항목을 수정분개하기 위해서는 매일의 분개를 통해 인식되지 않아서 아직 계정에 반영되지 않은 당기의 회계기간에 발생한 비용과 가득한 수익을 기록해야 한다. 발생항목을 수정하기 전에는 수익계정(및 관련자산계정)이나 비용계정(및 관련부채계정)은 과소계상 된다. 그리하여 발생항목의 수정분개는 재무상태표와 포괄손익계산서의 계정과목을 증가시킬 것이다.

3.1 미수수익

수익을 가득하였지만 재무상태표일에 아직 기록되지 않은 수익이 미수수익(accrued revenues)이다. 미수수익은 수입이자의 경우처럼 시간의 경과에 따라 증가할 것이다. 또는 이들은 수수료와 경비의 경우처럼 수행되었지만 청구되지도 회수되지도 않은 서비스로부터 발생할 것이다. 전자는 이자의 가득이 매일의 거래를 반영하지 않기 때문에 기록되지 않는다. 후자는 전체서비스의 일부만이 제공되고 고객은 서비스가 완료될 때까지 청구받지 않을 것이기 때문에 기록되지 않는다.

수정분개는 재무상태표일에 존재하는 매출채권(또는 수취채권)을 나타내고, 기중에 가득한 수익을 기록하기 위해서 필요하다. 수정전에는 자산과 수익이 과소계상 된다. 따라서 [도표 3-12]에서 보는 바와 같이, 미수수익의 수정분개로 자산계정(차변)이 증가하고 수익계정(대변)이 증가하게 된다.

| 도표 3-12 | 미수수익의 수정분개

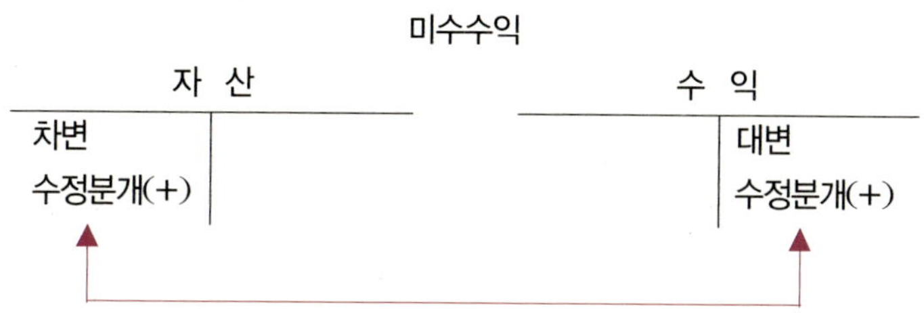

10월에 (주)가나다는 10월 31일까지 고객에게 청구되지 않은 광고서비스로 200,000원을 가득하였다. 이 서비스는 청구되지 않았기 때문에 기록되지 않았다. 자산과 자본은 다음과 같이 영향을 받을 것이다.

자 산	=	부 채	+	자 본
+200,000				+200,000

다음과 같은 수정분개가 10월 31에 실시되었다.

10월 31일	차) 매출채권(미수수익)	200,00	대) 광고수익 (가득한 수익을 기록)	200,000

수정분개를 전기한 후, 계정들은 [도표 3-13]과 같을 것이다.

| 도표 3-13 | 발생항목수정후 매출채권계정과 수익계정

(단위 : 천원)

매출채권

차변	대변
10/31 수정 200	
10/31 잔액 200	

광고수익

차변	대변
	10/03 10,000
	10/31 400
	10/31 수정 200
	10/31 잔액 10,600

자산인 매출채권은 재무상태표일에 고객이 200,000원을 빚지고 있다는 것을 보여준다. 광고수익에서 10,600,000원의 잔액은 10월중에 가득한 수익전체(10,000,000원 + 400,000원 + 200,000원)를 나타낸다. 만약 수정분개를 하지 않는다면, 재무상태표에서 자산과 자본, 포괄손익계산서에서 수익과 순이익이 과소계상될 것이다.

다음의 회계기간에 고객이 청구를 받을 것이다. 이것이 발생할 때, 그 청구를 기록하기 위한 분개는 10월에 가득한 수익 200,000원이 이미 10월 31일의 수정분개에서 기록되었다는 것을 인식해야 한다. 예를 들어, 11월 10일에 고객에게 합계 3,000,000원의 청구서가 송부되었다고 하자. 이 금액 중에서, 200,000원은 10월에 가득하고 10월 31일의 수정분개에 광고수익으로 기록된 수익을 의미한다. 나머지 2,800,000원은 11월에 가득한 수익을 의미한다. 자산과 자본은 다음과 같이 영향을 받을 것이다.

자 산	=	부 채	+	자 본
+2,800,000				+2,800,000

다음과 같은 분개가 이루어진다.

11월 10일	차) 매출채권(미수수익)	2,800,000	대) 광고수익	2,800,000
			(가득한 수익을 기록)	

이 분개는 11월 1일과 11월 10일 사이에 가득한 수익금액을 기록하고 있다. (10월에 가득한 200,000원을 포함해서) 고객으로부터 이후의 현금회수는 현금의 증가(차변)와 매출채권의 감소(대변)로 기록될 것이다.

3.2 미지급비용

비용이 발생하였지만 재무상태표일에 아직 지급하지 않았거나 기록하지 않은 비용을 미지급비용(accrued expenses)이라고 한다. 이자, 세금, 급료 등은 미지급비용의 공통적인 예이다. 미지급비용은 미수수익과 동일한 요소로부터 발생한다. 사실상, 어떤 기업의 장부상에서 미지급비용은 다른 기업의 미수수익이다. 예를 들면, (주)가나다에 의한 200,000원의 광고수익의 미수는 그 서비스를 제공받은 고객에게는 미지급비용이다.

미지급비용의 수정은 재무상태표일에 존재하는 의무를 기록하고, 당기의 회계기간에 해당하는 비용을 인식하기 위해 필요하다. 수정을 하기 전에는 부채와 비용이 과소계상 된다. 그러므로 [도표 3-14]에서 보는 바와 같이, 미지급비용의 수정분개로 비용계정이 증가(차변)하게 되고, 부채계정이 증가(대변)하게 된다.

| 도표 3-14 | 미지급비용의 수정분개

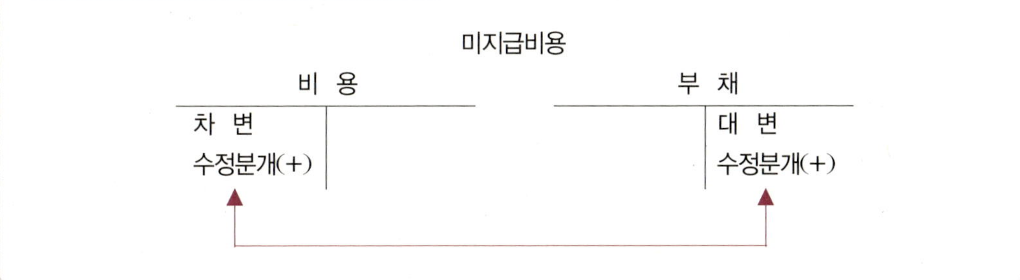

(1) 미지급이자

(주)가나다는 10월 1일에 3개월만기, 액면가 5,000,000원인 지급어음에 서명하였다. 이 어음의 이자는 연리 12%이다. 이자는 3가지 요소에 의해 결정된다. (1) 어음의 액면가액, (2) 이자율, 이것은 항상 연리로 표시된다, (3) 어음의 유통기간. 이 예의 경우에 3개월 후 만기일에 액면가 5,000,000원인 어음의 이자합계는 (5,000,000원 × 12% × 3/12)인 150,000원

이다(한 달에 50,000원). 이자의 계산공식과 10월 한달 동안 (주)가나다에 해당하는 부분은 [도표 3-15]에 있다.

| 도표 3-15 | 이자계산공식

어음의 액면가액	×	연리	×	기간	=	이자
5,000,000원	×	12%	×	1/12	=	50,000원

기간은 1년의 일부분으로 표시된다는 점에 유의하라. 10월 31일에 이자의 발생은 회계등식에 다음과 같은 영향을 줄 것이다.

자 산	=	부 채	+	자 본
		+50,000		−50,000

이것은 다음과 같이 10월 31일에 미지급비용의 수정분개에 반영될 것이다.

10월 31일	차) 이자비용	50,000	대) 미지급이자	50,000
			(미지급어음상의 이자를 기록)	

이 수정분개를 전기한 후, 계정들은 다음과 같을 것이다.

| 도표 3-16 | 수정후의 이자계정

(단위 : 천원)

이자비용

차변	대변
10/31 수정 50	
10/31 잔액 50	

미지급이자

차변	대변
	10/31 수정 50
	10/31 잔액 50

이자비용은 10월의 이자비용을 보여준다. 재무상태표일에 지급해야 할 이자금액은 미지급이자로 나타난다. 그것은 이 어음이 3개월말에 만기가 될 때까지 지급되지 않을 것이다. 상이한 두 종류의 의무인 이자와 원금을 계정과 재무제표에 공시하기 위해 지급어음을 대변기입하는 대신에 미지급이자계정이 이용된다. 만약 이 수정분개가 이루어지지 않는다면, 부채와 이자비용은 과소계상될 것이며, 순이익과 자본은 과대계상될 것이다.

(2) 미지급급여

종업원급여 및 수수료와 같은 일부 형태의 비용은 서비스가 수행된 후에 지급된다. (주)가나다에서는 급여가 10월 26일(금요일)에 지급되었다. 다음 번의 급여지급일은 11월 9일(금요일)이다. 10월에 3개의 작업일(10월 29일, 30일, 31일)이 남아 있다.

10월 31일에 10월의 마지막 3일간에 해당하는 급여는 (주)가나다의 미지급비용 및 관련부채를 의미한다. 종업원들은 주당 5일간의 작업으로 2,000,000원의 급여를 수령한다. 그리하여 10월 31일에 미지급급여는 1,200,000원(400,000원×3)이다. 이러한 발생항목은 부채인 미지급급여와 비용계정인 급여를 증가시키며, 회계등식에 다음과 같은 영향을 준다.

자 산	=	부 채	+	자 본
		+1,200,000		−1,200,000

수정분개는 다음과 같다.

10월 31일	차) 급 여	1,200,000	대) 미지급급여 (미지급급여를 기록)	1,200,000

이 수정분개를 전기한 후, 계정들은 다음과 같을 것이다.

| 도표 3-17 | 수정후의 급여계정

(단위 : 천원)

급 여

차변		대변
10/26	4,000	
31 수정	1,200	
10/31 잔액	5,200	

미지급급여

차변	대변	
	10/31 수정	1,200
	10/31 잔액	1,200

이 수정 후에, 5,200,000원(13일×400,000원)의 급여비용잔액은 10월의 실제급료비용이다. 1,200,000원의 미지급급여 잔액은 10월 31일 현재 지급해야 하는 급여에 대한 부채금액이다. 만약 1,200,000원의 급여 수정이 기록되지 않는다면, (주)가나다의 비용은 1,200,000원만큼 과소계상될 것이며, 그 부채는 1,200,000원만큼 과소계상될 것이다.

(주)가나다에서 급여는 2주마다 지급해야 한다. 따라서 다음 번의 급여지급일은 11월 9일인데, 이때 총급여액 4,000,000원이 다시 지급될 것이다. 지급액은 10월 31일의 미지급급여 1,200,000원과 11월의 급여비용 2,800,000원(7일간의 작업일×400원)으로 구성될 것이다. 그러므로 다음과 같은 분개가 11월 9일에 이루어질 것이다.

11월 9일	차) 미지급급여	1,200,000	대) 현 금	4,000,000
	급 여	2,800,000	(11월 9일의 급여를 기록)	

이 분개는 10월 31일의 수정분개에서 기록된 미지급급여라는 부채를 제거하고, 11월 1일과 11월 9일 사이의 기간에 적절한 급여비용금액을 기록하고 있다.

예제

(주)전주전자는 20×1년 8월 1일에 영업을 시작하였다. 20×1년 8월 말에 경영자는 월별 재무제표를 작성하고자 하였다. 이 정보는 8월과 관계있다.

1. 8월 31일에 회사는 9월 1일에 지급할 급여로 800,000원을 종업원에게 빚지고 있다.
2. 8월 1일에 회사는 은행으로부터 15년간의 담보로 30,000,000원을 차입하였다. 연리는 10%이다.
3. 8월에 가득하였지만 기록하지 않은 수익은 합계 1,100,000원이었다.

20×1년 8월 31일에 필요한 수정분개를 실시하라.

해답

	차변	금액	대변	금액
1.	차) 급　여	800,000	대) 미지급급여	800,000
			(미지급급여의 기록)	
2.	차) 이자비용	250,000	대) 미지급이자	250,000
			(미지급이자의 기록 : 30,000,000원×10%×1/12)	
3.	차) 매출채권	1,100,000	대) 수　익	1,100,000
			(가득한 수익의 기록)	

4. 기본관계의 요약

수정분개의 네 가지 기본유형이 [도표 3-18]에 요약되어 있다. 수정분개를 공부하고 분석하기 위해서는 시간을 가져야 한다. 각각의 수정분개는 하나의 재무상태표계정과 하나의 포괄손익계산서계정에 영향을 준다는 점에 유의하라.

| 도표 3-18 | 수정분개의 요약

수정유형	수정전 계정	수정분개
1. 선급비용	자산 과대계상	차변) 비 용
	비용 과소계상	대변) 자 산
2. 선수수익	부채 과대계상	차변) 부 채
	수익 과소계상	대변) 수 익
3. 미수수익	자산 과소계상	차변) 자 산
	수익 과소계상	대변) 수 익
4. 미지급비용	비용 과소계상	차변) 비 용
	부채 과소계상	대변) 부 채

10월 31일에 (주)가나다의 수정분개와 전기는 [도표 3-19]와 [도표 3-20]에 있다. [도표 3-20]에서 총계정원장을 검토할 때 수정은 고딕체로 표시되어 있다.

| 도표 3-19 | 수정분개를 보여주는 일반분개장

날 짜	적 요		차 변	대 변
20×1	수정분개			
10/31	광고소모품비		1,500,000	
		광고소모품		1,500,000
		(소모품이용의 기록)		
31	보 험 료		50,000	
		선급보험료		50,000
		(소멸한 보험료의 기록)		
31	감가상각비		40,000	
		감가상각누계액		40,000
		(월별 감가상각비의 기록)		
31	선수수익		400,000	
		광고수익		400,000
		(가득한 수익의 기록)		
31	매출채권		200,000	
		광고수익		200,000
		(가득한 수익의 기록)		

			차변	대변
31	이자비용		50,000	
		미지급이자		50,000
		(지급어음의 이자기록)		
31	급　여		1,200,000	
		미지급급여		1,200,000

| 도표 3-20 | 수정후의 총계정원장

(단위 : 원)

현　금

일자	금액	일자	금액
10/01	10,000,000	10/02	5,000,000
01	5,000,000	03	900,000
02	1,200,000	04	600,000
03	10,000,000	20	500,000
		26	4,000,000
10/31 잔액	15,200,000		

매출채권

일자	금액	일자	금액
10/31	**200,000**		
10/31 잔액	200,000		

광고소모품비

일자	금액	일자	금액
10/31	**1,500,000**		
10/31 잔액	1,500,000		

보통주자본금

일자	금액	일자	금액
		10/01	10,000,000
		10/31 잔액	10,000,000

이익잉여금

일자	금액	일자	금액
		10/31 잔액	0

배 당 금

일자	금액	일자	금액
10/20	500,000		
10/31 잔액	500,000		

광고소모품

일자	금액	일자	금액
10/05	2,500,000	10/31	**1,500,000**
10/31 잔액	1,000,000		

선급보험료

일자	금액	일자	금액
10/04	600,000	10/31	**50,000**
10/31 잔액	550,000		

비　품

일자	금액	일자	금액
10/02	5,000,000		
10/31 잔액	5,000,000		

광고수익

일자	금액	일자	금액
		10/03	10,000,000
		/31	**400,000**
		/31	**200,000**
		10/31 잔액	10,600,000

급　여

일자	금액	일자	금액
10/26	4,000,000		
/31	**1,200,000**		
10/31 잔액	5,200,000		

매입채무

		10/05	2,500,000
		10/31	잔액 2,500,000

미지급이자

		10/31	**50,000**
		10/31	잔액 50,000

선수수익

10/31	**400,000**	10/02	1,200,000
		10/31	잔액 800,000

미지급급여

		10/31	**1,200,000**
		10/31	잔액 1,200,000

차 입 금

		10/01	5,000,000
		10/31	잔액 5,000,000

감가상각누계액

		10/31	**40,000**
		10/31	잔액 40,000

임 차 료

10/03	900,000		
10/31	잔액 900,000		

보 험 료

10/31	**50,000**		
10/31	잔액 50,000		

감가상각비

10/31	**40,000**		
10/31	잔액 40,000		

이자비용

10/31	**50,000**		
10/31	잔액 50,000		

제3절 수정후시산표와 재무제표

모든 수정분개가 완료되고 전기된 후, 원장계정들로부터 또다른 시산표가 작성된다. 이것을 수정후시산표(adjusted trial balance)라고 한다. 이것은 회계기말에 수정된 계정들을 포함해서 모든 계정들의 잔액을 보여준다. 수정후시산표의 목적은 모든 수정을 완료한 후 원장에서 차변잔액합계와 대변잔액합계의 동일성(대차평균의 원리)을 증명하는 것이다. 수정후시산표의 계정들이 재무제표에 필요한 모든 자료를 수록하고 있기 때문에, 수정후시산표는 재무제표작성의 주된 기초가 된다.

1. 수정후시산표의 작성

(주)가나다의 수정후시산표가 [도표 3-21]에 제시되어 있다. 이것은 [도표 3-20]에서 원장계정들로부터 작성되었다. 수정분개에 의해 영향을 받은 금액은 굵은 글씨로 표시되어 있다.

| 도표 3-21 | 수정후시산표

수정후시산표

(주)가나다 20×1년 10월 31일 (단위 : 천원)

계 정	차 변	대 변
현 금	15,200	
매출채권	**200**	
광고소모품	**1,000**	
선급보험료	**550**	
비 품	5,000	
감가상각누계액		**40**
차 입 금		5,000
매입채무		2,500
미지급이자		**50**
선수수익		**800**
미지급급여		**1,200**
보통주자본금		10,000
이익잉여금		0
배 당 금	500	
광고수익		**10,600**
급 여	**5,200**	
광고소모품비	**1,500**	
임 차 료	900	
보 험 료	**50**	
이자비용	**50**	
감가상각비	**50**	
	30,190	30,190

2. 재무제표의 작성

재무제표는 수정후시산표로부터 직접 작성할 수 있다. [도표 3-22]는 (주)가나다의 수정후 시산표에 있는 자료의 상호관계를 보여준다. [도표 3-22]에서 보는 바와 같이, 포괄손익계산서는 수익계정과 비용계정으로부터 작성된다. 재무상태표는 자산계정, 부채계정, 자본계정으로부터 작성된다. 수정전시산표로부터 수정과정과 수정후시산표, 재무상태표, 포괄손익계산서 등을 작성하는 과정을 하나의 표로 일목요연하게 알 수 있는 것이 정산표(work sheet)이다. 정산표는 수동적으로 작성할 수도 있지만, 오늘날은 대부분이 컴퓨터 스프레드시트(spreadsheet)상에서 작성된다. 정산표는 영구적인 회계기록이 아니다. 이것은 분개장도 아니고 총계정원장의 일부도 아니다. 정산표는 단순히 수정분개와 재무제표를 작성하는 것을 용이하게 하는데 이용되는 보조수단에 지나지 않는다. 상대적으로 계정과목과 수정사항이 적은 중소기업에서는 정산표가 필요하지 않을 수도 있다. 계정과목과 수정사항이 많은 대기업에서 정산표가 필요하다.

정산표의 기본형태는 [도표 3-22]와 같다. 정산표는 시산표의 두 칸으로부터 시작한다. 다음 두 칸은 수정사항을 기록한다. 다음은 수정후시산표이다. 그리고 나서는 포괄손익계산서와 재무상태표를 위한 칸들이다. 수정후시산표의 모든 계정과목들은 포괄손익계산서나 재무상태표에 기록된다.

| 도표 3-22 | 정산표의 형태와 절차

정산표

(주)가나다 　　　 20×1년 10월 1일부터 20×1년 10월 31일까지 　　　 (단위 : 천원)

계정과목	수정전시산표		수정분개		수정후시산표		포괄손익계산서		재무상태표	
	차변	대변	차변	대변	차변	대변	차변	대변	차변	대변
현　금	15,200				15,200				15,200	
광고소모품	2,500			(a)1,500	1,000				1,000	
선급보험료	600			(b)50	550				550	
비　품	5,000				5,000				5,000	
차 입 금		5,000				5,000				5,000
매입채무		2,500				2,500				2,500
선수수익		1,200	(d)400			800				800
보통주자본금		10,000				10,000				10,000
이익잉여금		0				0				0
배 당 금	500				500				500	
광고수익		10,000		(d)400 (e)200		10,600		10,600		
급　여	4,000		(g)1,200		5,200		5,200			
임 차 료	900				900		900			
합　계	28,700	28,700								
광고소모품비			(a)1,500		1,500		1,500			
보 험 료			(b)50		50		50			
감가상각누계액				(c)40		40				40
감가상각비			(c)40		40		40			
이자비용			(f)50		50		50			
매출채권			(e)200		200				200	
미지급이자				(f)50		50				50
미지급급여				(g)1,200		1,200				1,200
합　계			3,440	3,440	30,190	30,190	7,740	10,600	22,450	19,590
순 이 익							2,860			2,860
합　계							10,600	10,600	22,450	22,450

제4절 장부의 마감

수익계정과 비용계정 및 배당금계정은 이익잉여금계정에 반영되며, 이것은 재무상태표의 자본항에 보고된다. 수익, 비용, 배당금은 일정한 회계기간에 관련되기 때문에, 이들은 임시계정(temporary accounts)으로 간주된다. 이와는 대조적으로 모든 재무상태표계정은 그 잔액들이 미래의 회계기간으로 이월되기 때문에 영구계정(permanent accounts)으로 간주된다. [도표 3-23]은 이러한 계정들을 두 종류로 구분하고 있다.

| 도표 3-23 | 임시계정과 영구계정

임시계정	영구계정
수익계정	자산계정
비용계정	부채계정
배당금계정	자본계정

1. 마감분개

회계기말에 임시계정잔액은 마감분개를 통해서 영구적인 자본계정인 이익잉여금으로 대체된다. 마감분개(closing entries)는 순이익(또는 순손실)과 배당금을 이익잉여금으로 대체한다. 예를 들면, [도표 3-22]에서 이익잉여금은 수정후 0의 잔액을 가진다. 마감분개전에 이익잉여금의 잔액은 기초의 잔액일 것이다. (주)가나다의 경우 이것은 (주)가나다의 영업 첫해이기 때문에 0이다.

이익잉여금을 정확한 기말잔액으로 수정한 후, 마감분개로 인해서 각각의 임시계정은 잔액이 0으로 된다. 그 결과, 이러한 계정들은 전기의 자료와는 별개인 차기의 수익, 비용, 배당금에 관한 자료를 축적할 준비가 되어 있다. 영구계정들은 마감되지 않는다.

마감분개가 작성될 때, 각 포괄손익계산서계정은 이익잉여금으로 직접 마감될 수 있을 것이다. 그러나 그렇게 하는 것은 이익잉여금계정을 너무 번거롭게 하게 된다. 따라서 수익계정과 비용계정은 또다른 임시계정인 집합손익(income summary)계정으로 마감되며, 최종적인 결과치인 순이익이나 순손실만이 이 계정에서 이익잉여금으로 대체된다. [도표 3-24]는 마감과정을 나타내고 있다. (주)가나다의 마감분개는 [도표 3-25]와 같다.

임시계정은 마감분개로 인하여 그 잔액이 집합손익계정으로 전기되었으므로 차변금액과 대변금액이 일치하게 된다. 차변합계와 대변합계를 기록하고, 그 밑에 두 줄을 그어 장부를 마감한다.

한편, 영구계정인 재무상태표계정들은 차변 또는 대변에 잔액이 남아 있게 되는데, 이 잔액은 다음 회계기간으로 이월된다. 자산계정의 경우에는 차변에 잔액이 남게 되므로 그 잔액만큼을 대변에 차기이월로 기록하여 차변합계와 대변합계를 일치하게 한 후 그 밑에 두 줄을 그어 장부를 마감한다. 이때 차기이월이라는 글씨는 붉은 색으로 기록하고, 다음 기간의 초에 자산계정의 차변에 전기이월이라는 글씨를 붉은 색으로 기록한 후 다음 기간의 기록을 시작한다.

| 도표 3-24 | 마감과정

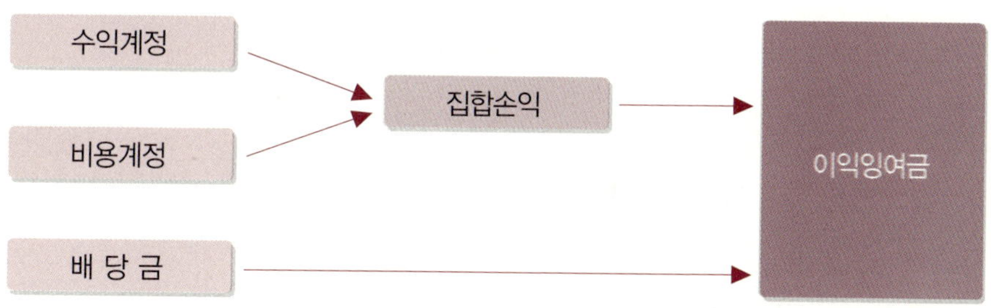

| 도표 3-25 | 마감분개

(단위 : 원)

날 짜		적 요	차 변	대 변
20×1		마감분개		
		(1)		
10/31	광고수익		10,600,000	
		집합손익		10,600,000
		(수익계정의 마감)		
		(2)		
31	집합손익		7,740,000	
		급 여		5,200,000
		광고소모품비		1,500,000
		임 차 료		900,000
		보 험 료		50,000
		이자비용		50,000
		감가상각비		40,000
		(비용계정의 마감)		
		(3)		
31	집합손익		2,860,000	
		이익잉여금		2,860,000
		(순이익을 이익잉여금으로 대체마감)		
		(4)		
31	이익잉여금		500,000	
		배 당 금		500,000
		(배당금을 이익잉여금으로 대체마감)		

(주)가나다의 마감분개를 위한 전기과정은 [도표 3-26]에 나타나 있다.

| 도표 3-26 | 마감분개의 전기

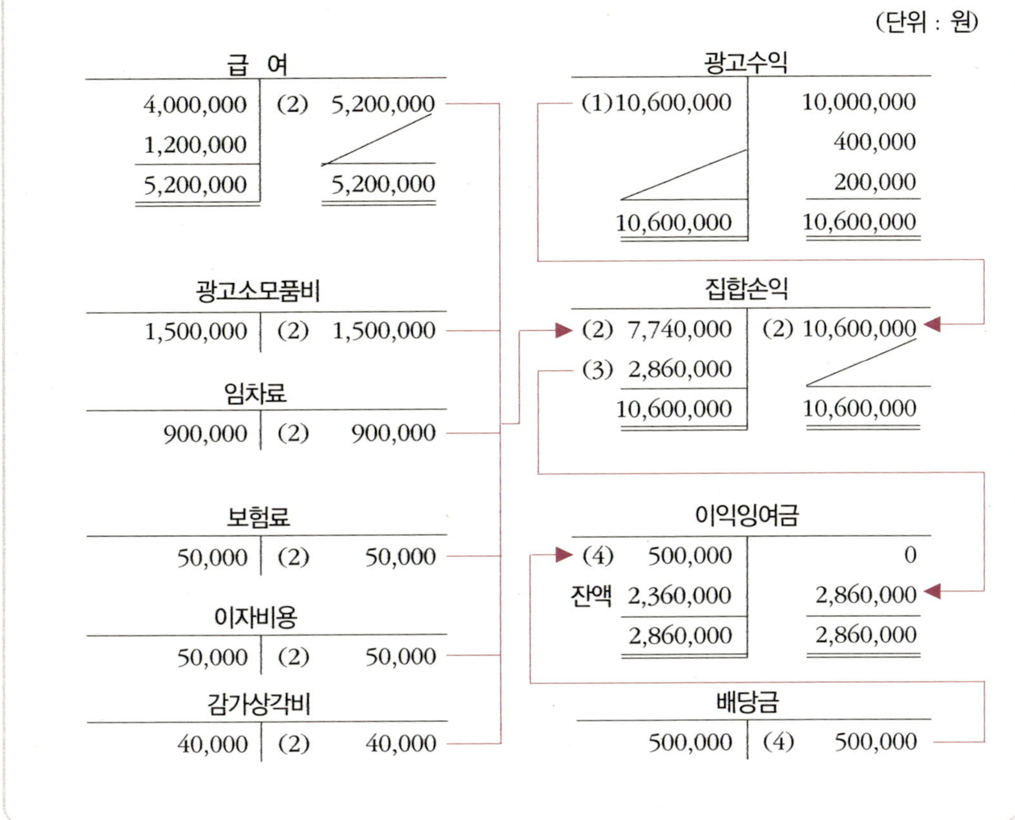

2. 마감후시산표의 작성

모든 마감분개와 전기를 실시한 후, 또 다른 시산표인 마감후시산표(post-closing trial balance)를 원장으로부터 작성한다. 모든 임시계정은 0의 잔액을 가지기 때문에 마감후시산표는 마감분개와 전기를 실시한 후에 모든 영구계정과 그 잔액을 수록할 것이다. 이 시산표는 차기의 회계기간으로 이월될 영구계정잔액들이 정확하게 기입되었는가를 검증하기 위해 각 계정의 차기이월 금액만을 모아서 잔액시산표를 작성하기 때문에 이월시산표라고도 한다.

마감후시산표의 양식은 아래와 같다.

| 도표 3-27 | 마감후시산표(이월시산표)

마감후시산표

(주)가나다 20×1년 12월 31일 (단위 : 천원)

차 변	원 면	계정과목	대 변
15,200		현 금	
1,000		광고소모품	
550		선급보험료	
5,000		비 품	
		감가상각누계액	40
200		매출채권	
		차 입 금	5,000
		매입채무	2,500
		미지급이자	50
		미지급급료	1,200
		선수수익	800
		보통주자본금	10,000
		이익잉여금	2,360
21,950		합 계	21,950

회계순환과정(accounting cycle)을 요약하면 다음과 같다.

우선 거래가 발생하면, 이 거래가 회계처리의 대상인지의 여부를 식별한 후, 회계처리의 대상인 회계거래로 판명되면 회계거래의 8요소로 분석한다. 다음으로는 거래의 8요소를 차변요소와 대변요소로 나누어 분개장에 분개한 후, 총계정원장의 해당 계정과목계정으로 전기한다. 이러한 과정을 회계기간동안 반복실시한 후, 기말결산기에 우선 (수정전)시산표를 작성해 본다. 시산표에서 대차평균의 원리를 확인한 후에는 결산수정분개를 실시한다. 재고조사를 하고, 이연항목과 발생항목을 확인해서 수정분개를 실시한 후, 수정후시산표를 작성한다. 수정후시산표로부터 재무제표(주로 재무상태표와 포괄손익계산서)를 작성한 후, 계정과목들을 마감한다. 포괄손익계산서계정과목들은 집합손익계정을 만든 후 각 계정과목들을 마감하고 이익잉여금계정으로 대체하며, 재무상태표계정과목들은 차기로 이월시키며, 경우에 따라 마감후시산표(이월시산표)를 작성해 본다.

예 제

(주)전주는 사람들에게 의료서비스를 제공하는 회사이다. 전주에 본사를 두고 있으며, 500명의 종업원이 있다. (주)전주의 20×1년 12월 31일자 수정후시산표는 다음과 같다. 이 시산표로부터 포괄손익계산서와 재무상태표를 작성하라.

수정후시산표

(주)전주　　　　20×1년 12월 31일　　　　(단위 : 천원)

계 정	차 변	대 변
현 금	651	
단기투자자산	1,390	
매출채권	322	
기타유동자산	260	
건물(순액)	462	
장기투자자산	280	
기타비유동자산	1,039	
미지급의료비용		1,086
매입채무		480
기타유동부채		741
비유동부채		589
보통주자본금		951
배 당 금	0	
이익잉여금		440
수 익		10,195
의료비용	8,280	
판매비와 일반관리비	1,545	
감가상각비	162	
이자비용	25	
법 인 세	66	
	14,482	14,482

해 | 답

포괄손익계산서

(주)전주	20×1.1.1−20×1.12.31	(단위 : 천원)
수 익		10,195
의료비용	8,280	
판매비와 일반관리비	1,545	
감가상각비	162	
이자비용	25	
법 인 세	66	10,078
순 이 익		117

재무상태표

(주)전주 20×1.12.31 현재 (단위 : 천원)

유동자산			유동부채		
현 금	651		미지급의료비용	1,086	
단기투자자산	1,390		매입채무	480	
매출채권	322		기타유동부채	741	
기타유동자산	260		유동부채합계		2,307
유동자산합계		2,623	비유동부채		589
장기투자자산		280	부채합계		2,896
건물(순액)		462	보통주자본금	951	
기타비유동자산		1,039	이익잉여금	557	
자산합계		4,404	자본합계		1,508
			부채와 자본합계		4,404

전 | 공 | 용 | 어

감가상각(depreciation)
기간가정(time period assumption)
내용년수(useful life)
대응원칙(matching principle)
마감분개(closing entries)
마감후시산표(post-closing trial balance)
미수수익(accrued revenues)
미지급비용(accrued expenses)
반대분개(reversing entry)
발생주의회계(accrual-basis accounting)
선급비용(prepaid expense, prepayments)
선수수익(unearned revenues)
수익인식원칙(revenue recognition principle)
수정분개(adjusting entries)
수정후시산표(adjusted trial balance)
영구계정(permanent accounts)
임시계정(temporary accounts)
자산차감계정(contra asset account)
장부가액(book value)
정산표(work sheet)
중간기간(interim periods)
집합손익(income summary)
현금주의회계(cash basis accounting)
회계연도(fiscal year)

연 | 습 | 문 | 제

3-1 아래의 회계정보를 이용하여 (주)수원의 20×1년도 순이익을 발생주의와 현금주의로 각각 계산하라.

(주)수원은 20×1년에 서비스수익으로 26,000,000원을 벌었는데, 이 중에서 4,000,000원은 연말까지 받지 못하였다. 나머지 22,000,000원은 고객으로부터 현금으로 수령하였다.

회사는 영업비용으로 14,500,000원이 발생하였는데, 이 중에서 13,000,000원은 현금으로 지급하였고, 1,500,000원은 연말까지 지급하지 않았다. 그리고 회사는 내년도 보험료 2,500,000원을 미리 지급하였다.

3-2 (주)명동의 7월 한달간 포괄손익계산서에는 순이익이 1,400,000원이고, 서비스수익 5,500,000원, 급여 2,300,000원, 소모품비용 1,000,000원, 전기요금 800,000원 등이었다. 포괄손익계산서를 검토한 결과, 다음과 같은 점을 발견하였다. 정확한 포괄손익계산서를 작성하라.

(1) 7월달에 소멸한 보험료 300,000원이 누락되었다.
(2) 소모품비용 중에는 7월 31일 현재 여전히 소유하고 있는 소모품 400,000원이 포함되어 있다.
(3) 비품의 감가상각비 150,000원이 누락되었다.
(4) 7월 31일 현재 발생하였지만 지급하지 않은 임금 300,000원이 반영되지 않았다.
(5) 발생하였지만 기록되지 않은 수익이 모두 750,000원이다.

3-3 (주)광주는 20×1년 5월 1일에 새로운 사업을 시작하였다. 5월 31일의 시산표는 다음과 같다. 5월달의 수정분개를 실시하고, 수정분개를 총계정원장의 각 계정과목으로 전기하라. 그리고 20×1년 5월 31일 현재 수정후시산표를 작성하라.

시산표		
(주)광주 20×1년 5월 31일		(단위 : 천원)
	차 변	대 변
현 금	6,500	
매출채권	3,000	
선급보험료	3,600	
소 모 품	1,500	
사무실가구	12,000	
매입채무		3,500
선수서비스수익		4,000
보통주자본금		19,100
서비스수익		5,000
급 여	4,000	
임 차 료	1,000	
	31,600	31,600

시산표에 있는 계정과목 외에도, (주)광주의 계정과 일람표에는 다음과 같은 계정과목들이 포함되어 있다. 감가상각누계액(사무실가구), 미지급여비, 미지급급여, 감가상각비, 보험료, 여비, 소모품비.

(1) 소모품 500,000원은 5월중에 이용되었다.

(2) 발생하였지만 지급되지 않은 여비가 200,000원이다.

(3) 보험가입기간은 3년이다.

(4) 선수수익의 월말잔액은 1,000,000원이다.

(5) 5월 31일은 수요일이며 종업원은 금요일에 급여를 지급받는다. (주)광주에는 주당 600,000원을 받는 종업원이 두 명 있다.

(6) 사무실가구는 내용연수가 5년이며, 잔존가치는 0이다. 그리고 60개월동안 매달 200,000원씩 감가상각되고 있다.

(7) 5월중에 수행한 서비스수익 2,000,000원에 대한 청구서가 5월 31일 현재 기록되지 않았다.

3-4 전주광고상사는 20×0년 1월에 박광주에 의해 설립되었다. 아래의 시산표는 20×1년 12월 31일 현재 수정후시산표와 수정전시산표이다. 두 시산표를 참고해서 수정분개를 추정하고, 12월 31일 현재의 재무상태표와 20×1년도 포괄손익계산서를 작성하라.

시산표

전주광고상사　　20×1년 12월 31일 현재　　(단위 : 천원)

계정과목	수정전시산표		수정후시산표	
	차 변	대 변	차 변	대 변
현 금	11,000		11,000	
매출채권	18,000		21,500	
소 모 품	8,400		6,000	
선급보험료	3,350		2,500	
비 품	60,000		60,000	
감가상각누계액		28,000		35,000
매입채무		5,000		5,000
미지급이자		0		150
차 입 금		5,000		5,000
선수수익		6,000		5,600
미지급급여		0		1,300
보통주자본금		20,000		20,000
이익잉여금		5,500		5,500
배 당 금	12,000		12,000	
광고수익		57,600		61,500
급 료	10,000		11,300	
보 험 료			850	
이자비용			150	
감가상각비			7,000	
소모품비용			2,400	
임 차 료	4,350		4,350	
	127,100	127,100	139,050	139,050

3-5 (주)대연은 20×4년 12월 1일에 창립하였다. 12월 중에 (주)대연은 다음과 같은 거래를 하였다.

(1) 투자자들에게 보통주를 발행하고 현금 60,000,000원을 조달하였다.

(2) 토지를 구입하고 현금 5,000,000원을 지불하였다.

20×4년 12월 31일 현재의 재무상태표는 다음과 같다.

재무상태표

(주)대연	20×4년 12월 31일 현재		(단위 : 천원)
현 금	55,000	부채합계	0
유동자산합계	55,000	자 본	
토 지	5,000	보통주자본금	60,000
자산총계	6,000	부채와 자본의 총계	60,000

20×5년에는 다음과 같은 거래를 하였다.

(3) (주)대연은 통조림제품 490,000개를 구입하고 현금 49,000,000원을 지급하였다.

(4) (주)대연은 20×5년에 490,000개를 모두 판매하였다. 판매단가는 150원이었으며, 현금 매출액은 73,500,000원(490,000개 × 150원)이다.

문제 : (주)대연의 20×5년 12월 31일 현재의 재무상태표를 작성하고, 20X5년도 포괄손익계산서를 작성하라.

3-6 (주)용호의 회계정보는 다음과 같다.

재무상태표

(주)용호	20×4년 12월 31일		(단위 : 천원)
현 금	52,000	유동부채합계	0
선급집세	3,000	장기성매입채무	40,000
유동자산합계	55,000	자 본	
토 지	5,000	보통주자본금	20,000
자산총계	60,000	부채와 자본 총계	60,000

(1) 20×5년에 (주)용호는 통조림 490,000개를 개당 100원에 현금으로 구입하고는 개당 150원에 현금으로 매출하였다.

(2) 20×4년 12월 31일에 지급한 선급집세로 인해서 20×5년에 6개월간 건물을 사용할 수 있게 되었다. 20×5년 7월 1일에 (주)용호는 매월 500,000원씩 8개월간의 집세를 선불하였다.

(3) 20×4년 12월 31일에 장기성지급어음을 발행하였으며, 20×7년 12월 31일에 상환해야 한다. 20×6년 1월 1일부터 매년 1월 1일에 연리 10%의 이자를 지불해야 한다.

(4) (주)용호의 경영자의 봉급은 월 1,000,000원이며 매월 1일에 지급한다. 경영자의 첫 근무일은 20×5년 1월 1일이기 때문에, 경영자의 첫 봉급수표는 20×5년 2월 1일에 발행되며, 두 번째는 3월 1일, 세 번째는 4월 1일 등이다.

문제 : (주)용호의 20×5년 12월 31일 현재 재무상태표를 작성하고 20×5년의 포괄손익계산서를 작성하라.

3-7 기말현재 발생하였으나 아직 인식하지 아니한 급여에 대한 결산수정분개는 어떤 유형의 결산수정분개로 분류되는가?

① 비용의 발생 ② 비용의 이연
③ 수익의 발생 ④ 수익의 이연

[해설] ①
결산수정분개는 다음과 같다.
(차) 급여(비용) ××× (대) 미지급급여(부채) ×××

3-8 다음의 결산수정분개 중 자산의 감소와 자본의 감소를 발생시키는 것은?

① 선수임대료 중 실현된 부분을 인식하기 위한 결산수정분개

② 미지급급여 발생액을 인식하기 위한 결산수정분개

③ 실현되었지만 기록되지 않은 수익을 인식하기 위한 결산수정분개

④ 선급보험료 중 기간경과로 소멸된 부분을 인식하기 위한 결산수정분개

[해설] ④
기간이 경과된 보험료를 비용으로 인식하면서 선급보험료계정 잔액을 동시에 감소시키는 분개는 다음과 같다.
(차) 보 험 료(비용) ××× (대) 선급보험료(자산) ×××

3-9 인식해야 할 미수이자에 대한 결산수정분개를 누락하면 어떤 영향이 있겠는가?

① 자산, 순이익, 자본이 과소계상된다.

② 부채는 과소계상되고, 순이익과 자본은 과대계상된다.

③ 자산, 순이익, 자본이 과대계상된다.

④ 자산, 부채, 순이익, 자본에는 전혀 영향이 없다.

[해설] ①
결산수정분개는 다음과 같다.
(차) 미수이자(자산) ××× (대) 이자수익(수익) ×××
위의 결산수정분개를 하지 않는다면, 수익과 자산이 과소계상되고, 따라서 당기순이익이 그만큼 과소계상된다. 당기순이익이 과소계상되었으므로 재무상태표상의 이익잉여금과 자본이 과소계상되는 것이다.

3-10 20×1년 4월 1일, (주)한국은 비품장치에 대한 1년치 보험료 ₩3,000을 지불하였다. 20×1년 말, (주)한국의 재무제표는 보험료와 선급보험료를 각각 어떻게 보고하는가?

① 보험료 ₩3,000, 선급보험료 ₩0

② 보험료 ₩0, 선급보험료 ₩3,000

③ 보험료 ₩750, 선급보험료 ₩2,250

④ 보험료 ₩2,250, 선급보험료 ₩750

[해설] ④ 관련한 분개는 다음과 같다.
4월 1일 (차) 선급보험료 3,000 (대) 현 금 3,000
12월 31일 (차) 보 험 료 2,250 (대) 선급보험료 2,250
→ 보험료 ₩2,250, 선급보험료 ₩750

3-11 다음 중 임시계정이 아닌 것은?

① 선급보험료 ② 감가상각비

③ 매출 ④ 급여

[해설] ①

수익 및 비용과 같은 손익계정은 일종의 임시계정이다. 반면, 자산과 부채 및 자본 계정은 특정 회계기간이 지나도 계정잔액들이 소멸하지 않고 다음 회계기간에 기초잔액으로 이월되기 때문에 이를 영구계정이라고 한다. 선급보험료는 자산계정으로서 영구계정에 속한다.

재무보고와 재무제표

4장

대학 때의 일이다. 농협에서 상무(지금의 차장)로 근무하시던 아버지로부터 사무실로 오라는 연락을 받았다. 당신께서 서울 가시는 길에 사왔다며 나의 전공과 거리가 먼 복식부기, 세무회계, 경영학, 법전 등을 집으로 가지고 가라는 것이었다. ... 당신은 "아무리 기술이 좋아도 회계와 경영을 모르면 세상에서 자신의 뜻을 펼치기 어렵고 남 아래에서 기술자로 밖에는 살 수 없을 것이다. 철이 들면 이해하게 될테니 시간을 내서 이 책들로 공부해 보라"고 하셨다. 그 후 바로 법전을 읽어보기 시작했고 이듬해부터는 회계학원을 다녀 복식부기를 완전히 내 것으로 만들었다. 이것이 나를 일으켜 세우는 데 엄청난 힘이 될지는 당시에는 상상조차 하질 못했다. 이리하여 나의 첫 직장인 광일농산에 공무과에 입사했어도 경리책임을 맡을 수 있었고, 지금 또한 회사 경영에서 어떤 프로젝트를 추진할 때 제일 중요한 지표로 삼고 있다.

기업주는 회계를 알아야 자기 업체를 완전히 파악할 수 있다고 생각한다. 기업주가 회계를 모른다면 회사의 재무상태나 원가구성, 재정상태를 파악하고 이해하기는 매우 힘들 것으로 생각된다. 물론 직원들이 보고서를 계속적으로 올리지만 자신이 재무흐름에 대해 모르면 기업이 어떻게 가고 있는지를 모르고 앞으로의 비전과 방향을 어떻게 설정할 것인지도 모를 것이다. 오래 전부터 유럽, 미국 등의 선진국에서는 임원은 기본적으로 재무제표 분석능력을 지녀야 하는 것을 당연시하고 있다.

회계는 경리팀에서만 하는 게 절대 아니고, 또한 경영을 감각으로 하게 되면 한계가 금방 드러난다. '장부는 사라지지 않는다' 는 비즈니스계의 진리는 아무리 전산이 발달되고 문명이 발달해도 변하지 않을 것이다. 회사의 관리자라면 분개장, 손익계산서, 현금흐름표, 제조원가명세서를 기본적으로 숙지해야 하고 임원이라면 최소한 복식부기 원리에 따른 재무제표 분석능력 정도는 필수라고 생각된다.

김양평 지엠피 사장, 매일경제(2000년 6월 28일자).

회계거래나 사건이 발생하면, 이를 인식하고 측정해서 회계정보로 만든 후, 회계정보이용자에게 제공하게 되는데, 이 때 외부의 일반이해관계자에게 회계정보를 널리 공시하는 것을 재무보고(financial reporting)라 한다. 즉, 재무보고는 기업이 일정시점의 재무상태와 일정기간의 재무상태의 변동에 관한 재무정보를 외부의 일반이해관계자에게 제공하는 모든 보고수단을 말한다. 재무보고의 수단으로는 일반적으로 재무제표가 가장 널리 이용되고 있다.

재무제표 이외의 수단을 통해서 이해관계자에게 전달되는 재무정보의 전달수단은 일정한 양식이나 규칙이 없으며, 그 내용도 다양하다.

기타 재무보고수단으로는 경영자의 분석과 전망(management discussion and analysis, MD&A), 주주에 대한 경영자의 서한 등이 있고, 이외에 재무분석가(analysts)의 이익예측, 경제통계 등의 여러 정보가 있다. 기업정보의 종류와 이들의 전달수단에 관해서는 [도표 4-1]을 참조하라.

| 도표 4-1 | 기업정보의 종류와 전달수단

← 투자, 신용제공, 기타 의사결정에 유용한 정보 → (재무제표 ~ 기타정보)

← 재무보고(financial reporting) → (재무제표 ~ 기타재무보고)

← 회계기준(GAAP)에 영향을 받는 재무정보 → (재무제표 ~ 보충적 정보)

← 기본재무제표 → (재무제표 ~ 주석)

← 인식·측정범위 → (재무제표)

재무제표	주석	보충적 정보	기타재무보고	기타정보
1. 재무상태표	(예)	(예)	(예)	(예)
2. 포괄손익계산서	1. 회계정책	1. 천연자원매장량	1. 경영자의 분석과 전망	1. 경쟁상태
3. 자본변동표	2. 우발항목	2. 경영자설명	2. 주주에 대한 경영자서한	2. 수주상태
4. 현금흐름표	3. 담보 · 보증	3. 부속명세서		3. 경제통계
5. 연결재무제표				

우선 재무제표부터 살펴보도록 하자.

제1절 재무제표

재무제표(financial statements)는 기업실체의 외부 정보이용자에게 기업실체에 관한 재무정보를 전달하는 핵심적 재무보고수단이며, 투자자와 채권자를 포함한 다양한 정보이용자의 공통적 정보요구를 위해 작성되는 일반목적 재무제표이다. 그러나 일반목적이 모든 목적을 의미하는 것은 아니며 재무제표가 모든 정보이용자의 요구를 동일하게 충족시키는 것도 아니다.

재무제표는 경제적 사실과 거래의 실질을 반영하여 기업의 재무상태, 경영성과, 재무상태의 변동(현금흐름이나 자본변동)을 공정하게 표시하여야 하며, 기업회계기준에 따라 적정하게 작성된 재무제표는 공정하게 표시된 재무제표로 본다.

재무보고의 목적을 달성하기 위해서는 다양한 회계정보가 제공되어야 한다. 이러한 정보의 다양성으로 인해 여러 종류의 재무제표가 필요하다. 각 회계기간별로 회계기말 현재의 재무상태에 관한 정보를 나타내는 재무상태표가 필요하고, 회계기간 동안의 경영성과에 관한 정보를 나타내는 포괄손익계산서가 필요하다. 회계기간 동안 재무상태의 변동을 나타내 주는 것으로 현금흐름에 관한 정보를 나타내는 현금흐름표나 자본의 변동에 관한 자본변동표가 필요하게 된다. 이러한 재무제표들은 서로 연관되어 있으며, 전체적으로 하나의 체계를 이루고 있다.

지배-종속관계에 있는 회사들은 그 전체를 대상으로 하는 연결재무제표를 작성해야 하는데, 연결재무제표는 기본적인 재무제표이다.

재무제표는 주석 및 부속명세서 등의 기타 설명자료를 통하여 재무제표 본문에 표시된 정보를 이해하는 데 도움이 되는 추가적 정보 또는 재무제표 본문에 계상되지 않은 자원, 의무 등에 대한 정보를 함께 제공해야 한다. 예를 들어, 재무제표 작성에 적용된 중요한 회계방침과 회계변경의 효과에 대한 정보, 사업부문별 정보, 기업실체에 영향을 미치는 불확실성이나 위험에 대한 정보 등이 제공되어야 한다.

이러한 재무제표의 작성과 표시에 대한 궁극적인 책임은 경영자에게 있으며, 재무제표를 조작해서 분식회계나 역분식회계와 같은 회계부정을 저지르게 되는 경우 경영자가 처벌을 받게 된다.

재무제표에 의하여 제공되는 정보는 다음과 같은 특성과 한계점을 가지고 있다.

첫째, 재무정보는 주로 재무적 성격을 가지고 있기 때문에 의사결정에 유용한 비재무적 정보가 제외될 수 있다.

둘째, 재무정보는 산업 또는 경제전반에 관한 것이라기보다는 개별기업과 관련이 있다. 산업 또는 경제전반에 관한 거시적 경제지표에 관한 정보는 재무제표에 포함되지 않는다.

셋째, 재무정보는 정확한 객관적인 측정치라기 보다는 주관적인 요소가 반영된 개략적인 추정치인 경우가 많다. .

넷째, 재무정보는 이미 발생한 거래나 사건으로 인한 재무적 영향을 나타내기 때문에 주로 과거에 관한 정보이다.

다섯째, 재무정보는 경제적 의사결정을 필요로 하는 자에 의하여 요구되는 여러 정보 중 하나의 원천에 지나지 않는다.

여섯째, 재무정보를 제공하거나 이용하는 데에는 원가가 수반된다. 정보는 자유재가 아닌 공공재 내지는 경제재로 간주하는 것이 타당하다.

기업의 기본재무제표에는 재무상태표, 포괄손익계산서, 자본변동표, 현금흐름표, 연결재무제표, 주석 등이 포함된다. 이하에서 이들을 살펴보기로 한다.

- 일정한 시점에서 기업의 재무상태(기업이 소유하고 있는 것과 갚아야 하는 것)를 보여주는 표를 재무상태표(statement of financial position)라 한다.
- 일정한 기간동안 기업의 경영성과를 보여주는 표를 포괄손익계산서(comprehensive income statement)라 한다.
- 일정한 기간동안 기업의 현금흐름을 보여주는 표를 현금흐름표(statement of cash flows)라 한다.
- 일정한 기간동안 기업의 자본변동을 보여주는 표를 자본변동표(statement of changes in equity)라 한다.
- 지배 · 종속관계에 있는 기업집단을 단일조직체로 간주해서 지배회사가 작성하는 기업집단의 재무제표를 연결재무제표(consolidated financial statements)라 한다.

1. 재무상태표

재무상태표(Statement of Financial Position)는 일정한 시점에서 기업의 재무상태를 나타낸다. 재무상태는 기업이 보유하고 있는 경제적 자원인 자산과 그 자산에 대한 청구권으로 구성되는 데, 이러한 청구권은 다시 채권자의 청구권과 소유자의 청구권의 두 종류로 나누어진다. 여기서 채권자의 청구권을 부채(경제적 의무)라고 하고, 소유자의 청구권을 자본 또는 주주지분이라고 한다. 이 관계를 등식으로 표시하면 다음과 같다.

회계등식

자산 = 부채 + 자본
　　= 채권자지분 + 주주지분
　　= 지분

[도표 4-2]에서 보는 바와 같이, 자산은 유동자산과 비유동자산으로 구성되어 있으며, 유동자산은 다시 당좌자산, 재고자산, 매각예정자산, 매각예정자산집단, 생물자산, 기타유동자산 등으로 구성되어 있고, 비유동자산은 투자자산, 유형자산, 무형자산, 생물자산, 기타비유동자산으로 구성되어 있다. 부채는 유동부채와 비유동부채로 구성되어 있으며, 자본은 지배회사지분과 소수주주지분으로 구성되어 있고, 지배회사지분은 다시 자본금, 기타자본(자본잉여금, 자본조정, 기타포괄손익누계액), 이익잉여금(또는 결손금)으로 구성되어 있다.

기업의 재무상태에 관한 이용자의 이해를 증진하기 위해 기업은 가끔 유사한 자산과 부채를 함께 분류한다. 이것은 집단내의 항목들이 유사한 경제적 특성을 가지고 있다는 것을 말해주기 때문에 유용하다.

채권자는 부채가 상환될 가능성을 결정하기 위해 기업의 재무상태표를 분석한다. 그들은 기업의 자산과 부채의 본질을 조심스럽게 평가한다. 예를 들면, 기업은 부채를 쉽게 상환할 수 있는 자산을 가지고 있는가? 경영자는 재고자산이 미래매출을 지지하기에 적절한지와 보유현금이 현금의 수요에 충분한지의 여부를 결정하기 위해 재무상태표를 이용한다. 경영자는 기업의 부채와 자본의 비율이 최적인지의 여부를 결정하기 위해 부채와 자본 사이의 관계를 살펴본다. 이제 재무상태표의 중분류의 항목들을 살펴보자.

| 도표 4-2 | 재무상태표의 양식

재무상태표

2××2년 12월 31일 현재
2××1년 12월 31일 현재

×××주식회사	당 기	전 기
		(단위 : 천원)
자　산		
유동자산		
당좌자산		
현금및현금성자산	×××	×××
단기금융자산	×××	×××
매출채권	×××	×××
기타채권	×××	×××
선급법인세	×××	×××
———		
재고자산	×××	×××
매각예정자산	×××	×××
매각예정자산집단	×××	×××
생물자산	×××	×××
기타유동자산	×××	×××
유동자산 합계	×××	×××
비유동자산		
투자자산		
장기금융자산	×××	×××
지분법적용투자주식	×××	×××
투자부동산	×××	×××
유형자산	×××	×××
무형자산	×××	×××
생물자산	×××	×××
기타비유동자산	×××	×××
비유동자산 합계	×××	×××
자산 총계	×××	×××
부　채		
유동부채		
매입채무	×××	×××
단기금융부채	×××	×××
충당부채	×××	×××
미지급법인세	×××	×××

기타유동부채	×××	×××
유동부채 합계	×××	×××
비유동부채		
장기금융부채	×××	×××
퇴직급여충당부채	×××	×××
기타부채	×××	×××
비유동부채 합계	×××	×××
부채 총계	×××	×××
자 본		
지배회사지분		
자 본 금	×××	×××
자본잉여금	×××	×××
자본조정	×××	×××
기타포괄손익누계액	×××	×××
이익잉여금	×××	×××
소수주주지분	×××	×××
자본 총계	×××	×××
부채와 자본 총계	×××	×××

1.1 자산

자산(asset)은 과거 거래나 사건의 결과로서 특정 기업실체에 의해 지배되어 미래에 경제적 효익을 창출할 것으로 기대되는 자원이다. 자산은 다음과 같은 특징을 가지고 있다.

첫째, 자산은 미래의 경제적 효익(future economic benefits)이 창출될 것으로 기대되는 자원이다. 미래의 경제적 효익이란 직접 또는 간접으로 특정한 기업실체의 순현금유입에 기여할 수 있다는 것을 의미한다.

둘째, 자산은 특정한 기업실체에 의해 통제되어야 한다. 특정한 기업실체에 의해 통제되어야 한다는 것은 다른 실체가 그 자산에 접근하는 것을 막을 수 있어야 한다는 의미인데, 법적 소유권을 반드시 의미하는 것은 아니다. 즉, 형식보다는 실질우선(substance over form)의 원칙에 의해 법적 소유권이 없더라도 그로 인한 경제적 효익을 배타적으로 누리고 있을 경우에는 기업의 자산으로 간주할 수 있다.

셋째, 미래의 경제적 효익이 기대되는 거래나 사건이 과거에 이미 발생했어야 한다.

자산은 유동자산과 비유동자산으로 분류되며, 유동자산은 다시 당좌자산과 재고자산, 생물자산으로 분류된다. 그리고 비유동자산은 투자자산, 유형자산, 무형자산, 생물자산, 기타비유동자산 등으로 분류된다.

(1) 유동자산

유동자산(current assets)에는 (1) 현금이나 현금성자산으로서 교환이나 부채상환목적으로의 사용에 대한 제한 기간이 보고기간 후 12개월 이상이 아닌 경우, (2) 기업의 정상적인 영업주기 내에 실현될 것으로 예상하거나 정상적인 영업주기 내에 판매목적 또는 소비목적으로 보유하고 있는 자산, (3) 단기매매 목적으로 보유하는 자산, (4) 보고기간 후 1년 이내에 현금화 또는 실현될 것으로 예상되는 자산 등이 포함된다.

대부분의 기업에서 유동자산으로의 분류기준은 재무상태표일로부터 1년이다(1년기준). 예를 들면, 매출채권(accounts receivable)은 1년 이내에 회수를 통해 현금으로 전환될 것이기 때문에 유동자산에 포함된다. 소모품은 기업이 1년 이내에 이용할 것으로 예상되기 때문에 유동자산이다.

일부 기업은 1년 이상의 영업주기(operating cycle)를 가지기 때문에 자산과 부채를 유동으로 분류하기 위해 1년 이상의 기간을 이용하기도 한다. 기업의 영업주기는 영업활동을 위한 자산의 취득시점부터 그 자산이 현금이나 현금성자산으로 실현되는 시점까지 소요되는 기간이다. 대부분의 기업의 경우에 이 순환기간은 1년 미만이기 때문에, 1년기준을 이용하며, 정상영업주기를 명확히 식별할 수 없는 경우에는 그 기간이 1년(12개월)인 것으로 가정한다. 그러나 포도주나 항공기 제조업체와 같은 일부 기업의 경우에, 이 기간은 1년 이상일 수도 있다. 따로 언급되는 경우를 제외하고는 자산이나 부채가 유동인지 비유동인지의 여부를 결정하기 위해 1년기준이 이용된다고 가정할 것이다.

기업의 유동자산은 단기부채상환능력을 평가하는데 중요하다. 재무상태표상에서 유동자산 항목들은 현금으로 전환될 것으로 예상되는 순서대로 열거된다(유동성배열법). 우리나라 기업회계기준에 의한 재무상태표양식에서 유동자산은 당좌자산, 재고자산, 매각예정자산, 매각예정자산집단, 생물자산 등으로 구성된다. 당좌자산에는 현금 및 현금성자산, 단기금융자산, 매출채권(대손충당금을 차감한 순액), 기타채권, 선급법인세 등의 계정과목들이 있고, 재고자산에는 상품, 제품, 재공품, 원재료 등의 계정과목들이 있다. 매각예정자산은 비유동자산 중에서 1년이내에 매각할 예정인 자산을 말하며, 매각예정자산집단은 자산집단을 단일거래로 1년이내에 매각할 예정인 경우의 자산집단을 말한다. 생물자산은 1년 이내에 판매할 예정인 살아있는 동물이나 식물을 말한다.

(2) 비유동자산

비유동자산에는 투자자산, 유형자산, 무형자산, 생물자산, (이연법인세를 포함한)기타비유동자산이 있다.

㉮ 투자자산

투자자산(long-term investments)은 장기적인 투자수익을 목적으로 보유하는 채무증권과 지분증권, 영업활동에 사용되지 않는 토지와 설비자산 등, 퇴직금지급이나 설비확장, 채무상환 등에 사용할 특정목적의 예금과 지분법적용투자주식을 포함한다. 투자자산에는 다음과 같은 계정과목들이 있다. 투자부동산, 장기금융자산, 지분법적용투자주식 등이 있다.

㉯ 유형자산

유형자산(property, plant, and equipment)은 재화의 생산, 용역의 제공, 임대 또는 자체적으로 사용할 목적으로 1년 이상 장기간 보유하며, 영업활동에 사용할 것으로 예상되는 물리적 형태가 있는 비화폐성 자산이다. 유형자산에는 다음과 같은 계정과목들이 있다. 토지, 설비자산(감가상각누계액을 차감한 순액), 건설중인자산 등이 있다.

감가상각(depreciation)은 자산의 구입년도에 구입가격전부를 단순히 비용화하기 보다는 수년동안 각 년도에 자산의 원가를 배분하는 실무이다. 기업이 감가상각하는 자산은 재무상태표에 취득원가에서 감가상각누계액을 차감한 금액으로 보고되어야 한다. 감가상각누계액 계정은 자산의 내용년수에서 지금까지 비용화된 감가상각액 전부를 보여준다.

㉰ 무형자산

무형자산(intangible assets)은 재화의 생산이나 용역의 제공, 임대 또는 자체적으로 사용할 목적으로 보유하고 있으며, 물리적 형태는 없지만 식별가능한 비화폐성 자산이다. 무형자산에는 일정한 기간동안 독점적 이용권을 기업에 부여하는 산업재산권(특허권, 저작권, 상표권 등), 개발비 등과 다른 기업의 인수 · 합병에서 발생하는 영업권 등이 있다.

㉱ 생물자산

살아있는 동물이나 식물과 같은 생물자산은 소비용 생물자산과 생산용 생물자산으로 구분하거나 성숙 생물자산과 미성숙 생물자산으로 구분하는 등 적절한 방식으로 각각의 생물자산 집단에 대해 장부금액이나 공정가치 등과 같은 계량형식의 설명을 제공하는 것이 바람직하다. 여기서 소비용 생물자산은 수확물로 수확하거나 생물자산으로 판매할 자산을 말한다. 소비용 생물자산의 예로는 정육용 가축, 판매용 가축, 양식장의 어류, 옥수수나 밀과 같은 곡물, 목재용으로 재배된 나무가 있고, 생산용 생물자산은 소비용 생물자산을 제외한 생물자산을 말한다. 생산용 생물자산의 예로는 젖소와 같은 착유용 가축, 포도나무, 과실수, 존속하는 동안 땔감을 수확할 수 있는 나무가 있다. 생산용 생물자산은 수확물은 아니지만, 자체적으로 재생한다.

㉲ 기타비유동자산

투자자산, 유형자산, 무형자산, 생물자산에는 포함되지 않지만 기업에 1년 이상의 내용연수를 가지는 자산이다. 이에는 임차보증금, 이연법인세자산, 장기미수금 등이 있다.

1.2 부채

부채는 과거 거래나 사건의 결과로서 특정한 기업실체가 현재 부담하고 있고 그 이행을 위하여 미래에 경제적 효익이 내재된 자원의 희생(유출)이 예상되는 의무이다. 부채는 다음과 같은 특징을 가지고 있다.

첫째, 부채는 미래의 경제적 효익이 내재된 자원(자산)의 희생이 예상되어야 한다. 부채는 현금을 지급하거나 재화의 인도, 용역의 제공 등을 필요로 한다.

둘째, 특정한 기업실체가 부담하는 의미이어야 한다. 대부분의 의무는 법적 강제력으로부터 발생하지만 특정한 기업실체의 형평적 의무(equitable obligation)나 추정적 의무(constructive obligation)로부터 부채가 발생할 수도 있다. 여기서 형평적 의무나 추정적 의무란 사회적, 도덕적 관습으로부터 발생되는 것으로 계약이나 협정에 의해서가 아니라 특정한 상황에서 처해 있다는 사실로부터 추론되어 인정되는 의무(예를 들면, 종업원의 유급휴가,

명절상여금)이다.

셋째, 경제적 효익의 희생이 예상되는 사건이 과거에 이미 발생되었어야 한다.

부채에는 유동부채와 비유동부채가 있다.

(1) 유동부채

유동부채(current liabilities)는 (1) 기업의 정상적인 영업주기 내에 결제 등을 통하여 소멸할 것이 예상되며, (2) 보고기간 후 12개월 이내에 결제하기로 되어 있으며, (3) 주로 단기매매목적으로 가지고 있어야 하며, (4) 보고기간 후 12개월이상 부채의 결제를 연기할 수 있는 무조건의 권리를 가지고 있지 않아야 한다. 그리고 기업의 정상영업주기 내에 사용되는 운전자본의 일부인 매입채무와 종업원 및 그 밖의 영업원가에 대한 미지급비용과 같은 유동부채의 경우 보고기간 후 12개월 후에 결제일이 도래한다 하더라도 유동부채로 분류한다.

정상영업주기 이내에 결제되지는 않지만 보고기간 후 12개월 이내에 결제일이 도래하거나 단기매매목적금으로 보유하는 부채는 유동부채로 처리한다. 이에는 단기매매목적으로 분류된 금융부채, 당좌차월, 비유동금융부채의 유동성 대체부분, 미지급법인세 및 기타 지급채무 등이 있다.

(2) 비유동부채

비유동부채에는 이자를 부담하는 차입채무로서 재무상태표일 이후 1년을 초과한 기간에 상환이 예상되는 부채(사채, 신주인수권부사채, 전환사채 등이 포함)가 있고, 지출의 시기 또는 금액이 불확실하지만, 과거사건이나 거래의 결과에 의하여 재무상태표일 현재 부담하는 의무를 이행하기 위해 자원의 유출가능성이 높고 그 금액을 신뢰성 있게 추정할 수 있는 부채(퇴직급여충당부채, 장기제품보증충당부채)가 있다. 이외에 이연법인세부채, 장기보증금, 장기성매입채무, 장기선수금 등의 비유동부채가 있다.

1.3 자본

자본은 특정한 기업실체의 자산에서 부채를 차감한 후의 잔여지분(residual interest)으로 정의되며, 순자산이나 소유주지분으로 표현되기도 한다.

기업이 하나 이상의 종속기업을 가지고 있는 지배기업의 경우에 그 종속기업의 지분을

50% 이상을 소유하거나 실질적으로 지배할 경우 연결재무제표를 작성해야 하며, 이 경우에 종속기업의 자본은 지배회사지분과 소수주주지분으로 분류된다. 기업이 종속기업을 가지고 있지 않을 경우에는 자본을 지배회사지분과 소수주주지분으로 구분할 필요가 없다.

(1) 지배회사지분

지배회사지분은 다시 자본금, 자본잉여금, 자본조정, 기타포괄손익누계액, 이익잉여금(또는 결손금)으로 분류한다.

자본금

자본금은 법정자본금으로서 주당 액면가액에 발행주식수를 곱한 금액이다. 자본금은 보통주자본금과 우선주자본금으로 구분한다.

자본잉여금

자본잉여금은 증자나 감자, 주주와의 기타 거래에서 발생한 잉여금이다. 자본잉여금은 주식발행초과금과 기타자본잉여금으로 구분한다.

자본조정

자본조정은 당해 항목의 성격상 주주와의 거래에 해당하나 최종 불입된 자본으로 볼 수 없거나 자본의 차감 성격으로 자본금이나 자본잉여금으로 분류할 수 없는 항목이다. 예를 들면, 주식할인발행차금, 배당건설이자, 자기주식, 주식매수선택권, 출자전환채무, 감자차손, 자기주식처분손실 등이 포함된다.

기타포괄손익누계액

기타포괄손익누계액은 재무상태표일 현재의 기타포괄손익 잔액이다. 기타포괄손익누계액은 해외사업환산차손익, 장기투자증권평가차손익, 파생상품평가차손익 등으로 구분하여 표시한다.

이익잉여금

이익잉여금은 포괄손익계산서에 보고된 이익 중 주주에 대한 배당, 다른 자본항목으로의 진입 등으로 사용되지 않고 남은 금액의 누적액을 말한다. 이익잉여금은 법정적립금, 임의적립금, 미처분이익잉여금으로 구분된다.

(2) 소수주주지분

소수주주지분이란 지배기업이 직접으로 또는 다른 종속기업을 통하여 간접으로 소유하지 않는 지분에 귀속되는 종속기업의 당기순손익 및 순자산의 해당 부분을 말한다.

2. 포괄손익계산서

포괄손익계산서(Comprehensive Income Statement)는 일정한 기간 동안 기업의 경영성과(이익)에 대한 정보를 제공하는 재무보고서이다. 포괄손익계산서에는 당해 회계기간의 경영성과를 나타낼 뿐만 아니라 기업의 미래현금흐름과 수익창출능력 등의 예측에 유용한 정보를 제공한다.

이익은 수익에서 비용을 차감하여 결정한다. 재무제표이용자가 이익에 관심을 두는 이유는 무엇인가? 투자자는 기업의 과거 순이익이 미래 순이익에 관한 어떤 정보를 제공하기 때문에 과거 순이익에 관심이 있다. 투자자는 기업의 미래성과에 관한 자신의 생각에 근거해서 주식을 사고판다. 만약 어떤 기업이 미래에 더욱 성공적으로 될 것이며, 이러한 성공으로 주가가 더욱 오를 것이라고 생각한다면, 여러분은 그 기업의 주식을 매입할 것이다. 채권자도 미래를 예측하기 위해 포괄손익계산서를 이용할 것이다. 은행이 기업에 자금을 대출할 때, 기업이 미래에 상환할 것이라고 생각해서 대출할 것이다. 기업이 상환할 것이라고 생각하지 않는다면, 은행은 대출하지 않을 것이다. 그러므로 대출을 하기 전에, 은행대출담당자는 기업이 대출금을 상환하기에 충분할 정도로 수익성이 있는지의 여부를 예측하기 위해 포괄손익계산서를 정보의 원천으로 이용할 것이다.

주식을 발행하여 조달한 금액이나 배당으로 지불한 금액은 이익을 결정하는데 이용되지 않는다. 주주로부터 수령하였거나 지급한 금액은 수익이나 비용이 아니다. 예를 들면, 신주를 발행하여 수령한 현금은 수익으로 처리되지 않고 자본의 증가로 처리되며, 지급한 배당금도 기업의 비용으로 간주되지 않고 이익잉여금의 처분으로 처리된다.

수익 - 비용 = 이익

2.1 수익

수익(revenues)이란 자산의 유입이나 증가 또는 부채의 감소에 따라 자본의 증가를 초래하는 특정 회계기간 동안에 발생한 미래 경제적 효익의 증가로서 지분참여자에 의한 출연과 관련된 것은 제외하는데, 이러한 미래 경제적 효익의 증가를 신뢰성 있게 측정할 수 있을 때 포괄손익계산서에 인식한다.

경제적 의사결정에 목적적합한 정보를 제공하기 위하여 포괄손익계산세에 수익과 비용을 다양한 방법으로 표시할 수 있다. 예를 들면, 기업의 정상영업활동의 일환으로 발생하는 수익과 비용 항목 및 그렇지 않은 수익과 비용 항목을 구분하여 표시하는 것이 보통이다.

수익과 비용 항목을 구분하거나 다양하게 결합하면 기업의 성과를 여러 가지 측정치로 표시할 수 있다.

수익은 광의로 정의하면 차익(gain)을 포함하는 개념인데, 시장성 있는 유가증권의 재평가나 장기성자산의 장부금액증가로 인한 미실현이익을 포함한다. 수익을 협의로 정의하면 기업의 정상영업활동의 일환으로 발생하며 매출액, 수수료수익, 이자수익, 배당수익, 로열티수익 및 임대료수익 등 다양한 명칭으로 구분할 수 있다.

(비유동자산의 처분이익과 같은) 차익은 광의의 수익정의를 충족하는 그 밖의 항목으로 기업의 정상영업활동의 일환이나 그 이외의 활동에서 발생할 수 있다. 차익은 관련 비용을 차감한 금액으로 보고된다.

차익도 경제적 효익의 증가를 나타내므로 본질적으로 수익과 차이가 없기 때문에 개념체계에서는 차익을 별개의 요소로 보지 않는다.

2.2 비용

비용(expenses)이란 자산의 유출이나 소멸 또는 부채의 증가에 따라 자본의 감소를 초래하는 특정 회계기간 동안에 발생한 미래 경제적 효익의 감소로서 지분참여자에 대한 분배와 관련된 것은 제외하는데, 이러한 미래 경제적 효익의 감소를 신뢰성 있게 측정할 수 있을 때

포괄손익계산서에 인식한다. 광의의 비용개념은 기업의 정상영업활동의 일환으로 발생하는 매출원가, 급여, 감가상각비 등과 같은 비용 뿐만 아니라 차손(loss)도 포함한다.

비용은 일반적으로 현금 및 현금성자산, 재고자산 또는 유형자산과 같은 자산의 유출이나 소모의 형태로 나타난다.

차손은 비용의 정의를 충족하는 그 밖의 항목으로 기업의 정상영업활동의 일환이나 그 이외의 활동에서 발생할 수 있다. 차손도 경제적 효익의 감소를 나타내므로 본질적으로 다른 비용과 차이가 없으며, 개념체계에서는 차손을 별개의 요소로 보지 않는다. 기업의 외화차입금에 관련된 환율상승의 영향으로 발생하는 미실현손실도 비용의 정의에 포함된다. 차손은 관련 수익을 차감한 금액으로 보고된다.

비용은 발생된 원가와 특정한 수익항목의 가득 간에 존재하는 직접적인 관련성을 기준으로 포괄손익계산서에 인식한다. 수익에 비용를 대응시키는 과정은 동일한 거래나 그 밖의 사건에 따라 직접 그리고 공통으로 발생하는 수익과 비용을 동시에 또는 통합하여 인식하는 것이 포함된다. 경제적 효익이 여러 회계기간에 걸쳐 발생할 것으로 기대되고 수익과의 관련성이 단지 포괄적으로 또는 간접적으로만 결정될 수 있는 경우에 비용은 체계적이고 합리적인 배분절차를 기준으로 포괄손익계산서에 인식한다. 미래경제적 효익이 기대되지 않는 지출이거나 미래 경제적 효익이 기대되더라도 재무상태표에 자산을 인식되기 위한 조건을 원래 충족하지 못하거나 더 이상 충족하지 못하는 부분은 즉시 포괄손익계산서에 비용으로 인식한다. 제품보증에 따라 부채가 발생하는 경우와 같이 자산의 인식을 수반하지 않는 부채가 발생하는 경우에는 포괄손익계산서에 비용을 동시에 인식한다.

기업은 비용항목에 대하여 비용의 성격별 또는 기능별로 분류하여 표시해야 한다. 비용의 성격별 분류는 당기손익에 포함된 비용은 그 성격(예를 들면, 감가상각비, 원재료의 구입, 운송비, 종업원급여, 광고비 등)별로 통합하며, 기능별로 재배분하지 않는다. 비용의 기능별 분류는 매출원가법이라고도 하는데, 비용을 매출원가, 물류비용, 관리비용 등과 같이 기능별로 분류한다. 여기서는 매출원가를 다른 비용과 분리하여 공시한다. 비용의 성격별 분류보다 재무제표이용자에게 더욱 목적적합한 정보를 제공할 수 있지만 비용을 기능별로 배분하는데 자의적인 배분과 상당한 정도의 주관적 판단이 개입될 여지가 있다.

일반적으로 포괄손익계산서는 다음과 같이 표시한다.

해당 기간에 인식한 모든 수익과 비용항목을 (1) 단일의 포괄손익계산서에 표시하는 방법과 (2) 당기순손익의 구성요소를 배열하는 보고서(별개의 보고서)와 당기순손익에서 시작하여 기타포괄손익의 구성요소를 배열하는 보고서(포괄손익계산서)의 두 개의 보고서로 표시하는 방법이 있다.

포괄손익계산서에는 적어도 당해 기간의 다음 금액을 표시하는 항목을 포함한다.

(1) 수익

(2) 금융비용

(3) 지분법을 적용하는 관계회사와 조인트벤처의 당기순손익에 대한 지분법손익

(4) 법인세비용

(5) 다음의 항목을 합한 금액

(가) 중단영업에 대한 세후손익

(나) 중단영업에 속한 자산이나 자산집단의 처분으로 인하여 또는 순공정가치의 측정으로 인하여 인식된 세후 중단영업손익.

(6) 당기순손익은 다음과 같이 구분하여 표시한다.

(가) 소수주주지분에 귀속되는 당기순손익

(나) 지배회사주주지분에 귀속되는 당기순손익

(7) 성격별로 분류되는 기타포괄손익의 구성요소

(8) 지분법 적용대상인 관계기업과 조인트벤처의 기타포괄손익에 대한 지분

(9) 총포괄손익은 다음과 같이 구분하여 표시한다.

(가) 소수주주지분에 귀속되는 총포괄손익

(나) 지배회사주주지분에 귀속되는 총포괄손익

비용분석방법에 따른 포괄손익계산서의 양식은 [도표 4-3], [도표 4-4]와 같다.

| 도표 4-3 | 기능별 분류에 의한 포괄손익계산서

포괄손익계산서

(주)가나다 20×1년 1월 1일부터 20×1년 12월 31일까지 (단위 : 원)

과 목	금 액	
	당 기	전 기
수 익	×××	×××
매출원가	(×××)	(×××)
매출총이익	×××	×××
기타수익	×××	×××
물류비	(×××)	(×××)
일반관리비	(×××)	(×××)
마케팅비용	(×××)	(×××)
이자비용	(×××)	(×××)
기타비용	(×××)	(×××)
법인세비용차감전손익	×××	×××
법인세비용	(×××)	(×××)
계속사업순손익	×××	×××
중단영업손익	×××	×××
당기순손익	×××	×××
기타포괄이익	×××	×××
총포괄손익	×××	×××
주당손익		
기본주당손익	×××	×××
희석주당손익	×××	×××

| 도표 4-4 | 성격별 분류에 의한 포괄손익계산서

포괄손익계산서

(주)가나다 20×1년 1월 1일부터 20×1년 12월 31일까지 (단위 : 원)

과 목	금 액	
	당 기	전 기
수 익	×××	×××
기타수익	×××	×××
상품의 변동	(×××)	(×××)
상품매입액	(×××)	(×××)
종업원급여	(×××)	(×××)
감가상각비	(×××)	(×××)
기타비용	(×××)	(×××)
법인세비용차감전손익	×××	×××
법인세비용	(×××)	(×××)
계속사업손익	×××	×××
중단영업손익	×××	×××
당기순손익	×××	×××
기타포괄이익	×××	×××
총포괄이익	×××	×××
주당손익		
기본주당손익	×××	×××
희석주당손일	×××	×××

3. 자본변동표

자본변동표(statement of changes in equity)는 자본의 크기와 한 회계기간동안 발생한 자본의 변동에 관한 정보를 제공하는 재무보고서이며, 재무상태표, 포괄손익계산서, 자본변동표, 현금흐름표 등의 4대 재무제표 중의 하나이다.

자본변동표는 [도표 4-5]와 같이 자본의 구성항목인 자본금, 자본잉여금, 자본조정, 기타포괄손익누계액, 이익잉여금 등의 변동에 대한 포괄적인 정보를 제공한다.

| 도표 4-5 | 자본변동표

자본변동표

×××주식회사 20×1년 1월 1일부터 20×1년 12월 31일까지 (단위 : 천원)

구 분	납입자본	이익잉여금	총계	소수주주 지분	지배회사 지분
기초금액	×××	×××	×××	×××	×××
총포괄이익(손실)		×××	×××	×××	×××
회계정책변경누적효과		×××	×××	×××	×××
전기오류수정손익		×××	×××	×××	×××
연차배당(주당배당금액)		(×××)	(×××)	(×××)	(×××)
중간배당(주당배당금액)		(×××)	(×××)	×××	(×××)
유상증자(감자)			×××	×××	×××
자기주식취득			(×××)	(×××)	(×××)
해외사업환산손익			(×××)	(×××)	(×××)
기말금액	×××	×××	×××	×××	×××

자본변동표(statement of changes in equity)는 일정한 회계기간 동안 발생한 자본의 크기와 변동에 관한 정보를 나타내는 재무보고서이다. 이러한 변동의 원천에는 소유주의 투자와 소유주에 대한 분배, 포괄이익 등이 포함된다.

자본변동표는 자본의 중분류항목인 자본금, 자본잉여금, 자본조정, 기타포괄손익누계액, 이익잉여금 등의 각 항목별로 기초잔액, 변동사항, 기말잔액 뿐만 아니라 이들의 소수주주지분과 지배회사지분을 일목요연하게 보여준다. 자본변동표의 유용성은 다음과 같다.

첫째, 자본(순자산)의 변동내역을 알 수 있게 해준다. 자본의 증가가 주식의 발행으로 이루어진 것인지 아니면 영업활동으로 인한 것인지를 알 수 있게 해준다.

둘째, 이익잉여금의 변동내역을 보고함으로써 배당가능이익이 얼마인가를 알 수 있게 해주며, 배당금으로 인한 사외유출이 얼마인가를 알 수 있게 해준다.

셋째, 회계정책 변경으로 인한 효과와 중대한 오류수정으로 인한 이익잉여금의 변동내역을 알 수 있게 해준다.

넷째, 소유주와의 거래 이외의 모든 원천에서 인식된 자본의 변동, 즉 포괄이익에 관한 정보를 알 수 있게 해준다. 포괄이익에는 수익, 비용, 차익, 차손뿐만 아니라 당기순이익에 포함되지 않는 항목도 포함된다.

4. 현금흐름표

현금흐름표(statement of cash flow)는 재무제표이용자에게 현금 및 현금성 자산의 창출능력과 현금흐름의 사용용도를 평가하는데 유용한 기초를 제공한다. 재무제표이용자는 경제적 의사결정을 하기 위하여 현금 및 현금성자산의 창출능력 및 현금흐름의 시기와 불확실성의 정도를 평가해야 한다. 현금흐름표는 일정한 기간 동안 기업실체에 대한 현금유입과 현금유출에 대한 정보와 관련된 영업활동에 관한 정보, 투자활동에 관한 정보, 자본조달을 위한 재무활동에 관한 정보를 제공하는 동태적 재무제표이다. 이러한 현금정보는 기업실체의 현금지급능력, 수익성, 위험 등을 평가하는 데 유용하다.

여기서 현금(cash)은 일반적으로 통화(지폐와 동전)만을 가리키는 데, 회계에서 현금은 지폐와 동전뿐만 아니라 타인발생수표, 배당증권, 송금환, 우편환증서, 지급기일이 도래한 사채이자표 등의 통화대용증권도 포함하고 있다. 당좌예금과 보통예금 등의 요구불예금은 현금으로 전환하는데 아무런 제약이 없는 예금으로 은행에 현금을 예치하고 있다는 점을 제외하고는 그 유동성은 현금과 동일하다고 볼 수 있다.

현금성자산(cash equivalents)은 현금의 단기적인 운용을 목적으로 취득한 유동성이 높은 유가증권과 단기금융상품을 의미한다. 현금성자산은 ① 큰 거래비용 없이 현금전환이 용이하고, ② 금융상품의 가격변동이 심하지 않으며, ③ 취득당시 만기일이 3개월 이내에 도래하는 유가증권과 단기금융상품(환매조건부채권[RP], 기업어음[CP], 양도성예금증서[CD], 어음관리구좌[CMA], 금전신탁 등)을 의미한다.

기업의 현금상태를 분석할 때, 투자자, 채권자 등을 도와주기 위해, 현금흐름표는 (1) 영업활동, (2) 투자활동, (3) 재무활동 등으로 인한 현금흐름으로 구분하여 표시하고, 이 세 가지 활동의 순현금흐름에 기초의 현금을 가산하여 기말의 현금을 산출하는 형식으로 표시한다.

기업의 이해관계자들은 기업의 가장 중요한 자원 중의 하나인 현금의 흐름을 알고자 하기 때문에 현금흐름표에 관심이 있다. 현금흐름표는 다음과 같은 질문에 답을 제공한다.

기중에 현금이 어디에서 왔는가?

기중에 현금이 어떻게 이용되었는가?

기중에 현금의 변동액은 얼마인가?

현금흐름표의 세 가지요소는 영업활동 현금흐름, 투자활동 현금흐름, 재무활동 현금흐름이다.

영업활동(operating activities) 현금흐름은 사업활동의 지속, 차입금상환, 배당금지급 및 신규투자 등에 필요한 현금을 외부로부터 조달하지 않고 자체적인 영업활동으로부터 얼마나 창출하였는지에 대한 정보를 제공한다. 영업활동은 투자활동 또는 재무활동에 속하지 아니하는 모든 거래와 사건을 포함하며, 주로 제품의 생산과 판매활동, 상품과 용역의 구매와 판매활동 및 관리활동을 포함한다. 영업활동 현금흐름은 일반적으로 당기순손익에 영향을 주는 거래와 사건의 결과로 발생한다.

투자활동(investing activities) 현금흐름은 미래이익과 미래 현금흐름을 창출한 자원의 확보와 처분에 관련된 현금흐름에 대한 정보를 제공한다. 투자활동은 현금의 대여와 회수활동, 유가증권, 대출채권, 투자자산, 유형자산, 무형자산 등의 취득과 처분활동을 포함한다. 다만, 현금성자산과 단기매매목적으로 취득하는 자산은 제외한다.

재무활동(financing activities) 현금흐름에 관한 정보는 주주, 채권자 등이 미래 현금흐름에 대한 청구권을 예측하는 데 유용하다. 재무활동은 현금의 차입과 상환, 신주발행과 배당금의 지급 등을 포함한다.

현금흐름표의 유용성을 구체적으로 살펴보면 다음과 같다.

첫째, 기업의 미래현금흐름 창출능력에 관한 정보를 제공한다. 발생주의에 의해 작성되는 포괄손익계산서의 당기순이익 정보와 현금흐름표에 의해 제공되는 영업활동으로 인한 현금흐름액은 상호보완적이며, 기업의 미래현금흐름의 크기(금액), 시기, 불확실성 등을 보다 정확하게 예측할 수 있게 해준다.

둘째, 기업의 배당지급액, 부채상환능력 및 외부자금조달의 필요성에 관한 정보를 제공한다.

셋째, 영업활동으로 인한 현금흐름과 당기순이익간의 차이가 발생하는 원인을 알 수 있게 해준다. 동일한 금액의 당기순이익이라도 현금유입이 많은 기업이 그렇지 않은 기업에 비해 이익의 질(quality of earnings)이 좋다고 할 수 있을 것이다.

넷째, 현금 또는 비현금투자와 재무활동이 기업의 재무상태에 어떠한 영향을 초래했는지를 알 수 있게 해준다.

현금흐름표의 양식은 [도표 4-6]과 같다.

| 도표 4-6 | 현금흐름표

현금흐름표

제2기 20×6년 1월 1일부터 20×6년 12월 31일까지

(주)가나다 제1기 20×5년 1월 1일부터 20×5년 12월 31일까지 (단위 : 원)

과 목	당 기	전 기
I. 영업활동으로 인한 현금흐름	×××	×××
II. 투자활동으로 인한 현금흐름	×××	×××
1. 투자활동으로 인한 현금유입액		
2. 투자활동으로 인한 현금유출액		
III. 재무활동으로 인한 현금흐름	×××	×××
1. 재무활동으로 인한 현금유입액		
2. 재무활동으로 인한 현금유출액		
IV. 현금 및 현금성자산의 환율변동효과	×××	×××
V. 현금의 증가(감소)	×××	×××
VI. 기초의 현금	×××	×××
VII. 기말의 현금	×××	×××

5. 연결재무제표

연결재무제표(consolidated financial statements)란 지배회사와 그 종속회사로 구성되는 경제실체의 재무상태와 경영성과 및 현금흐름 등에 관한 재무정보를 회계정보의 이용자에게 제공하기 위하여 지배회사가 작성하는 재무제표를 말하는데, 기본적인 재무제표에 해당한다. 연결재무제표의 종류에는 연결재무상태표, 연결포괄손익계산서, 연결자본변동표, 연결현금흐름표 등이 있다.

연결재무제표는 정보이용자들이 지배회사의 재무상태와 경영성과를 더 잘 알 수 있도록 하기 위하여 작성되는데, 이들은 다음과 같은 유용성을 가지고 있다.

첫째, 연결재무제표는 지배·종속회사의 재무상태, 경영성과, 자본의 변동, 현금흐름 등에 관한 정보를 하나의 기업실체의 관점에서 파악할 수 있도록 제공한다.

둘째, 연결재무제표의 작성으로 회계부정을 어느 정도 방지할 수 있다. 지배회사는 종속회사를 이용하여 회계부정을 할 가능성이 있는데, 연결재무제표를 작성하게 되면 이를 어느 정도 방지할 수 있다.

셋째, 연결재무제표는 연결납세신고제도의 채택으로 기업과세의 실질적인 합리화에 기여할 수 있다. 우리나라에서는 아직 연결납세신고제도를 도입하고 있지 않은데, 연결재무제표는 개별회사의 소득세신고에 의하여 고율의 누진세율하의 지배·종속회사의 소득을 그룹내에서 적당히 이전시키거나 분산시킴으로써 조세회피를 하는 개별소득계산의 단점을 시정하기 위하여 도입될 수도 있다.

넷째, 연결재무제표는 정부의 각종 경제정책(경제성장, 공정거래, 여신관리, 기업회계제도, 조세제도)의 수립과 규제에 도움이 되는 정보를 제공할 수 있다.

다섯째, 자본자유화, 기업의 국제화에 도움이 되고, 특히 기업의 해외자본조달에 도움이 된다. 왜냐하면 해외자본들은 기업경영 투명화의 일환으로 연결재무제표의 작성을 요구하고 있기 때문이다.

그러나 연결재무제표는 다음과 같은 한계점도 가지고 있다.

첫째, 연결재무제표에 공시된 금액을 기초로 한 재무비율의 분석은 무의미한 경우가 있다. 왜냐하면 이는 개별기업의 재무비율이 아니라 연결실체의 재무비율이기 때문이다.

둘째, 연결대상이 되는 각 개별회사의 업종, 결산일, 회계처리방법 등이 다를 경우에는 연결재무제표의 유용성이 저하될 수 있다.

셋째, 연결재무제표는 정보이용자의 의사결정을 오도할 가능성이 있다. 왜냐하면, 건실한 기업과 부실한 기업이 연결실체를 구성하는 경우 연결재무제표 작성과정에서 각 기업이 경영성과와 재무상태가 평균화하기 때문이다. 따라서 연결재무제표에 의한 회계정보는 어느 기업의 경제적 실질을 제대로 나타내지 못하게 된다.

넷째, 연결재무제표에 의해서는 개별회사 고유의 정보를 알 수 없으며, 특히 종속회사의 이해관계자들은 연결재무제표로부터 유용한 정보를 얻기가 곤란하다.

6. 재무제표의 주석

모든 재무제표는 필수적인 부분을 이루는 주석과 부속명세서를 수반하고 있다. 재무제표의 주석(notes to the financial statements)은 재무제표에 제시된 정보를 명확하게 해 줄 뿐만 아니라 설명이 더 필요한 곳에 설명을 제공해 준다. 주석에 있는 정보는 계량적일 필요는 없다. 주석의 예로는 중요한 회계정책, 재무제표를 작성할 때 이용한 회계처리방법 등의 서술, 불확실성과 우발사건의 설명, 너무 많아서 재무제표에 포함할 수 없는 다양한 통계치와 상세한 사항 등이 있다. 주석은 기업의 경영성과와 재무상태를 이해하는 데 필수적이다.

주석은 다음의 정보를 제공한다.

(1) 재무제표 작성근거와 중요한 거래와 회계사건의 회계처리에 적용한 회계정책에 관한 정보
(2) 한국채택국제회계기준에서 요구하는 정보이지만 재무제표 어느 곳에도 표시되지 않는 정보
(3) 재무상태표, 포괄손익계산서, 현금흐름표, 자본변동표 등의 본문에 표시되지 않는 사항으로서 재무제표를 이해하는 데 필요한 정보

주석은 일반적으로 재무제표 이용자가 재무제표를 이해하고 다른 기업의 재무제표와 비교하는 데 도움이 될 수 있도록 다음의 순서로 작성한다.

(1) 한국채택국제회계기준을 준수하였다는 사실
(2) 재무제표 작성에 적용된 중요한 회계정책의 요약
 (가) 재무제표를 작성하는 데 사용한 측정기준
 (나) 재무제표를 이해하는 데 목적적합한 기타의 회계정책
(3) 재무제표 본문에 표시된 항목에 대한 보충정보(재무제표의 배열 및 각 재무제표 본문에 표시된 순서에 따라 표시한다)
(4) 다음을 포함한 기타 공시
 (가) 우발부채와 재무제표에서 인식하지 아니한 계약상 약정사항
 (나) 비재무적 공시항목, 예를 들면, 기업의 재무위험관리목적과 정책

7. 재무제표의 연계성

일부 재무제표에 대한 결과는 다른 재무제표에 대한 투입물로 이용되기 때문에, 재무제표는 상호관련되어 있다. 재무상태표는 일정한 시점에서 자산, 부채, 자본의 저량(stock)에 관한 정보를 나타내며, 이러한 저량의 변화를 나타내는 유량(flow)에 관한 정보는 포괄손익계산서, 현금흐름표, 자본변동표 등이 보여주는데, 재무제표간의 이러한 상호관계를 재무제표의 연계성(articulation of financial statements)이라고 한다. 재무제표의 연계성은 [도표 4-7]과 같이 나타낼 수 있을 것이다.

| 도표 4-7 | 재무제표의 연계성

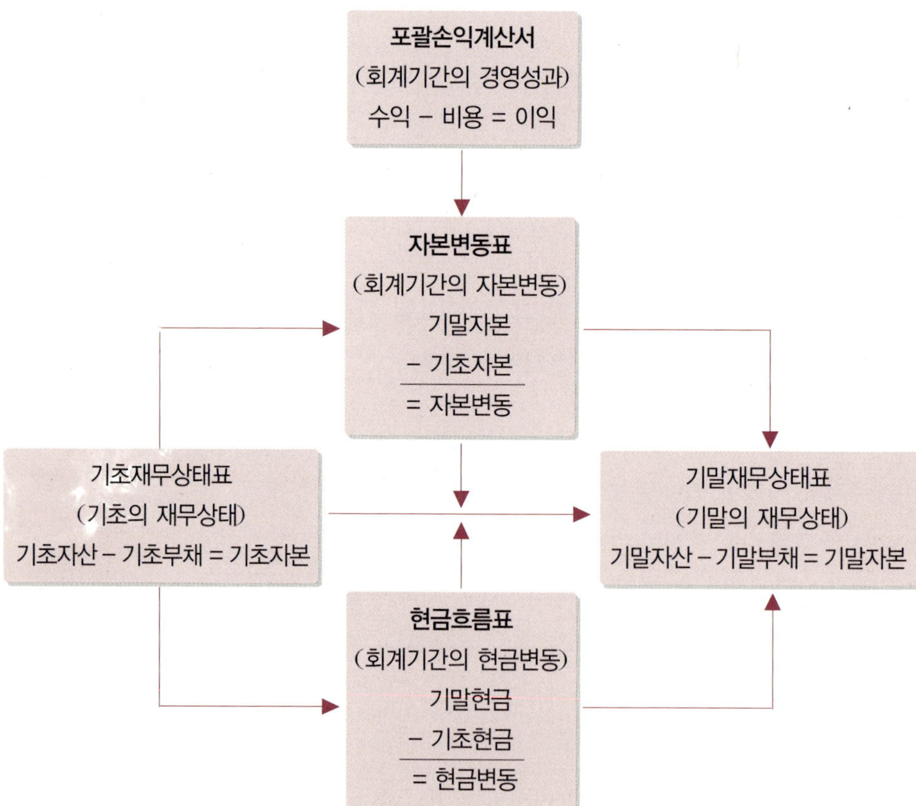

제2절 기타 재무보고수단

공개적으로 거래되는 기업들은 주주에게 매년 연간보고서를 제출해야 한다. 연간보고서에는 항상 재무제표가 포함된다. 재무제표이외에 연간보고서에는 부속명세서, 외부감사인의 감사보고서, 경영자의 분석과 전망(management discussion and analysis, MD&A), 등이 있다. 기업의 4가지 중요한 재무제표 이외에도 이러한 보고서들을 참고해서 분석하지 않으면, 기업의 재무상태와 성과에 관한 분석과 전망이 완전하다고 볼 수 없을 것이다.

1. 부속명세서

재무제표의 본문에 있는 계정과목의 내용을 보다 상세하게 설명하는 것으로 부속명세서가 있는데, 재무제표의 부속명세서에는 다음과 같은 것들이 있다.

유가증권명세서, 투자유가증권명세서, 특수관계자간의 채권ㆍ채무명세서, 재고자산명세서, 투자부동산명세서, 유형자산명세서, 무형자산명세서, 단기차입금명세서, 장기차입금명세서, 사채명세서, 채무보증명세서, 충당금명세서, 제조원가명세서, 매출액명세서, 매출원가명세서, 판매비와 관리비명세서, 감가상각비명세서, 잉여금명세서. 현금 및 현금성자산명세서, 매출채권명세서, 대여금명세서, 기타의 당좌자산명세서, 투자자산명세서, 투자자산처분명세서, 유형자산처분명세서, 매입채무명세서, 수선비명세서.

2. 비교재무제표

재무제표를 공시할 때는 당해 회계기간(당기)과 직전 회계기간(전기)의 금액을 비교하는 형태로 공시한다. 즉, 연속된 두 기간의 재무제표가 함께 제시되어 당해 기간의 금액이 직전 기간과 비교하여 어떻게 변동하였는가를 보여준다. 이와 같이 기간비교 형태로 재무제표가 작성될 때 이를 비교재무제표(comparative financial statements)라 한다. 비교재무제표에는 항목별로 두 기간의 금액이 함께 표시된다.

재무제표가 비교재무제표 형태로 공시되면, 정보이용자들이 기업의 재무상태와 경영성과가 과거에 비해 어떻게 변화하였는가를 쉽게 파악할 수 있다. 투자자?채권자 등의 정보이용자들이 기업의 미래 수익성을 전망하고 채무이행능력을 평가함에 있어서는 기업의 재무상태와 수익성이 어떠한 변화추세에 있는지를 파악하는 것이 중요하다. 이러한 이유로 정보이용자들이 기업의 재무제표를 분석할 때는 여러 기간의 회계정보를 비교분석한다. 예를 들면, 최근 수년간에 대해 매출액, 영업이익, 순이익의 변동추세를 분석하고 또 부채 대 자본의 비율은 어떻게 변화하고 있는지를 검토한다.

비교재무제표는 그러한 추세분석(trend analysis)을 용이하게 하려는 데 목적이 있다. 만일 비교재무제표가 아니고 당해 기간의 재무제표만 공시한다면, 정보이용자로서는 과거 기간의 재무제표를 별도로 수집해야 하는 비용이 발생하게 된다. 그래서 이러한 정보수집비용을 감소시켜주기 위해 기업회계기준은 재무제표를 공시할 때 직전 기간과 비교하는 형태로 공시할 것을 규정하고 있다.

3. 중간재무제표

재무제표를 통해 제공되는 회계정보가 정보이용자들의 의사결정에 실제로 유용하기 위해서는 정보를 적시성 있게 공시해야 한다. 기업의 회계기간은 일반적으로 1년인데, 1년 단위로 작성되는 재무제표를 연차재무제표(annual financial statements)라 한다. 연차재무제표는 정보이용자들에게 적시성(timeliness) 있는 정보를 제공하지 못하는 단점이 있다. 투자자 · 채권자 등의 정보이용자들은 필요에 따라 연중에 수시로 의사결정을 해야 하는데, 이 때 최근의 회계정보를 이용할 수 없다면, 정보이용자들은 의사결정을 하기 어려울 것이다. 그래서 정보이용자들에게 적시성 있는 회계정보를 제공하기 위해 연차재무제표보다 기간이 짧은 중간재무제표(interim financial statements)를 공시하게 된다.

중간재무제표는 1회계기간(1회계기간은 대개의 경우 1년이다)보다 짧은 회계기간 대해 작성되는 재무제표이며, 이에는 분기재무제표, 반기재무제표 등이 있다. 증권거래소에 주식을 상장한 상장회사 등은 중간재무제표를 공시해야 하는데, 현재 중간재무제표는 회계연도 개시일로부터 3개월 간격으로 작성되는 분기재무제표(quarterly financial statements)의 형태를 취하고 있다.

중간재무제표는 재무상태표, 포괄손익계산서, 현금흐름표, 주석으로 구성되며, 기본적으로 연차재무제표와 동일한 양식으로 작성하는 것을 원칙으로 하되, 정보이용자를 오도하지 않는 범위 내에서 계정과목을 요약 또는 일괄 표시할 수 있다.

중간재무제표에서 재무상태표는 중간기간말과 직전 회계연도말을 비교하는 형식으로 작성하며, 포괄손익계산서와 현금흐름표는 당 회계연도의 중간기간과 누적중간기간(회계연도 개시일부터 당해 중간기간의 종료일까지의 기간)을 직전회계기간의 동일기간과 비교하는 형식으로 작성한다. 그리고 중간재무제표는 외부감사인의 검토절차를 거쳐서 공시된다.

중간재무제표에는 주석으로 회계정책 및 추정의 변경, 기업결합 및 사업의 중단, 주식과 채권의 발행 등 직전 회계연도 후에 발생한 재무상태와 경영성과의 중요한 변동과 관련된 거래나 회계사건을 기재한다.

중간재무제표는 연차재무제표에 적용하는 것과 동일한 회계정책을 적용하여 작성하며 중간재무제표의 작성을 위한 측정은 누적중간기간을 기준으로 한다. 따라서 연차재무제표의 결과는 중간재무제표의 작성빈도에 따라 달라지지 않는다.

중간재무보고의 문제점으로는 다음과 같은 것이 있다.

첫째, 광고비 지출과 같이 지출의 효과가 장기간 지속하는 경우, 이에 대한 지출을 어떻게 처리할 것인가 하는 문제이다. 왜냐하면 어느 기간의 비용으로 얼마만큼을 계상하느냐에 따라 중간보고기간의 순이익에 커다란 차이를 가져오기 때문이다.

둘째, 연말 수정항목에 속하는 비용의 처리문제이다. 만약 경영자의 보상을 연간회계이익에 근거하여 지급하기로 하였다면 연간회계이익이 결정되지 전에는 이에 대한 비용을 계상할 수 없기 때문이다.

셋째, 법인세비용의 계상문제이다. 법인세율은 대부분 누진세율이기 때문에 중간보고기간의 법인세비용차감전순이익을 근거로 계산한 금액과 1회계기간 전체를 기준으로 계산한 금액과는 차이가 발생하게 된다.

넷째, 계절성의 문제이다. 수익이 1회계기간 중 특정한 시기에 집중적으로 발생할 때는 적절한 수익과 비용의 대응이 이루어지지 않으며, 정보이용자의 의사결정을 왜곡시킬 가능성이 있다.

이외에 특별항목의 처리, 회계변경의 처리방법, 주당순이익의 계산방법을 어떻게 하느냐에 따라 각각의 중간보고기간의 순이익에 커다란 차이를 발생시킬 수 있다.

4. 외부감사인의 보고서

정보의 중요한 원천 중의 하나는 외부감사인의 보고서이다. 외부감사인은 기업의 재무제표를 독자적으로 검토하는 회계전문가이다. 일정한 시험에 합격하고 공인회계사(certified public accountants, CPA)라는 명칭을 획득한 회계사만이 회계감사를 수행할 수 있다. 만약 외부감사인이 재무제표가 일반적으로 인정된 회계원칙에 따라서 기업의 재무상태, 경영결과, 현금흐름 등을 적정하게 표시하고 있다는 것에 만족한다면, 적정의견(unqualified opinion)이 표명된다. 만약 외부감사인이 적정의견 이외의 의견(한정의견, 부적정의견, 의견거절)을 표명한다면, 재무제표를 조심스럽게 이용해야 한다. 즉, 적정의견이 아니면, 재무제표가 기업의 재무건전성에 관해서 정확한 모습을 보여주고 있다는 것을 완전하게 신뢰할 수 없다.

예제

홍길동은 사업을 개시하여 회사(홍길동상사)를 설립하고는 다음과 같은 활동을 하였다. 아래를 참고로 해서 연말에 재무제표(재무상태표, 포괄손익계산서, 현금흐름표)를 작성하라.

홍길동은 가지고 있는 보통주의 일부를 가까운 친구들에게 매각하고 그 일부를 매입하기도 하였다. 이러한 주식의 매각으로 25,000,000원을 조달하였다. 이외에 회사는 시중은행으로부터 10,000,000원을 차입하였다. 종업원출퇴근용으로 소형버스를 12,000,000원에 현금으로 구입하였다. 그리고 기타 설비를 1,500,000원에 현금으로 구입하였다. 회사는 기중에 100,000,000원의 매출수익을 올렸지만, 이 중에서 80,000,000원만 현금을 수령하였다. 그리하여 연말에 아직 20,000,000원의 매출채권을 가지고 있다. 매출원가는 40,000,000원이었고, 보험료는 10,000,000원, 종업원급여는 20,000,000원, 관리비 9,000,000원이었는데, 이들은 모두 현금으로 지급되었다. 회사는 연말에 미지급이자로 800,000원이 있다.

회사는 기중에 현금 5,000,000원을 배당으로 지급하였다. 20×1년 12월 31일에 은행계정잔액은 49,500,000원이다.

해답

재무상태표

홍길동상사	20×1년 12월 31일 현재			(단위 : 천원)
현 금	17,500	차 입 금	10,000	
매출채권	20,000	미지급이자	800	
버 스	12,000	부채합계		10,800
설비자산	1,500	자 본 금	25,000	
		이익잉여금	15,200	40,200
자산합계	51,000	부채와 자본의 합계		51,000

포괄손익계산서

홍길동상사	20×1.1.1부터 20×1.12.31까지	(단위 : 천원)
수 익		
매출수익		100,000
비 용		
매출원가	40,000	
종업원급여	20,000	
보 험 료	10,000	
관 리 비	9,000	
지급이자	800	79,800
당기순이익		20,200

현금흐름표

홍길동상사	20×1.1.1부터 20×1.12.31까지	(단위 : 천원)
영업활동으로 인한 현금흐름		
영업활동으로 인한 현금유입액	80,000	
영업활동으로 인한 현금유출액	79,000	1,000
투자활동으로 인한 현금흐름		
투자활동으로 인한 현금유입액	0	
투자활동으로 인한 현금유출액		
가. 버스의 구입	(12,000)	
나. 설비자산의 구입	(1,500)	(13,500)
재무활동으로 인한 현금흐름		
재무활동으로 인한 현금유입액		
가. 차입금	10,000	
나. 보통주의 발행	25,000	
재무활동으로 인한 현금유출액		
가. 배당금	(5,000)	30,000
현금의 증가		17,500
기초의 현금		0
기말의 현금		17,500

전 | 공 | 용 | 어

공인회계사(certified public accountant, CPA)
매출액(sales revenue)
매출원가(cost of goods sold)
매출채권(accounts receivable)
무형자산(intangible assets)
분기재무제표(quarterly financial statements)
비용(expense)
수익(revenue)
연결재무제표(consolidated financial statements)
영업활동(operating activities)
유동부채(current liabilities)
유동자산(current assets)
유형자산(tangible assets; property, plant, and equipment)
이익의 질(quality of earnings)
자본(capital)
자본변동표(statement of changes in equity)
잔여지분(residual interest)
재무보고(financial reporting)
재무상태표(statement of financial position)
재무제표(financial statements)
재무제표의 연계성(articualtion of financial statements)
재무제표의 주석(notes to the financial statements)
재무활동(financial activities)
적정의견(unqualified opinion)
주당이익(earnings per share, EPS)
중간재무제표(interim financial statements)
차손(loss)
차익(gain)
투자자산(long-term investments)
투자활동(investment activities)
포괄손익계산서(comprehensive income statement)
현금흐름표(statement of cash flow)

연 | 습 | 문 | 제

4-1 다음 회계정보를 이용하여 유동성배열법에 따라 재무상태표의 자산항을 작성하라.

선급비용	157,801,000원	단기투자자산	5,371,000원
토　지	54,774,000원	건　물	3,826,006,000원
기타유동자산	23,282,000원	현　금	138,849,000원
무형자산	2,765,892,000원	매출채권	1,383,550,000원
기타비유동자산	984,064,000원	감가상각누계액	1,712,400,000원

4-2 (주)울산의 20×1년도 재무제표에서 추출한 회계정보는 다음과 같다.
20×1년도의 기말재무상태표와 포괄손익계산서를 작성하라.

미지급급여	1,960,000원	급　여	54,700,000원
전기요금	22,600,000원	비　품	15,900,000원
매입채무	4,220,000원	수수료수익	61,100,000원
임대료수익	8,500,000원	장기차입금	1,800,000원
보통주자본금	16,000,000원	현　금	24,200,000원
매출채권	8,780,000원	감가상각누계액	5,400,000원
배 당 금	4,000,000원	감가상각비	4,000,000원
기초이익잉여금	35,200,000원		

4-3 (주)지리산은 임대사업을 하고 있는데, 20×1년 12월 31일 현재 다음과 같은 재무정보를 가지고 있다.

(1) 20×1년도 (주)지리산의 당기순이익을 결정하라.

(2) 20×1년 12월 31일 현재 재무상태표를 작성하라.

20×1년도의 임대수익	137,000,000원	배 당 금	4,000,000원
20×1년도의 부대수익	25,000,000원	매입채무	50,000,000원
금융부채	11,000,000원	20×1년 비용	138,000,000원
현　금	10,500,000원	소 모 품	2,500,000원
설비자산	119,000,000원	보통주자본금	40,000,000원
기초이익잉여금	11,000,000원		

4-4 다음의 회계정보는 다섯 기업들의 재무제표에서 뽑은 것이다. 물음에 답하라.

	부산상사	서울상사	대구상사	대전상사	전주상사
20×1/12/31					
자 산	45,000	70,000	121,500	82,500	124,000
부 채	30,000	50,000	58,500	61.500	(A)
20×2/12/31					
자 산	49,000	90,000	136,000	(B)	160,000
부 채	26,000	(C)	55,500	72,000	52,000
20×2/1/1–12/31					
주식발행	6,000	10,000	(D)	38,100	40,000
순이익	(E)	30,000	16,500	24,000	32,000
현금배당	4,500	2,000	0	18,000	6,000

1. 부산상사의 경우에 20×1년과 20×2년 12월 31일 현재 자본과 20×2년의 순이익을 계산하라.
2. 서울상사의 경우에 20×1년과 20×1년 12월 31일 현재 자본과 20×2년 12월 31일 현재 부채를 계산하라.
3. 대구상사의 경우에 20×2년에 주식발행액을 계산하라.
4. 대전상사의 경우에 20×2년 12월 31일 현재 자산을 계산하라.
5. 전주상사의 경우에 20×1년 12월 31일 현재 부채를 계산하라.

4-5 다음의 자산항목들을 유동성이 높은 순서대로 바르게 배열한 것은?

① 현금및현금성자산, 단기매매금융자산, 비품장치, 재고자산
② 현금및현금성자산, 매출채권, 단기매매금융자산, 비품장치
③ 현금및현금성자산, 단기매매금융자산, 재고자산, 비품장치
④ 현금및현금성자산, 비품장치, 단기매매금융자산, 매출채권

[해설] ③

4-6 (주)한국은 금년에 ₩100,000의 순이익을 보고하고, 배당금으로 ₩70,000을 지급하였다. 기말이익잉여금이 ₩300,000이면, 기초이익잉여금은 얼마인가?

① ₩400,000　　② ₩270,000

③ ₩500,000　　④ ₩360,000

[해설] ②

기초이익잉여금 + 당기순이익 − 배당금 = 기말이익잉여금

기초이익잉여금 = 기말이익잉여금 − 당기순이익 + 배당금

= ₩300,000 − 100,000 + 70,000 = ₩270,000

4-7 다음 중 일반적으로 포괄손익계산서에 매출원가를 보고하지 않는 회사는?

① 회계법인　　② 서　점

③ 프린터판매회사　　④ 가구제조회사

[해설] ①

재무회계정보의 이용 : 재무제표분석

5장

복식부기를 누가 발명하였는지는 아직 모르고 있다. 그러나 복식부기에 관한 장부로서 역사상 가장 오래된 것은 1494년에 이탈리아의 베니스에서 프란체스코(Francesco) 수도회의 수도사인 루카 파치올리(Luca Pacioli)가 집필한 「대수 · 기하 · 비 · 비례총람」이란 책자이다. 이 책자의 제9편 11장 "계산과 기록에 관한 상세한 설명"에서 복식부기에 관해 설명하고 있다. 이후 복식부기가 서양의 여러 나라에 전파된 후 미국을 거쳐 일본에는 메이지(明治)유신 때인 1873년에 후꾸자와 유기찌(福澤諭吉)가 미국인 Bryant과 Stratton의 공저, *Common School Bookkeeping*(1871)을 「帳合之法」이라는 이름으로 번역하여 출간한 바 있다. 우리나라에서는 중세시대에 四介松都治簿法이라는 고유의 부기법이 있었지만, 서양식 복식부기에 관한 우리나라 최초의 부기책은 융희 2년(1908)에 임경재가 집필한 「신편 은행부기학」과 「간이 상업부기학」이라고 한다.

제1절 재무제표분석의 의의와 목적

1. 재무제표분석의 의의

재무회계정보의 이용자중에는 기업외부의 여러 이해관계자가 있을 수 있지만, 주주와 채권자가 가장 대표적인 재무회계정보의 이용자들이다. 제5장에서는 기업 외부의 이해관계자 입장에서 재무회계정보를 어떻게 이용하는가를 살펴보고자 한다.

기업의 주요한 외부이해관계자인 주주와 채권자들은 자신들의 자금을 기업에 투자하여 수익성을 높이고자 한다. 이때 주주와 채권자들은 어떤 기업에 투자하는 것이 자신들에게 가장 유리한가를 결정하기 위해 우선, 기업의 가치를 평가해야 할 것이다.

기업의 가치를 평가하기 위해서는 우선 기업의 경영을 분석할 필요가 있다. 경영분석은 경영자료를 수집 · 분석하여 경영실태를 파악하고 미래성과를 예측하는 것으로, 경영자료에는 기업의 재무자료와 비재무자료가 모두 포함된다. 기업의 재무자료를 중심으로 기업의 가치를 평가하는 것을 재무분석이라고 하며, 특히 재무제표를 중심으로 기업의 가치를 평가하는 것을 재무제표분석(financial statements analysis)이라고 한다.

기업의 재무제표는 자본시장을 원활하게 기능하게 하는 역할을 한다. 재무제표는 기업의 다양한 경제적 활동을 재무정보의 형태로 요약한 회계보고서로서 기업의 경영자가 투자자들에게 기업의 경영활동에 관한 정보를 제공하는 주된 수단이다. 기업의 경영자는 경영활동에 필요한 자금을 공급받기 위하여 투자자들에게 정보를 제공할 책임이 있으며, 투자자들은 기업에 대한 투자기회를 평가하기 위한 정보를 필요로 한다. 이러한 정보는 주로 재무제표를 통해서 정기적으로 공급되며, 따라서 재무제표는 자본의 수요와 공급을 연결시켜 주는 중요한 역할을 한다.

재무제표분석은 재무제표에 대한 체계적 분석을 통해 정보이용자가 의사결정을 하는 데(기업의 재무상태, 경영성과, 현금흐름 등과 같은) 필요한 정보를 제공해 준다.

2. 재무제표분석의 목적

채권투자자나 주식투자자 등의 투자자들이 기업의 재무제표를 분석하는 목적을 구체적으로 살펴보면 다음과 같다.

① 채권투자자는 다른 회사가 발행한 채권의 가치를 평가하여 현재의 채권의 가격과 비교함으로써 채권의 매입, 매각, 보유 등의 의사결정을 하게 된다. 채권의 경우에는 이자와 원금이 정해져 있기 때문에, 채권의 가치평가는 채권발행기업이 미래에 원금과 이자를 지급할 수 있는 능력이 있는지의 여부를 평가하는 데 있다. 따라서 채권투자자는 채권발행기업의 미래 채무이행능력이나 신용위험을 평가하기 위해 재무제표분석을 통해 채권발행기업의 재무상태와 수익성을 파악할 필요가 있을 것이다.

② 주식투자자는 기업의 본질적인 가치(intrinsic value)를 평가하여 현재의 주가(market value)와 비교함으로써 주식의 매입, 매각, 보유 등의 의사결정을 하게 된다. 주식의 본질적인 가치가 주가보다 많으면 해당 주식을 매입하거나 계속 보유하게 되고, 반대의 경우에는 보유주식을 매각하게 된다.

③ 자본시장에는 외부감사인, 증권분석가(analyst), 신용평가기관 등과 같은 정보중개기관(information intermediaries)이 있는데, 이들이 기업의 재무제표분석을 통해서 투자자에게 기업의 관한 정보를 제공해 준다.

재무제표분석의 목적은 재무제표분석을 통해 기업의 재무상태와 경영성과를 파악해서 궁극적으로는 기업의 미래 재무상태와 경영성과를 예측하여 기업의 가치를 평가하는 데 있다.

재무제표분석은 비교분석, 구성비율분석, 재무비율분석 등으로 실시된다. 비교분석은 다른 기업과의 비교나 다른 기간과의 비교를 통해 이루어지기도 하고 업계의 평균치와의 비교를 통해서 이루어지기도 한다.

제2절 재무제표의 비교분석

투자자들은 기업의 성과를 다른 기업과 비교하기도 하고, 기업내에서 다른 기간과 비교하기도 하며, 업계평균치와 비교하기도 한다.

(1) 기업내의 비교

기업내에서의 비교는 재무관계와 중요한 추세의 변화를 확인하는데 유용하다. 예를 들면, 어떤 기업의 당기 현금잔액을 전기의 현금잔액과 비교해 보면 증감을 알 수 있다. 이와 마찬가지로 기업의 기말현금잔액을 기말의 자산합계액과 비교해 보면 자산합계에 대한 현금의 비율을 할 수 있다.

(2) 기업간의 비교

다른 기업과의 비교를 통해 기업의 경쟁상태에 관해서 알 수 있다. 예를 들면, 어떤 기업의 기중 매출합계를 경쟁업체의 매출합계와 비교할 수 있을 것이다.

(3) 업계평균과의 비교

업계평균치와의 비교를 통해 업계내에서 기업의 상대적인 상태에 관한 정보를 알 수 있을 것이다. 예를 들면, 기업의 재무자료는 기업신용평가기관이 작성한 산업평균치와 비교할 수 있을 것이다.

재무제표자료의 의미를 살펴보기 위해서 재무제표분석에 수평분석, 수직분석, 비율분석 등과 같은 세 가지 기본수단이 이용된다.

1. 수평분석

추세분석이라고도 하는 수평분석(horizontal analysis)은 일정한 기간 동안 일련의 재무제표를 평가하기 위한 기법이다. 이의 목적은 금액이나 비율로 표시되는 기중의 증감을 결정하는 것이다. 예를 들면, 어떤 기업의 순매출액이 다음과 같다고 하자.

(단위 : 원)

20×5	20×4	20×3	20×2	20×1
8,853,300	6,954,700	6,984,200	6,762,100	6,830,100

만약 20×1년의 기준연도라고 가정하면, 이 기준연도의 금액을 근거로 해서 [도표 5-1]과 같은 공식과 비교하여 비율의 증감을 측정할 수 있을 것이다.

| 도표 5-1 | 수평분석

$$\text{기준연도 이후의 변화} = \frac{\text{당기의 금액} - \text{기준연도의 금액}}{\text{기준연도의 금액}}$$

예를 들면, 가나상사의 순매출액이 20×1년부터 20×2년까지 약 1.0% [(6,762,100-6,830,100)/6,830,100] 감소하였다는 것을 결정할 수 있다.

이와는 달리, 당기의 매출액을 기준연도의 비율로 표현할 수도 있다. 이렇게 하기 위해서는 [도표 5-2]와 같이 당기의 금액을 기준연도의 금액으로 나누어야 한다.

| 도표 5-2 | 수평분석

$$\text{기준연도와 관련한 당기의 결과} = \frac{\text{당기의 금액}}{\text{기준년도의 금액}}$$

5개년도의 각각에 대해 기준연도(20×1년)의 비율로 표현된 당기의 매출은 [도표 5-3]과 같다.

| 도표 5-3 | 순매출액의 수평분석

가나상사 **순매출액** (단위 : 원)

20×5	20×4	20×3	20×2	20×1
8,853,300	6,954,700	6,984,200	6,762,100	6,830,100
129.62%	101.82%	102.26%	99%	100%

20×5년도에 순매출액의 많은 증가로 이러한 의미있는 변화의 그럴듯한 이유에 관한 문제가 제기될 수 있다. 가나상사의 20×5년의 재무제표주석에는 "회사가 20×5년에 영남식품상사의 취득을 완료하였다"라는 설명이 있다. 수평분석에 의해 조명된 매출증가를 이러한 중요한 취득으로 설명할 수 있을 것이다.

수평분석을 더 예시하기 위해, 가나상사의 재무제표를 이용해 보자. 20×5년과 20×4년의 2개년의 요약재무상태표를 금액과 비율로 표시하여 나타낸 것이 [도표 5-4]와 같다.

| 도표 5-4 | 재무상태표의 수평분석

요약재무상태표

가나상사 12월 31일 현재 (단위 : 천원)

	20×5	20×4	금 액	증감비율
자 산				
유동자산	1,902.0	1,617.1	284.9	17.6
유형자산	2,952.8	2,526.9	425.9	16.9
기타자산	5,513.8	742.0	4,771.8	643.1
자산합계	10,368.6	4,886.0	5,482.6	112.2
부채와 자본				
부 채				
유동부채	2,207.6	2,482.3	(274.7)	(11.1)
비유동부채	7,289.5	1,506.2	5,783.3	384.0
부채합계	9,497.1	3,988.5	5,508.6	138.1
자 본				
보통주자본금	195.3	205.8	(10.5)	(5.1)
이익잉여금	1,013.3	1,065.7	(52.4)	(4.9)
자기주식(원가)	(337.1)	(374.0)	36.9	9.9
자본합계	871.5	897.5	(26.0)	(2.9)
부채와 자본의 합계	10,368.6	4,886.0	5,482.6	112.2

비교재무상태표는 20×4년부터 20×5년까지 가나상사의 재무상태에 많은 변화가 발생하였다는 것을 보여주고 있다. 자산항에서 유동자산은 284,900원(17.6%) 증가하였으며, 유형자산은 425,900원(16.9%) 증가하였다. 기타자산은 4,771,800원(643.1%)증가하였다. 부채항에서 유동부채는 274,700원(11.1%)증가하였으며, 장기부채는 5,783,300원(384%) 증가하였다. 자본항에서 이익잉여금은 52,500원(4.9%)감소하였다는 것을 알 수 있다. 이 회사는 20×4년에 영남식품상사를 취득함으로써 그 자산기초를 확장하였고 주로 장기부채를 추가로 조달함으로써 그 확장에 대한 자금을 조성하였다. [도표 5-5]에 제시되어 있는 것은 20×4년과 20×5년에 요약형식으로 나타낸 가나상사의 비교포괄손익계산서이다.

| 도표 5-5 | 포괄손익계산서의 수평분석

요약포괄손익계산서

가나상사 1.1부터 12.31까지 (단위 : 천원)

	20×5	20×4	금 액	증감비율
수익(순매출액)	8,853.3	6,954.7	1,898.6	27.3
매출원가	4,128.5	3,327.0	801.5	24.1
매출총이익	4,724.8	3,627.7	1,097.1	30.2
물류비와 관리비	3,523.6	2,551.4	972.2	38.1
기타비용	363.8	122.1	241.7	198.0
법인세차감전순이익	862.0	923.4	(61.4)	(6.6)
법인세비용	322.1	280.0	42.1	15.0
당기순이익	539.9	643.4	(103.5)	(16.1)

포괄손익계산서의 수평분석은 다음과 같은 변화를 보여주고 있다. 순매출액은 1,898,600원(27.3%) 증가하였다. 매출원가는 801.500원(24.1%)증가하였다. 물류비와 관리비는 972,200원(38.1%)증가하였다. 전체적으로 매출총이익은 30.2% 증가하였고 순이익은 16.1% 감소하였다. 순이익의 감소는 기타비용의 증가에 기인한다고 볼 수 있다.

기간별로 비율변화의 측정은 상대적으로 간단하며 매우 유용하다. 그러나 계산을 할 때 다소 복잡한 문제가 발생할 수 있다. 만약 어떤 항목이 기준년도나 전년도에 0의 금액을 가지고 있고 다음 년도에 어떤 금액을 가지고 있다면, 비율변화를 계산할 수 없다. 그리고 기준연도나 전년도에 음의 금액이 나타나고 다음 년도에 양의 금액이 나타난다면, 이 또한 비율변화를 계산할 수 없다.

2. 수직분석

구성비율분석이나 백분비율분석이라고도 하는 수직분석(vertical analysis)은 기준금액의 비율로 재무제표의 각 항목을 표시하는 재무제표자료를 평가하기 위한 기법이다. 예를 들면, 재무상태표에서 유동자산이 자산합계의 22%(이때 자산합계가 기준금액이다)이라고 말할 수도 있다. 또는 포괄손익계산서에서 물류비가 수익(순매출액)의 16%(이때 순매출액이 기준금액이다)이라고 말할 수 있다.

[도표 5-6]은 수직적으로 분석한 가나상사의 20×5년과 20×4년의 비교재무상태표이다. 자산항목들의 기초금액은 자산합계이며, 부채와 자본항목들의 기초금액은 부채와 자본의 합계이다.

| 도표 5-6 | 재무상태표의 수직분석

비교재무상태표

가나상사 12월 31일 현재 (단위 : 천원)

	20×5		20×4	
	금 액	비 율	금 액	비 율
자 산				
유동자산	1,902.0	18.3	1,617.1	33.1
유형자산	2,952.8	28.5	2,526.9	51.7
기타자산	5,513.8	53.2	742.0	15.2
자산합계	10,368.6	100.0	4,886.0	100.0
부채와 자본				
부 채				
유동부채	2,207.6	21.3	2,482.3	50.8
비유동부채	7,289.5	70.3	1,506.2	30.8
부채합계	9,497.1	91.6	3,988.5	81.6
자 본				
보통주자본금	195.3	1.9	205.8	4.2
이익잉여금	1,013.3	9.8	1,065.7	21.8
자기주식(원가)	(337.1)	(3.3)	(374.0)	(7.6)
자본합계	871.5	8.4	897.5	18.4
부채와 자본의 합계	10,368.6	100.0	4,886.0	100.0

재무상태표에서 각 항목의 상대적 규모를 보여주는 것 이외에도 수직분석은 개별자산, 부채, 자본항목들의 비율변화를 보여준다. 도표에서 유동자산이 20×4년에서 20×5년까지 284,900원 증가하였지만, 이들은 자산합계의 33.1%에서 18.3%로 감소하였다. 유형자산(순액)은 자산합계의 51.7%에서 28.5%로 감소하였다. 기타자산은 자산합계의 15.2%에서 53.2%로 증가하였다. 20×5년의 기타자산에는 영남식품상사의 취득으로 인한 상표권, 상호권, 영업권 등의 가치 4,818,000원이 포함되어 있다. 그리고 이익잉여금은 20×4년에서 20×5년까지 52,400원 감소하였으며, 자본합계는 부채와 자본의 합계의 18.4%에서 8.4%로 감소하였다. 부채자금조달의 비율이 높아진 것은 두 가지 원인 때문이다. 첫째, 부채합계가 부채와 자본의 합계의 81.6%에서 91.6%로 되면서 5,508,600원만큼 증가하였다. 둘째, 보통주자본금이 부채와 자본의 합계의 4.2%에서 1.9%로 감소하면서 10,500원만큼 감소하였다. 그리하여 이 회사는 장기부채를 더 많이 이용하고 자본금의 비중을 줄임으로써 부채의 자금조달에 더 의존하는 쪽으로 변화하였다.

[도표 5-7]에 나타나 있는 가나상사의 비교포괄손익계산서의 수직분석은 수익(순매출액)의 비율로 표시한 매출원가가 47.8%에서 46.6%로 감소하였으며, 물류비와 관리비는 36.7%에서 39.8%로 증가하였다는 것을 보여준다. 수익(순매출액)의 비율로 표시한 순이익은 9.3%에서 6.1%로 감소하였다. 매출액의 비율로 표시한 가나상사의 순이익감소는 매출액의 비율

| 도표 5-7 | 포괄손익계산서의 수직분석

요약포괄손익계산서

가나상사 1.1부터 12.31까지 (단위 : 천원)

	20×5		20×4	
	금 액	비 율	금 액	비 율
수 익	8,853.3	100.0	6,984.7	100.0
매출원가	4,128.5	46.6	3,327.0	47.8
매출총이익	4,724.8	53.4	3,627.7	52.2
물류비와 관리비	3,523.6	39.8	2,551.4	36.7
기타비용	363.8	4.1	122.1	1.7
법인세차감전순이익	837.4	9.5	954.2	13.7
법인세비용	322.1	3.6	280.0	4.0
당기순이익	515.3	5.8	674.2	9.7

로 표시한 물류비와 관리비 및 기타비용의 증가에 주로 기인한다. 매출원가의 감소가 이러한 비용의 증가를 상쇄하는 데 충분하지 않다.

수직분석으로 인해서 상이한 규모의 기업들을 비교할 수 있다. 예를 들면, 가나상사의 주요한 경쟁업체의 하나가 백두상사라고 하자. [도표 5-8]과 같이, 수직분석을 이용하여 가나상사와 백두상사의 요약포괄손익계산서를 더욱 의미 있게 비교할 수 있다.

| 도표 5-8 | 수직분석의 기업간비교

요약포괄손익계산서

1.1부터 12.31까지 (단위 : 천원)

	가나상사		백두상사	
	금 액	비 율	금 액	비 율
수익(순매출액)	8,853.3	100.0	7,949.0	100.0
매출원가	4,128.5	46.6	4,767.0	60.0
매출총이익	4,724.8	53.4	3,182.0	40.0
물류비와 관리비	3,523.6	39.8	1,909.0	24.0
기타비용(법인세비용포함)	685.9	7.7	622.0	7.8
당기순이익	515.3	5.8	651.0	8.2

가나상사의 수익(순매출액)이 백두상사의 수익(순매출액)보다 11% 더 많지만, 수직분석은 이러한 규모의 차이를 제거해준다. 가나상사는 백두상사의 매출총이익 40%에 비하여 더 많은 53.4%의 매출총이익을 가지고 있지만, 가나상사의 물류비와 관리비는 순매출액의 39.8%인데 반하여 백두상사의 물류비와 관리비는 순매출액의 24%이다.

제3절 비율분석

기업의 성과와 재무적 건전성을 평가하기 위해서 많은 비율이 이용되고 있다.

1. 유동성비율

유동성비율(liquidity ratios)은 기업이 만기가 도래하는 단기채무를 상환하고 예상치 못한 현금수요에 응할 수 있는 단기간의 능력을 측정한다. 은행, 납품업자 등과 같은 단기채권자들이 특히 유동성을 평가하는데 관심이 있다. 유동성비율에는 다음과 같은 것들이 있다.

(1) 유동비율

유동비율(current ratio)은 일반적으로 유동성이나 지불능력(solvency)을 검정하는데 이용된다. 유동비율이 높을수록 단기지급능력이 양호한 것으로 평가된다. 이 비율의 공식은 다음과 같다.

$$\text{유동비율} = \frac{\text{유동자산}}{\text{유동부채}}$$

기업이 유지할 필요가 있는 유동비율의 크기는 현금유입과 현금유출의 필요성 간의 관계에 달려있다. 지속적으로 현금이나 기타 유동자산의 유입을 가지는 (택시회사와 같은) 기업은 유동비율이 작더라도 현재 만기가 도래하는 채무를 쉽게 상환할 수 있을 것이다. 한편, 제품개발과 제조과정이 장기간인 제조기업의 경우에는 유동비율이 높아야 할 것이다.

(2) 당좌비율

현금과 현금화의 속도가 빠른 유동자산(예를 들면, 시장성유가증권, 일부 수취채권)을 당좌자산이라고 하는데 이것은 현금화가 상대적으로 어렵고 매각에 따른 손실의 위험이 있는 재고자산을 유동자산에서 차감한 것이다. 당좌비율(quick ratio)은 이러한 당좌자산(유동자산−재고자산)의 합계를 유동부채로 나누어 계산된다. 당좌비율은 기업의 단기지급능력을 평가하기 위해 측정하게 된다.

$$당좌비율 = \frac{유동자산 - 재고자산}{유동부채}$$

(3) 영업현금흐름 대 유동부채 비율

영업현금흐름 대 유동부채 비율(current cash debt coverage ratio)은 영업현금흐름을 유동부채로 나누어 계산된다. 이 비율은 영업활동에서 창출한 현금흐름이 단기부채를 상환하는 데 충분한가를 나타내므로 현실적인 단기자금흐름의 유동성지표라고 할 수 있다.

$$영업현금흐름\ 대\ 유동부채\ 비율 = \frac{영업활동\ 현금흐름}{평균\ 유동부채}$$

2. 안전성비율

안전성비율(solvency ratios)은 장기지급능력비율이라고도 하는데, 기업이 장기간동안 생존할 수 있는 능력을 측정한다. 장기간의 채권자와 주주들은 기업의 장기적인 지불능력, 특히 만기에 부채를 상환하고 이자를 제때에 지불할 수 있는 능력에 관심이 있다.

(1) 부채비율

부채비율(debt ratio)은 재무구조의 안정성을 나타낸다. 부채의 경우에는 경영성과에 관계없이 원금과 이자를 반드시 지불해야 하기 때문에, 부채의 의존도가 높은 기업일수록 미래의 지급불능위험(default risk)이 높아진다. 따라서 부채비율은 기업의 장기적인 부채지급능력을 평가하는 지표가 될 수 있다. 부채비율이 높을수록 안정성은 하락하지만 기업의 수익성은 높아질 수 있다. 부채비율은 부채총액을 자기자본으로 나누어 계산된다.

$$\text{부채비율} = \frac{\text{부채}}{\text{자기자본}}$$

(2) 영업활동현금 대 평균부채 비율

영업활동현금 대 평균부채 비율(cash debt coverage ratio)은 영업현금흐름을 부채평균치로 나누어 계산된다. 이 비율은 장기부채를 상환하는 데 충분한 현금흐름을 영업활동에서 창출할 수 있는 기업의 능력을 나타낸다.

$$\text{영업활동현금 대 부채비율} = \frac{\text{영업활동 현금흐름}}{\text{평균 부채}}$$

(3) 이자보상비율

이자보상비율(time interest earned ratio)은 기업이 타인자본을 사용하면 사용대가로 이자를 지불해야 하는 데, 타인자본인 부채에 대한 이자지급능력을 나타낸다. 이것은 채권자에게 지불해야 하는 이자비용의 안전도를 나타내는데 이 비율이 높을수록 안전도가 높다.

$$\text{이자보상비율} = \frac{\text{당기순이익} + \text{법인세} + \text{이자비용}}{\text{이자비용}}$$

(4) 고정장기적합률

기업의 비유동자산에는 자금이 장기간 묶이게 된다. 따라서 비유동자산은 자기자본이나 비유동부채로 조달하는 것이 바람직하다. 고정장기적합률은 비유동자산에 투자된 자본의 범위를 비유동부채까지 확대하여 자본배분의 안정성을 평가하는데, 비유동자산을 자기자본과 비유동부채의 합계로 나누어 계산한다.

$$\text{고정장기적합률} = \frac{\text{비유동자산}}{\text{자기자본} + \text{비유동부채}}$$

3. 수익성비율

수익성비율(profitability ratio)은 기업이 일정한 기간 동안 이익이나 운영결과를 이용한 자원과 관련시켜서 측정하고자 한다. 이것은 효율성개념과도 통하는데, 기업은 적은 자원을 이용하여 가능한 한 많은 이익을 산출하고자 한다. 기업의 이익이나 결손은 기업이 부채와 자본을 조달할 수 있는 능력, 기업의 유동성상태, 성장능력 등에 영향을 준다.

(1) 주당이익(EPS)

주식회사에는 많은 소유자가 있고 이들이 전부 동일한 수의 주식을 가지고 있는 것은 아니기 때문에, 기업의 이익을 주식수에 비례해서 계산하기를 원하는 사람들에게 주당기준으로 표시하는 것이 매우 일반적이다. 주당이익(earnings per share, EPS)의 계산은 기업의 이익에 대해 상이한 청구권을 가지는 두 종류 이상의 주식이 있을 때는 복잡해 질 수 있다. 주당이익은 기본주당이익, 희석주당이익으로 나누어 계산되기도 한다. 단순하게 공식을 나타내면 다음과 같다.

$$\text{주당이익} = \frac{\text{순이익} - \text{우선주배당금}}{\text{유통보통주 주식수}}$$

(2) 주가이익률(주가수익률)(PER)

주가이익률(price earnings ratio, PER)은 주식시가의 기업이익에 대한 관계는 투자자에게 매우 흥미로운 것이다.

$$주가이익률 = \frac{주식시가}{주당이익(EPS)}$$

주식의 시가는 변동이 심하기 때문에, 이 비율은 가끔 일정한 기간 동안 평균시가를 이용하여 계산된다.

(3) 매출총이익률

매출총이익률(gross profit ratio)은 기업의 생산 및 매출의 효율성을 평가하는데, 매출총이익을 매출액으로 나누어 계산된다. 매출총이익률이 높을수록 좋은 성과를 의미한다.

$$매출총이익률 = \frac{매출총이익}{매출액}$$

(4) 매출순이익률

매출순이익률(profit margin ratio)은 경영성과 전체의 효율성을 평가하는데, 당기순이익을 매출액으로 나누어 계산된다.

$$매출순이익률 = \frac{순이익}{매출액}$$

(5) 투자수익률

투자수익률(return on investment, ROI)는 순이익을 투자금액으로 나눈 것으로 경제적 효율성을 표시하는 것이다. 자산수익률(ROA), 투하자본수익률(ROIC), 자기자본수익률(ROE) 등은 자산이 어느 정도 효율적으로 이용되었는가에 관한 효율성의 척도로써 재무분석에서 이용되고 있다.

㉮ 자산수익률

자산수익률(return on assets, ROA)은 자산을 어떻게 조달하였는가에 관계없이 자산이용의 효율성에 관한 척도로서 유용하다. 이것은 이익을 자산합계로 나누어 구한다.

$$\text{자산수익률} = \frac{\text{이 익}}{\text{자 산}}$$

㉯ 투하자본수익률

투하자본수익률(return on invested capital, ROIC)은 오랜 기간 동안 기업에 수탁된 모든 자원을 순이익과 관련시킨다. 이것은 유동부채를 제외한 부채와 자본의 합계액으로 순이익을 나누어서 계산된다.

$$\text{투하자본수익률} = \frac{\text{순이익}}{(\text{부채} - \text{유동부채}) + \text{자본}}$$

㉰ 자기자본수익률

자기자본수익률(return on equity, ROE)은 주주가 투자한 금액을 순이익과 관련시킨다. 이것은 주주가 불입한 자본과 기업에 적립된 이익잉여금을 통해 주주의 투자가 어떻게 효율적으로 이용되어 왔는지에 관한 효율성의 척도이다.

$$자기자본수익률 = \frac{순이익}{자\ 본}$$

(6) 배당지급률

배당지급률(dividend payout ratio)은 배당금으로 지급된 순이익의 비율을 보여준다. 배당수익률과 배당지급률은 기업의 보통주식에 투자한 투자자에 대한 미래배당흐름을 예측하는데 유용하다.

$$배당지급률 = \frac{보통주주의\ 배당금}{(보통주주에\ 귀속하는)\ 순이익}$$

(7) 배당수익률

보통주주에 대한 배당수익률(dividend yield ratio)은 주식에 대해 원래 매입한 시가에 의존하며 주식에 대해 원래 매입한 시가로 지급한 배당금을 나눔으로써 계산된다.

$$배당수익률 = \frac{주당배당금}{주식의\ 시가}$$

4. 활동성비율

활동성비율은 기업이 그 자산을 효율적으로 이용하고 있는지의 여부를 측정하고자 하는 비율이며, 자산회전율(asset turnover ratio)이라고도 한다. 이 비율의 공식은 다음과 같다.

$$\text{자산회전율} = \frac{\text{순매출액}}{\text{자산합계}}$$

업종이 다른 경우에는 자산구조도 다르기 때문에, 어떤 산업에 속하는 기업의 자산회전율을 다른 산업에 속하는 기업의 자산회전율과 비교하는 것은 무의미할 수 있으며 조심스럽게 해석해야 한다. 이와 마찬가지로 어떤 기업이 많은 업종에 참가할 때, 자산회전율의 의미는 애매할 수 있으며, 어떤 기업의 한 시점의 자산회전율을 같은 기업의 다른 시점의 자산회전율과 비교하는 것이 가장 타당한 비교가 될 것이다.

자산회전율은 자산종류에 따라 계산할 수 있다. 매출채권, 재고자산, 총자산 등의 회전율은 중요한 회전율에 속한다.

㉮ 매출채권회전율

매출채권회전율은 매출액을 매출채권으로 나누어 계산되는데, 매출채권의 현금화 속도를 측정한다. 매출채권회전율이 높을수록 매출채권의 관리가 효율적이라는 것을 의미한다.

$$\text{매출채권회전율} = \frac{\text{매출액}}{\text{매출채권}}$$

여기서 매출액은 순매출액을 의미하고, 매출채권은 기초매출채권과 기말매출채권의 합계액을 2로 나눈 기중의 평균매출채권을 의미한다. 매출채권회전율의 역수에 365일을 곱하여 계산한 것은 매출채권의 평균회수기간을 의미한다. 매출채권평균회수기간은 매출채권이 매출액으로 실현되는 데 소요되는 기간을 의미하며, 매출채권 평균회수기간이 적을수록 효율적이다.

$$\text{매출채권 평균회수기간} = \frac{1}{\text{매출채권회전율}} \times 365\text{일}$$

㉯ 재고자산회전율

재고자산회전율(inventory turnover)은 재고자산의 회전속도를 측정하는데 매출액을 재고자산으로 나누어 계산한다. 재고자산회전율이 높을수록 매출활동이 효율적이다.

$$\text{재고자산회전율} = \frac{\text{매출채권}}{\text{재고자산}}$$

여기서 재고자산은 기초재고자산과 기말재고자산의 합계액을 2로 나눈 기중의 평균재고자산액을 의미한다. 재고자산이 취득원가로 평가되어 있기 때문에 분모도 매출액보다는 매출원가를 이용하는 것이 타당할 것이다.

재고자산회전율의 역수에 365일을 곱하면 재고자산회전기간(days in inventory)이 계산된다. 재고자산회전기간은 보유하고 있는 재고자산이 매출액으로 실현되는 데 소요되는 기간을 의미하며, 재고자산회전기간이 적을수록 효율적이다.

$$\text{재고자산회전기간} = \frac{1}{\text{재고자산회전율}} \times 365\text{일}$$

㉰ 총자산회전율

총자산회전율은 총자산의 활용도를 나타낸다. 이것은 순매출액을 총자산으로 나누어 계산된다. 총자산회전율이 클수록 효율적이다.

$$\text{총자산회전율} = \frac{\text{순매출액}}{\text{총자산}}$$

여기서 총자산은 기초총자산에 기말총자산을 합산하여 2로 나눈 기중의 평균총자산액을 의미한다. 총자산회전율의 역수에 365일을 곱하면 총자산회전기간이 계산된다. 총자산회전기간은 적을수록 효율적이다.

$$\text{총자산회전기간} = \frac{1}{\text{총자산회전율}} \times 365\text{일}$$

㉣ 자기자본회전율

자기자본회전율은 자기자본의 활용도를 나타낸다. 이것은 순매출액을 자기자본으로 나누어 계산된다. 자기자본회전율이 클수록 효율적이다.

$$\text{자기자본회전율} = \frac{\text{순매출액}}{\text{자기자본}}$$

여기서 자기자본은 기초자기자본에 기말자기자본을 합산하여 2로 나눈 기중의 평균자기자본을 의미한다. 자기자본회전율의 역수에 365일을 곱하면 자기자본회전기간이 계산된다. 자기자본회전기간은 적을수록 효율적이다.

$$\text{자기자본회전기간} = \frac{1}{\text{자기자본회전율}} \times 365\text{일}$$

제4절 재무비율분석의 한계점

재무비율분석에 의한 재무제표분석을 유용하게 이용하기 위해서는 재무비율분석의 한계점도 분명하게 인식하고 있어야 한다. 재무비율분석의 한계점은 다음과 같다.

① 재무비율은 재무제표의 회계자료에 근거하여 실시되므로, 재무비율분석은 재무제표가 가지고 있는 한계점을 그대로 가진다. 예를 들면, 역사적 원가에 의해 자산을 평가하고 있기 때문에 재무상태표일 현재의 기업의 재무상태를 제대로 반영하고 있지 않기 때문에 자산평가액도 재무상태표일 현재의 가치가 아니다.

② 과거자료인 재무제표에 기초하여 비율분석이 실시되므로 기업의 미래예측에 한계가 있다.

③ 다양한 회계처리방법이 일반적으로 인정되고 있기 때문에, 회계처리방법이 기업 간에 상이한 경우, 두 기업의 비교는 무의미하며, 한 기업의 경우도 회계처리방법이 변경되었다면 기간 간 비율의 비교분석도 무의미하게 된다.

④ 회사의 비율과 비교를 하기 위한 표준비율을 무엇으로 할 것인가에 대한 기준이 없다.

⑤ 재무상태표의 수치는 계절적 변동 및 물가변동에 따른 영향이 반영되어 있지 않다.

이상과 같이 비율분석에 의해서 재무제표를 분석하는 것은 한계점을 가지고 있으므로 기업을 평가하거나 분석하기 위해서는 재무제표이외에 다양한 정보를 입수해서 분석해야 할 것이다. 예를 들면 그 기업의 경영자의 특성이나 경영전략, 기업구조의 특성 또는 그 기업이 속한 산업의 동향이나 특성, 또는 국가경제의 전반적인 상황 등과 같은 거시경제의 특성 등과 같은 정성적인 정보(qualitative information)도 입수해서 분석해야 할 것이다.

예 제

다음은 (주)대한의 재무상태표와 포괄손익계산서이다. 이들을 참고해서 재무비율을 계산하라.

재무상태표

(주)대한 12월 31일 현재 (단위 : 원)

자 산	20×3	20×2
유동자산		
현금과 단기투자자산	150,600	136,400
매출채권(순액)	678,500	693,000
재고자산	503,800	451,400
선급비용	236,300	215,700
유동자산합계	1,569,200	1,496,500
유형자산(순액)	2,640,900	2,888,800
무형자산	598,600	666,200
자산총계	4,808,700	5,051,500
부채와 자본		
유동부채	1,587,800	1,718,500
비유동부채	2,407,700	2,443,200
자 본	813,200	889,800
부채와 자본의 총계	4,808,700	5,051,500

포괄손익계산서

(주)대한 1월 1일부터 12월 31일까지 (단위 : 원)

	20×3	20×2
순매출액	6,984,200	6,762,100
매출원가	3,325,100	3,282,600
매출총이익	3,659,100	3,479,500
물류비와 관리비	2,830,300	2,584,400
영업이익	828,800	895,100
이자비용	118,800	119,500
영업외수익	(173,300)	6,900
법인세차감전순이익	536,700	782,500
법인세비용	198,400	279,900
당기순이익	338,300	502,600

(1) 유동비율
(2) 재고자산회전율(20×1년 12월 31일에 재고자산은 434,300원이었다.)
(3) 부채비율
(4) 이자보상비율
(5) 자본수익률(20×1년 12월 31일의 자본은 997,500원이었다.)
(6) 자산수익률(20×1년 12월 31일의 자산은 4,877,600원이었다.)
(7) 매출총이익률

해 | 답

(1) 20×3년의 유동비율 ; 1,569,200/1,587,800 = 0.99
20×2년의 유동비율 ; 1,496,500/1,718,500 = 0.87

(2) 20×3년의 재고자산회전율 ; 3,325,100/(503,800+451,400)/2 = 7.0
20×2년의 재고자산회전율 ; 3,282,600/(451,400+434,300)/2 = 7.4

(3) 20×3년의 부채비율 ; 3,995,500/4,808,700 = 83%
20×2년의 부채비율 ; 4,161,700/5,051,500 = 82%

(4) 20×3년의 이자보상비율 ; (338,300+198,400+118,800)/118,800 = 5.5
20×2년의 이자보상비율 ; (502,600+279,900+119,500)/119,500 = 7.5

(5) 20×3년의 자본수익률 ; 338,300/(813,200+889,800)/2 = 40%
    20×2년의 자본수익률 ; 502,600/(889,800+997,500)/2 = 53%

(6) 20×3년의 자산수익률 ; 338,300/(4,808,700+5,051,500)/2 = 7%
    20×2년의 자산수익률 ; 502,600/(5,051,500+4,877.600)/2 = 10%

(7) 20×3년의 매출총이익률 ; 338,300/6,984,200 = 5%
    20×2년의 매출총이익률 ; 502,600/6,762,100 = 7%

전 공 용 어

매출총이익률(profit margin ratio)
부채비율(debts to total assets ratio)
수익성비율(profitability ratio)
수직분석(vertical analysis)
수취채권회전율(receivables turnover ratio)
수평분석(horizontal analysis)
유동성비율(liquity ratio)
이자보상비율(times interest earned ratio)
자산수익률(return on assets ratio)
자산회전율(asset turnover ratio)
재고자산회전율(inventory turnover ratio)
평균회수기간(average collection period)

연 습 문 제

5-1 다음은 (주)지리산의 비교재무상태표이다. 물음에 답하라.

재무상태표

(주)지리산 12월 31일 현재 (단위 : 천원)

계정과목	20×2	20×1	계정과목	20×2	20×1
유동자산	17,275	17,238	유동부채	20,653	26,976
유형자산(순액)	15,137	15,303	비유동부채	44,695	37,086
기타자산	52,556	46,526	자 본	19,620	15,005
자산총계	84,968	79,067	부채와 자본총계	84,968	79,067

(1) 20×1년도를 기준으로 해서 (주)지리산의 재무상태표자료에 대해 수평분석을 실시하라.

(2) 20×1년도를 기준으로 해서 (주)지리산의 재무상태표자료에 대해 수직분석을 실시하라.

5-2 (주)계룡산은 다음과 같은 재무상태표자료를 가지고 있다. 물음에 답하라.

재무상태표

(주)계룡산 12월 31일 현재 (단위 : 천원)

계정과목	20×9	20×8
현 금	20,000	30,000
매출채권(순액)	65,000	60,000
재고자산	60,000	50,000
	345,000	320,000
매입채무	50,000	60,000
차입금(연15%)	100,000	100,000
자본금(액면가 10)	140,000	120,000
이익잉여금	55,000	40,000
	345,000	320,000

20×9년도에 다음과 같은 회계정보가 있다.

1. 당기순이익은 25,000,000원이었다.
2. 외상매출금은 420,000,000원이었다. 매출환입과 매출에누리는 20,000,000원이었다.
3. 매출원가는 198,000,000원이었다.
4. 20×5년 12월 31일 현재 대손충당금은 10,000,000원이고, 20×4년 12월 31일 현재 대손충당금은 8,000,000원이었다.
5. 영업활동으로 인한 순현금유입은 41,000,000원이었다.

20×9년 12월 31일에 다음과 같은 재무비율을 계산하라.

(1) 유동비율 (2) 매출채권회전율 (3) 매출채권평균회수기간

(4) 재고자산회전율 (5) 재고자산회전기간

(6) 영업활동현금 대 평균부채 비율(cash debt coverage ratio)

(7) 영업현금흐름 대 유동부채 비율(current cash debt coverage ratio).

5-3 다음은 20×1년과 20×2년 12월 31일 현재의 목포상사의 재무제표자료이다. 물음에 답하라.

	20×2	20×1
순매출액	4,870,400원	4,375,800원
매출원가	3,560,000	3,169,700
당기순이익	64,000	(52,000)
매출채권	98,600	84,500
재고자산	1,285,000	1,238,600
자산총계	2,623,200	2,557,500
자본총계	888,100	777,700

다음과 같은 20×2년의 재무비율을 계산하라.

(1) 매출순이익률(profit margin ratio) (2) 자산회전율(asset turnover)

(3) 자산수익률(return on assets) (4) 자본수익률(return on capital)

(5) 매출총이익률(gross profit ratio)

5-4 다음 중 당좌비율에 대한 설명으로 틀린 것은?

① 재고자산의 낮은 유동성을 감안한 유동성정보이다.

② 기업의 유동성에 대한 정보를 제공한다.

③ 채권자는 높은 당좌비율을 선호한다.

④ 당좌자산을 비유동부채로 나눈 값이다.

[해설] ④

당좌비율은 당좌자산을 유동부채로 나눈 값이다.

5-5 (주)한국의 20×1년 기초와 기말의 매출채권 잔액은 각각 ₩200,000이다. 당해 현금매출액이 ₩150,000이고 매출채권회전율이 4.0이라면 매출액은 얼마인가? (단, 매출채권회전율＝외상매출액/평균매출채권이라 하자)

① ₩765,000　　② ₩695,000

③ ₩642,000　　④ ₩728,000

[해설] ②

외상매출액＝평균매출채권×매출채권회전율

＝₩200,000×4＝₩800,000

매출액＝현금매출액＋외상매출액＝₩950,000

원가관리회계 3

6장

경영활동과 원가회계시스템

원가회계는 단순한 경영도구이다. 그래서 그 중요성이 쉽게 간과되기도 한다. 원가회계의 목적은 경영자의 의사결정과 통제활동에 도움이 되는 각종 정보를 수집, 분류, 요약, 분석하여 이를 정보 이용자에게 보고하는 것이다. 경영자들은 실제 발생한 경영활동들의 비용을 계획했던 비용과 비교함으로써 경영활동을 통제할 수 있다. 훌륭한 원가시스템은 현재 또는 미래에 경영자가 직면하게 되는 문제점들에 대하여 경보를 미리 울려주는 것이다. 그러나 어떤 원가시스템이 좋은 원가시스템이라고 획일적으로 잘라 말할 수는 없다. 원가시스템은 옷과 같아서 각 기업의 제품과 생산시스템의 특성에 따라 다양하게 디자인될 수 있다. 오히려 현재의 원가시스템은 너무 획일적인 것 같다. 기업의 특성을 반영하여 원가시스템을 다시 구축하여야 할 필요가 있다. 예를 들어 수 많은 부품을 조립하여 제품을 만드는 기업이 한 두 가지의 부품으로 제품을 만드는 기업과 동일하게 단순한 원가시스템을 가지고 있다고 하자. 단순한 제품을 만드는 회사는 부품, 노동 등 경영자원의 소비를 제품과 관련짓는 것이 비교적 용이하기 때문에 간단한 원가시스템으로도 비교적 정확한 제품원가를 계산할 수 있다. 그러나 복잡한 제품을 생산하는 회사가 단순한 원가시스템을 가지고 있다면 생산과정에서 소비되는 자원의 유형이 가지각색이어서 제품과의 관련성을 찾는 것이 어렵다. 따라서 이런 기업의 경우에는 제품과 인과관계가 희박한 임의적인 배부(assignment)가 필연적으로 발생하여 제품원가가 왜곡된다. 이러한 왜곡된 원가정보는 잘못된 의사결정을 초래하여 기업은 정보의 오류원가(cost of error)를 치루게 된다. 그럼 과연 원가정보는 세밀할수록 좋은가? 물론 그렇지 않다. 원가정보의 정확성을 높이기 위해서는 그만큼 측정원가(cost of measurement)을 높여야 한다. 따라서 이론적으로 최적의 원가시스템은 이러한 정확성과 경제성의 상충관계를 고려하여 위의 두 원가의 합계가 최소가 되는 수준을 유지하는 것이다.

〈LG경제연구원 주간경제 399호〉

제1절 기업의 경영활동과 원가관리

1. 회계의 개념과 회계분야

회계(accounting)란 기업과 관련된 정보이용자들이 한정된 자원의 효율적인 사용에 관한 경제적 의사결정을 합리적으로 수행하는데 필요한 정보를 제공할 목적으로 기업의 경제적 활동을 화폐라는 공통된 척도로 평가하고 이를 일정한 양식의 보고서를 통해 전달하는 일련의 활동을 말한다. 회계학의 분야는 다양한 분야로 세분화 할 수 있지만, 크게 재무회계와 원가 · 관리회계, 세무회계, 회계감사, 회계정보시스템 등으로 구분된다. 특히 원가 · 관리회계 분야는 기업의 내부 이해관계자들의 의사결정에 유용한 정보를 제공할 목적으로 수행되며, 이는 주로 외부 이해관계자들의 재무적 의사결정에 유용한 정보 전달을 목적으로 하는 재무회계와 비교된다. 따라서 재무회계가 기업의 재무상태와 경영성과 등에 관한 정보를 제공하기 위해 재무상태표, 포괄손익계산서 등 주요 재무제표를 작성하여 보고하는 것을 목적으로 하는 반면, 원가 · 관리회계는 제품원가의 계산, 원리관리 및 통제, 성과측정 및 평가, 장 · 단기적 의사결정 등에 관한 정보제공과 의사결정기법을 다루는 분야이다.

1.1 원가회계 및 원가의 개념적 기초

원가회계는 전통적으로 제조업의 재고자산평가와 이익측정을 위한 제품원가계산에 중점을 두고 발전하여 왔으나 오늘날에는 경영자의 의사결정과 성과평가를 위한 원가정보의 제공이란 측면이 더욱 중요시되고 있다. 이러한 의미에서 원가회계는 원가정보를 이용하고 평가하는 목적에 따라 재무회계와 관리회계라는 두 가지 회계영역과 밀접한 관련성을 지닌다. 먼저 원가회계정보와 관련된 중요한 개념인 원가(cost)의 정의를 명확히 할 필요가 있으며, 원가의 정의는 다음과 같다.

원가(cost)란 재화나 용역의 획득 등 특정목적을 달성하기 위하여 희생된 경제적 자원을 화폐가치로 측정한 것으로, 모든 경영활동과 관련하여 투입되는 대가 즉, 자금의 지출을 의미한다. 따라서 기업의 생산 · 판매 · 관리활동과 관련하여 정상적으로 발생된 모든 것을 포괄하는 개념으로 실무에서 혼동되어 사용되고 있는 비용과는 명백히 구별된다.

한편, 기업은 경영활동을 통하여 이익을 극대화하기 위해 매출 등의 수익을 최대화하고 비용을 최소화하려고 한다. 이를 위해서는 사전에 필요한 자금의 지출이 있게 되는데 이를 원가라고 한다. 즉, 제품 생산을 위하여 원재료를 구입하거나, 노동자를 고용함으로써 임금이 발생하게 되고, 다른 기업이 생산한 제품을 판매하기 위해 상품을 매입하거나, 여타의 경비로 사용하기 위해 은행으로부터 자금을 차입하는 등 이로 인한 이자비용 등이 발생하게 된다. 이러한 일련의 지출 그리고 경제적 효익의 희생이 원가로 정의되며, 이 원가는 수익이 창출되기 이전에 지출된다는 특징이 있다. 한편, 사전적 지출의 의미를 갖는 원가는 자산, 비용, 손실과 밀접한 관련을 갖고 있으며, 이들의 관계를 요약하면 다음과 같다.

| 도표 6-1 | 원가

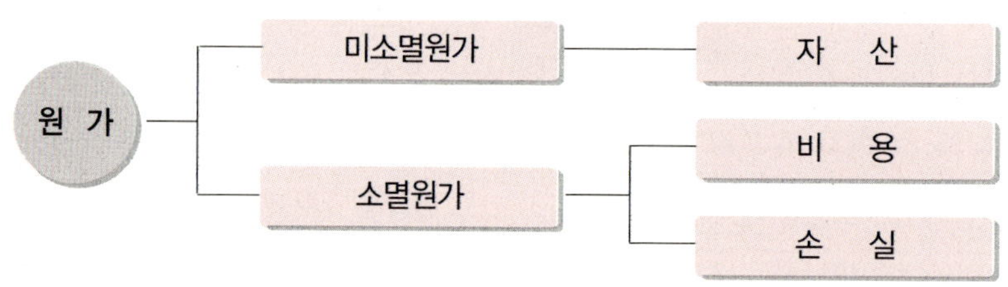

투하된 원가 중 미소멸원가는 자산으로 회계처리한 후 판매, 사용, 처분시점에 비용 또는 손실로 재분류되고, 소멸원가는 발생 즉시 비용 또는 손실로 회계처리 한다. 한편, 수익창출에 기여한 소멸원가는 비용으로 처리되고 수익창출에 기여하지 못한 원가는 손실로 처리한다.

1.2 원가의 분류

원가 · 관리회계의 기본적인 사고는 「상이한 목적에 따라 상이한 원가를 적용」한다는 것으로서 경영자의 의사결정 목적에 따라 각각 다른 원가정보가 필요하다는 것이다. 경영활동과정에서의 여러 가지 목적달성을 위해서 원가회계담당자는 사용목적에 가장 적합한 원가정보를 제공할 수 있어야 한다. 원가정보의 사용목적과 필요한 형태에 따라 동일한 원가가 동시에 여러 가지로 분류될 수 있고 다양한 원가의 정의 · 측정 · 분류 · 이용방법이 있다. 원가의 종류를 목적에 따라 분류하면 다음과 같다.

(1) 추적가능성에 따른 분류

원가계산시 제품 단위, 서비스 단위 등 원가단위에 직접 계산의 가능여부에 따라 직접원가와 간접원가로 분류된다. 즉, 발생된 원가가 어떤 원가대상에서 발생된 것인지를 확인할 수 있을 때 추적가능하다고 하며, 원가대상은 제품 · 부문 · 공정 · 활동 · 작업 · 계약 · 용역 등과 같이 원가를 부담하는 대상물을 의미한다. 이러한 원가대상은 절대적인 분류기준이 아니라 상대적인 개념이기 때문에 의사결정목적에 따라 그 추적가능성도 달라질 수 있다.

직접원가(direct cost)란 특정 원가대상에서 직접적으로 소비한 원가로 특정원가 대상에 직접 추적하여 부과할 수 있는 원가를 말한다. 따라서 직접원가는 원가대상과의 관련성을 찾기 쉬우므로 원가의 추적이 비교적 용이하고 간편하다. 반면, 간접원가(indirect cost)는 특정 원가대상에서 소비한 원가를 구체적으로 추적할 수 없는 원가, 추적할 수 있다하더라도 비경제적인 원가를 간접원가라고 한다. 간접원가는 원가대상과의 직접적인 인과관계를 파악할 수 없으므로 합리적 배분기준에 따라 원가대상에 배분된다.

(2) 원가행태에 따른 분류

원가행태(cost behavior)란 조업도 수준이 변화함에 따라 총원가발생액이 일정한 형태로 변화할 때 그 변화 형태를 말한다. 관련범위 내에서 특정조업도의 증감변동에 따른 총원가의 변동행태에 따라 원가는 변동원가, 고정원가, 혼합원가(준변동원가), 계단원가(준고정원가)로 나뉜다.

변동원가(variable cost)란 특정 조업도 수준이 변화함에 따라 관련범위 내에서 총원가가 비례적으로 증감하는 원가를 말한다. 즉, 생산량이 증가 또는 감소함에 따라 투입되는 생산요소가 비례적으로 증가 또는 감소하는 원가를 변동원가라 한다. 고정원가(fixed cost)는 일정기간 동안 특정 조업도수준의 변화에 관계없이 관련범위 내에서 총원가가 항상 일정하게 발생하는 원가를 말한다. 총고정원가는 조업도 수준이 증가하더라도 변화하지 않고 일정하다. 준변동원가(semi-variable cost)는 고정원가와 변동원가의 두 가지 요소를 모두 가지고 있다. 준변동원가는 특정 조업도 수준에 관계없이 일정하게 발생하는 고정원가와 특정 조업도

수준이 증가함에 따라 비례적으로 발생하는 변동원가로 구성되어 있다. 즉, 조업도 수준이 0일 때 고정원가와 같이 일정한 값을 갖고 조업도 수준이 증가함에 따라서 변동원가와 같이 증가하게 된다.

한편, 준고정원가(semi-fixed cost)는 총원가가 일정한 범위의 조업도 수준에서는 일정하지만, 일정한 조업수준을 초과하였을 경우에는 달라지는 원가를 말한다. 준고정원가의 총원가는 계단형태로 표시되는데 최대의 조업수준에서 최고수준의 원가가 발생하게 된다. 이러한 준고정원가는 생산투입요소가 불가분성을 갖기 때문에 발생한다.

(3) 통제가능성에 따른 분류

특정원가에 대해 관리자의 통제가능성에 따라 통제가능원가(controllable cost)와 통제불능원가(uncontrollable cost)로 구분된다.

통제가능원가는 특정 관리자가 원가의 발생정도에 영향을 미칠 수 있는 권한이 있는 원가로 특정 관리자에 대한 성과평가시 고려해야 하는 원가로 책임회계제도에서 중요시 되는 원가이다. 통제불능원가는 특정 관리자가 원가의 발생정도에 영향을 미칠 수 있는 권한이 없는 원가로 이는 특정 관리자의 통제밖에 있으므로 특정 관리자에 대한 성과 평가시 배제되어야 하는 원가이다.

(4) 의사결정과의 관련성에 따른 분류

원가를 특정 의사결정목적과의 관련성 여부에 따라 구분하면 관련원가(relevant cost)와 비관련원가(irrelevant cost)로 나누어지 진다.

관련원가는 특정 의사결정과 직접적으로 관련 있는 원가로 선택 가능한 대안 사이에 발생할 수 있는 미래의 원가차이를 의미한다. 따라서 관련원가를 차액원가라고도 한다.

비관련원가는 특정 의사결정과 관련이 없는 원가로 이미 발생하였으므로 현재의 의사결정에 아무런 영향을 미치지 못하는 기발생원가와 각 대안들 간에 금액의 차이가 없는 미래원가를 말한다. 이러한 비관련원가 중의 하나로 매몰원가(sunk cost)도 있는데 매몰원가는 과거의 의사결정 결과로 이미 발생된 원가로 현재의 의사결정에는 아무런 영향을 미치지 못하는 원가를 말한다.

(5) 제조활동에 따른 분류

제조업의 경우, 제조활동과의 관련성에 따라 제조원가(manufacturing cost)와 비제조원가(non-manufacturing cost)로 구분된다. 제조원가는 제조활동과정에서 발생하는 원가를 말하며, 직접재료원가, 직접노무원가, 제조간접원가의 세 가지 요소가 포함된다. 비제조원가는 기업의 제조활동과 관계없이 제품의 판매활동과 일반관리활동에서 발생되는 원가로 고객으로부터 주문을 받고 제품을 고객에게 인도하는 과정에서 발생하는 판매비(광고비, 선적비, 판매수수료, 판매직원에 대한 급여 등)와 조직을 관리 · 운영하는 과정에서 발생하는 관리비(경영자의 급여, 일반사무비용, 사무용 시설의 보험료와 감가상각비, 재산세 등)를 말한다.

(6) 결합원가와 공통원가

결합원가(joint cost)는 공통의 제조공정을 거쳐서 공통의 투입요소로부터 동시에 생산되는 두 종류 이상의 제품인 연산품을 생산하는 과정에서 발생되는 제조원가를 말하며, 공통원가(common cost)는 둘 이상의 원가집적대상에 대하여 공통적으로 발생하기 때문에 인위적 배분과정에 의하여 원가집적대상에 배분되는 원가를 말한다.

1.3 원가와 비용의 차이

「원가」(cost)와 비슷한 개념으로 우리는 「비용」(expense)이라는 말을 자주 사용한다. 원가와 비용이 어떤 차이가 있는지 살펴보면 다음과 같다.

첫째, 원가는 재화 및 용역의 생산 · 취득과 관련되는 지출이고 비용은 수익과 관련되는 지출이다. 예를 들어, 제품생산 또는 상품구매시 지출되는 대가는 원가이며, 이것이 판매(수익의 실현)될 때 비용으로 된다.

둘째, 원가는 재화 및 용역의 생산 · 취득 시점에서 발생되고 비용은 판매시점에서 발생된다. 고정자산, 재고자산 등의 취득시 지불되는 금액이 원가이며, 당해연도 매출액을 얻기 위하여 당해연도 투입된 원가분(고정자산의 감가상각비, 재고자산 판매분의 매출원가)이 비용이다. 발생된 원가는 원가 계산에 의하여 비용과 자산으로 나누어지며, 비용은 당해연도 비용, 자산은 차기연도 이후에 비용화 된다.

셋째, 원가는 결국에는 비용화되지만, 원가 중에는 비용으로 되지 않는 것이 있으며(예를 들어 토지 등), 비용이지만 수익과 관련 없이 손실로서 발생하는 것도 있다(재해손실 등). 이처럼 원가와 비용은 개념상 발생시점 및 범위에서 근본적으로 차이가 나지만 원가와 비용 모두 경영활동을 하기 위하여 들어가는 자금이라는 점에서는 같다.

1.4 원가계산 목적

기업이 원가계산을 하는 목적은 재무제표작성, 원가관리, 가격결정, 경영의사결정 목적의 네 가지로 구분된다.

(1) 재무제표작성 목적

기업은 외부의 이해관계자들이 기업의 경영상태에 대하여 올바른 판단을 할 수 있도록 필요한 정보를 제공하기 위해 재무제표를 작성하게 된다. 이때 회계연도 말에 기업이 보유하고 있는 재고자산의 원가나 회계연도 중에 발생한 매출원가를 산정해야 재무제표를 작성할 수 있으므로 원가계산이 필요하다.

(2) 원가관리 목적

원가는 기업의 이익과 밀접한 관계에 있다. 즉, 기업이 이익을 많이 내기 위해서는 원가관리가 잘 이루어지고 있어야 한다. 이러한 원가관리를 위해서는 실제로 발생한 원가를 평가하기 위한 기준이 있어야 하므로 원가계산이 필요하다.

(3) 가격결정 목적

판매가격은 원가에서 일정한 이익을 더하여 결정되어야 하므로 적정한 이익이 확보될 수 있는 적정가격을 결정하기 위해서는 원가계산이 필요하다.

(4) 경영의사결정 목적

경영의사결정은 여러 대체안 중에서 가장 합리적이라고 판단되는 대안을 선택하는 것인데 궁극적으로 손익이 최우선이 되므로 원가계산이 필요하다. 예를 들면, 판매가격을 어느 정도 인하해도 될 것인가, 생산량을 더 증대시킬 것인가, 적자제품을 철수 할 것인가, 자가 생산 또는 외주 의사결정 등 관리적 의사결정 목적으로 필요하다.

제2절 원가회계시스템

1. 원가회계시스템이란?

원가회계시스템(cost accounting system)이란 원가를 집계하고 집계된 원가를 원가계산대상에 배분하는 일련의 절차를 말하며, 이는 주로 제품원가계산을 위한 것이다. 원가회계시스템은 제품원가의 구성범위, 원가의 실제성 및 집계방법에 따라 다음과 같이 여러 가지로 설계하여 운용할 수 있다.

1.1 전부원가계산과 변동원가계산

고정제조간접원가를 제품원가에 포함시키느냐, 아니면 기간비용으로 처리하느냐에 따라 전부원가계산과 변동원가계산의 두 가지 종류로 나누어진다. 전부원가계산(absorption costing)은 고정제조간접원가를 포함한 모든 제조원가를 제품원가로 처리하고, 판매 및 일반관리활동에서 발생한 원가를 기간비용으로 처리하는 원가계산방법이다. 한편, 변동원가계산(variable costing)은 고정제조원가를 제외한 변동제조원가만을 제품원가에 포함시키고 고정제조원가와 판매비 및 관리비는 기간비용으로 처리하는 원가계산방법으로서 부분원가계산의 하나이다. 따라서 어떤 원가계산방법을 적용하느냐에 따라 재고자산의 평가액과 기간손익이 달라진다. 우리나라 「원가계산준칙」에서는 외부보고용 재무제표를 작성하는 경우 전부원가계산을 채택하도록 하고 있다.

1.2 실제원가계산과 표준원가계산

제품제조에 따른 원가는 여러 가지 기준에 의해 측정될 수 있는데, 원가의 실제성에 따라 실제원가계산과 표준원가계산의 두 종류로 구분된다. 실제원가계산(actual costing)은 경영활동의 실상을 그대로 나타내고자 실제의 사용수량과 실제의 구입가격을 기준으로 제품의 제조에 소요된 원가를 계산하는 것이다. 그런데 직접재료원가와 직접노무원가는 실제원가를 적용하되, 제조간접원가는 예정배부율에 따라 결정된 원가를 적용하는 경우 이와 같은 원가계산방법을 정상원가계산(normal costing)이라 한다. 이에 반해 표준원가계산(standard costing)은 원가관리를 목적으로 사전에 정해진 표준수량과 표준가격을 기준으로 제품의 제조원가를 계산하는 것이다. 실제원가계산과 표준원가계산은 모두 원가계산제도로서 인정되고 있다.

1.3 개별원가계산과 종합원가계산

제조공정의 유형에 따라 개별원가계산과 종합원가계산의 두 가지 형태로 나누어진다. 개별원가계산(Job-order costing)은 고객의 주문에 따라 선박을 건조하는 조선소의 경우와 같이 종류를 달리하는 제품을 개별적으로 생산하는 생산형태에 적용하는데, 1단위 또는 일정수량의 제품에 대하여 제조지시서를 발행하고 제조원가를 각 지시서 별로 집계하는 방법이다.

종합원가계산은 석유정제공장의 경우와 같이 동일(유사)한 제품을 반복하여 연속적으로 생산하는 생산형태에 적용하는데, 각 제품별로 원가를 집계하는 것이 어렵기 때문에 일정한 회계기간별로 특정부문에서 발생한 모든 제조원가를 집계하는 방법이다. 이외에도 개별원가계산과 종합원가계산의 특성을 혼합한 혼합원가계산시스템이 있다.

| 도표 6-2 | 원가회계시스템의 종류

2. 제조원가의 흐름과 결정

제조원가는 제조과정에 투입된 원가를 의미하며, 직접재료원가, 직접노무원가, 제조간접원가 세 가지로 구성된다. 세 가지 원가들은 제조과정을 거치면서 재공품, 제품, 매출원가를 구성하게 된다. 재공품은 제조과정 중의 제품을 의미하며, 제품은 생산이 완료된 제품 중 판매되지 않은 부분을 매출원가는 판매된 제품의 제조원가를 의미한다.

2.1 제품원가의 계산

제품원가의 계산은 각 기업의 원가시스템에 따라 여러 가지 방법으로 계산된다.

(1) 제조공정의 유형

제조공정의 유형에 따라 개별 원가계산, 종합 원가계산, 혼합원가계산으로 구분된다. 개별원가계산은 주문생산의 경우처럼 각 작업뱃치별로 원가가 다르게 발생되는 경우 각 작업을 원가대상으로 하여 제품원가가 계산된다. 종합원가계산은 종합원가계산으로 각 제품이 동일한 공정에 의하여 반복적으로 생산되는 경우 동일한 공정을 원가대상으로 하여 제품원가가 계산된다. 혼합원가계산은 개별원가계산과 종합원가계산이 혼합되어 있는 경우의 원가계산 방법이다.

(2) 원가의 실제성

원가의 실제성에 따라 원가계산방법을 구분하면, 실제원가계산, 정상원가계산, 표준원가계산으로 나뉜다. 실제원가계산은 직접재료원가, 직접노무원가, 제조간접원가 등 모든 제조원가를 실제발생액으로 제품원가에 포함시키는 방법으로 기업회계기준에서 재무보고 목적으로 허용된 방법이다. 정상원가계산은 직접재료원가와 직접노무원가는 실제원가에 의하고 간접제조원가는 예정원가에 의하여 제품원가를 계산하는 방법이다. 또한 표준원가계산은 간접제조원가 뿐만이 아니라 직접재료원가, 직접노무원가도 예정(표준)원가에 의하여 제품원가를 계산하는 방법으로 실제원가와 표준원가의 비교에 의하여 원가통제가 가능하게 된다.

(3) 제품원가의 구성범위

고정제조간접원가가 제품원가에 포함되는가의 여부에 따라 전부원가계산과 변동원가계산으로 구분된다. 전부원가계산은 제품원가에 소요된 모든 제조원가가 제품원가에 포함되며 기업회계기준에서 재무보고 목적으로 허용된 방법이다. 변동원가계산은 제품생산에 소요된 변동원가인 직접재료원가, 직접노무원가, 변동제조간접원가만을 제품원가에 포함시키고 고정원가인 고정제조간접원가는 당기비용으로 처리된다.

2.2 제조원가의 흐름

| 도표 6-3 | 제조원가의 흐름

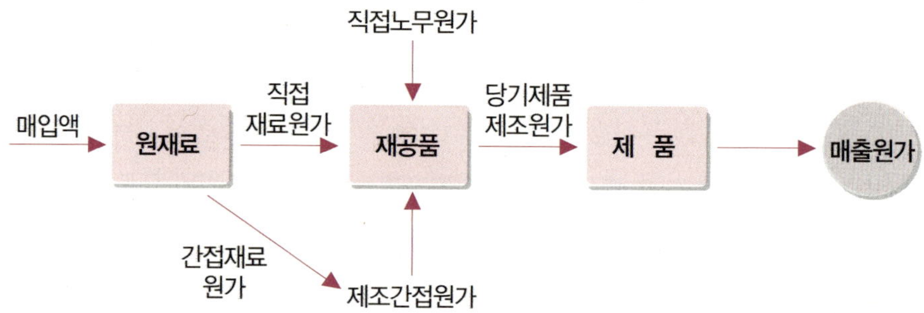

제조원가의 흐름을 T계정에 옮겨보자

재 료	
기초재료	재료원가
매 입 액	
기말재료	

재공품	
기초재공품	당기제품 제조원가
직접재료원가	
직접노무원가	
제조간접원가	
기말재공품	

제 품	
기초제품	매출원가
당기제품 제조원가	
기말제품	

3. 제조원가명세서

제조업을 영위하는 기업의 경우 포괄손익계산서를 작성하기에 앞서 제조원가명세서를 작성하여야 한다. 이러한 제품제조와 관련된 원가 내역은 외부 의사결정자들에게 주된 재무제표의 부속명세서로 보고한다. 제조원가명세서는 재무제표의 부속명세서로서 직접재료원가, 직접노무원가, 제조간접원가의 세부금액과 제조원가의 흐름을 나타낸다. 제조원가명세서의 양식은 아래와 같다.

| 도표 6-4 | 제조원가명세서 양식

제조원가명세서

20×1년 1월 1일 ~ 20×1년 12월 31일 (단위 : 원)

과 목	당 기		전 기	
Ⅰ. 직접재료원가				
1. 기초재고액	×××		×××	
2. 당기매입액	×××		×××	
계				
3. 기말재고액	×××	×××	×××	×××
Ⅱ. 직접노무원가				
1. 급 여	×××		×××	
2. 퇴직급여	×××	×××	×××	×××
Ⅲ. 제조간접원가				
1. 전 력 비	×××		×××	
2. 가스수도비	×××		×××	
3. 운 임	×××		×××	
4. 감가상각비	×××		×××	
5. 수 선 비	×××		×××	
6. 소모품비	×××		×××	
7. 세금과 공과	×××		×××	
8. 임 차 료	×××		×××	
9. 보 험 료	×××		×××	
10. 복리후생비	×××		×××	
11. 여비교통비	×××		×××	
12. 통 신 비	×××		×××	
13. 특허권사용료	×××		×××	
14.	×××		×××	
15. 잡 비	×××	×××	×××	×××
Ⅳ. 당기총제조원가		×××		×××
Ⅴ. 기초재공품재고액		×××		×××
Ⅵ. 합 계		×××		×××
Ⅶ. 기말재공품재고액		(×××)		(×××)
Ⅷ. 당기제품제조원가		×××		×××

전 공 용 어

개별원가계산(job-order costing)
결합원가(joint cost)와 공통원가(common cost)
고정원가(fixed cost)와 변동원가(variable cost), 준변동원가(semi-variable cost)
관련원가(relevant cost)와 비관련원가(irrelevant cost)
소멸원가(expired cost)와 미소멸원가(unexpired cost)
원가행태(cost behavior)
전부원가계산(absorption costing)과 변동원가계산(variable costing)
정상원가계산(normal costing)
제조원가(manufacturing cost)와 비제조원가(non-manufacturing cost)
직접원가(direct cost)와 간접원가(indirect cost)
통제가능원가(controllable cost)와 통제불능원가(uncontrollable cost)
표준원가계산(standard costing)

연 습 문 제

6-1 기업회계에 있어서 원가회계와 원가회계시스템의 정의와 원가계산의 목적에 대해 설명하시오.

6-2 재무회계와 원가회계의 차이점에 대해 설명하시오.

6-3 원가(cost)의 기초적인 개념에 대해 설명하시오.

6-4 원가(cost)와 비용(expense)의 차이점에 대해 설명하시오.

6-5 제조활동에 따라 원가를 분류하고 이에 대해 설명하시오.

6-6 제조원가의 흐름에 대해 설명하시오.

6-7 전부원가계산과 변동원가계산에 대해 설명하시오.

6-8 실제원가계산과 표준원가계산에 대해 설명하시오.

6-9 개별원가계산과 종합원가계산에 대해 설명하시오.

6-10 다음 중 원가의 실재성에 따른 원가계산시스템의 분류에 해당하지 않는 것은?

① 정상원가계산 ② 표준원가계산
③ 개별원가계산 ④ 실제원가계산

[해설] ③
개별원가계산은 생산공정(생산방식)에 따른 원가의 원가계산시스템의 분류에 속한다.

6-11 다음 중 원가의 행태에 따른 원가의 분류에 해당하지 않는 것은??

① 변동원가 ② 고정원가

③ 혼합원가 ④ 직접원가

[해설] ④
직접원가는 간접원가에 비해 원가대상으로의 추적이 상대적으로 용이한 원가를 이르는 말이다.
나머지는 원가의 행태에 따른 원가의 분류에 해당한다.

원가행태와 원가배분

7장

최근 원자재값 상승으로 제품의 생산단가가 10%이상 오른 업체가 절반을 넘는 것으로 나타났다. 28일 대구시에 따르면 염색, 성서 · 달성공단의 섬유, 기계금속, 전기전자, 자동차부품분야 140개사를 대상으로 원자재값 상승에 따른 업체의 어려움을 설문조사한 결과 절반이 넘는 53%가 생산단가가 10% 이상 올랐다고 대답했다. 또 전체의 59%는 원자재값 인상분을 제품 가격에 반영하지 못하고 있다고 응답했으며 원자재값 상승에 따른 기업 손실이 매출액의 10%를 넘는다고 대답한 업체도 34%에 달했다. 당분간 원자재 가격이 계속 상승할 것으로 전망한 업체는 73%였고 이에따른 자체 대책으로 생산공정 개선 등 원가절감(44%), 인건비 조정(8%), 기술개발(8%) 등의 순으로 많이 꼽았다. 이에따라 각 업체들은 경영안정자금과 보증지원, 공공요금 및 세금인하, 가격담합 및 매점매석 통제, 납품단가 연동제 실시 등을 희망했다.

〈매일경제신문 2008.5.2일자〉

제1절 원가의 행태

1. 원가의 행태에 따른 원가의 분류

원가행태란 조업도(활동)수준에 따라 원가가 일정한 행태로 움직이는 모습을 의미한다. 이러한 원가행태에 따라 고정원가와 변동원가, 준변동원가 또는 혼합원가로 구분된다. 여기서 고정원가(fixed cost)란 조업도 수준의 변동과 무관하게 일정하게 발생하는 원가를 말한다. 사장 등 임원의 급여나 설비의 감가상각비 등이 대표적인 고정원가에 해당된다. 한편, 변동원가(variable cost)란 조업도수준이 변동함에 따라 비례적으로 변동하는 원가를 말한다. 예를 들어, 과자를 제조할 때 밀가루, 우유 등의 직접재료원가와 설비의 동력비 등과 같이 활동수준이 증가하면 비례적으로 증가하는 원가가 이에 해당된다. 준변동원가(semi-variable cost)는 혼합원가라고도 하며, 변동원가와 고정원가가 합해진 원가를 말한다. 예를 들어, 전기수도료 등과 같이 총금액이 월정기본료 고정원가와 사용료인 변동원가의 두 부분으로 합쳐져 있는 원가가 이에 해당된다.

| 도표 7-1 | 활동수준별 원가형태

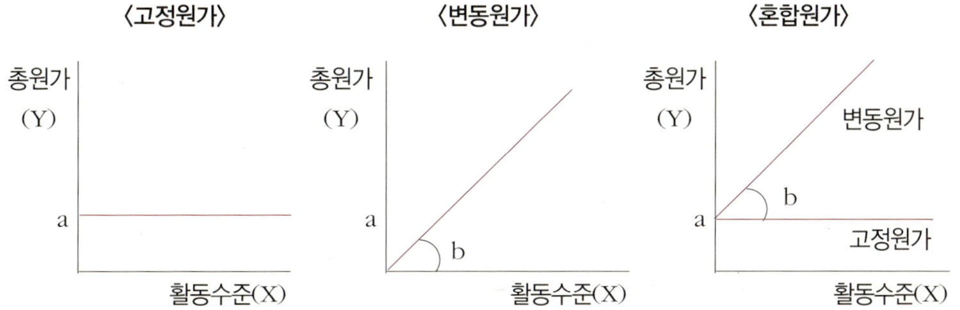

a : 고정원가 총액
b : 단위당 변동원가(기울기)

2. 원가 추정

미래에 발생할 제품제조원가를 예측하기 위하여 과거자료로부터 원가함수를 도출하고 이를 이용하여 미래의 원가를 계산하는 것을 원가추정이라 한다.

2.1 원가함수의 추정

원가함수를 도출하는 과정에서 고려해야 할 요소는 다음과 같다.

① 추정할 원가요소(종속변수 : Y)의 선택 → 어떤 원가를 추정할 것인가?
② 조업도(독립변수 : X)의 선택 → 가장 적절한 조업도를 선택
③ 원가함수가 타당성을 지닐 수 있는 관련범위의 선택
④ 원가추정방법의 선택

2.2 원가추정 방법

원가를 추정하는 방법은 계정분석법, 고저점법, 회귀분석법, 산포도법, 최소자승법, 공학분석법, 학습효과법 등 다양한 방법을 활용할 수 있다. 이러한 각 원가추정 방법에 대해 간단히 살펴보면 다음과 같다.

(1) 계정분석법

계정분석법은 과거의 원가 계정들을 변동원가와 고정원가로 구분하여 총고정원가와 단위당 변동원가를 추정하는 방법을 말한다.

(2) 고저점법

고저점법은 과거의 자료 중 활동수준의 최고점과 최저점의 원가수치를 이용하여 원가를 추정하는 방법이다.

(3) 회귀분석법

회귀분석법은 충분한 자료를 이용하여 독립변수인 X와 이에 따라 변하는 종속변수 Y의 선형관계를 가장 적절히 나타내는 추정식을 찾아내는 통계기법을 활용하여 원가를 추정하는 방법이다.

(4) 산포도법

산포도법은 조업도와 원가를 두 축으로 하는 좌표위에 각 조업도에서 발생한 원가들을 점으로 나타내고, 이러한 모든 점들을 대표하는 회귀선을 찾아내어 이를 바탕으로 미래의 원가를 추정하는 방법이다.

(5) 최소자승법

최소자승법은 추정선과 실제 자료점의 수직거리로 나타나는 추정오차의 자승(제곱)의 합을 최소화하는 추정선을 찾는 방법이다.

(6) 공학분석법

공학분석법은 원가추정에 과거의 자료를 활용할 수 없는 경우에 적용할 수 있는 방법이다. 즉, 제품의 생산방법에 대한 공학적인 분석을 기초로 직접재료원가, 직접노무원가, 제조간접원가를 추정하는 방법을 말한다.

(7) 학습효과법

학습효과(learning effect)란 생산량이 증가하여 근로자의 숙련도가 높아져서 단위당 노무시간이 단축되는 효과를 말한다. 이러한 학습효과를 반영한 노무시간을 사용하여 노무원가를 측정함으로써 좀 더 정확한 원가를 추정할 수 있다. 이러한 학습효과를 보여주는 곡선의 함수식을 학습곡선(learning curve)이라 한다. 제품의 원가를 추정할 때, 특히 직접노무원가처럼 학습현상이 나타나는 생산요소에 대한 원가추정시에 이 방법을 사용할 수 있다.

제2절 요소별 원가계산의 기초

1. 원가와 비용

원가와 유사한 개념으로 손익계산상의 비용(expense)이 있다. 비용은 특정기간의 수익을 실현하기 위하여 희생된 효익으로 경제적 자원의 희생이라는 점에서는 원가개념과 동일하다. 그러나 원가가 특정제품이나 용역을 생산하기 위하여 희생된 경제적가치인데 반해, 비용은 반드시 생산을 위하여 희생됨을 필요로 하지 않다는 점에서 차이가 있다.

한편, 원가는 제조활동과의 관련성 여부를 기준으로 제조원가와 비제조원가로 분류되며, 지금까지 원가회계의 일반적 절차와 방법은 제조원가를 중심으로 발전되어 왔다. 제조 활동과 관련하여 발생되는 원가는 크게 직접재료원가, 직접노무원가, 제조간접원가로 구분된다.

2. 요소별 원가개념

2.1 직접재료원가

직접재료원가(direct material costs)란 제품을 생산하는데 사용되는 재료 가운데 제품의 실체를 구성하는 주요 재료의 원가로서 특정제품에 추적할 수 있는 원가를 말한다. 이러한 직접재료원가의 예로는 가구제조업의 목재, 자동차제조업의 엔진에 대한 원가를 들 수 있다. 재료의 투입량은 제품의 생산량에 따라 직접적으로 변화하기 때문에 직접재료원가는 변동원가의 형태를 나타낸다. 한편, 가구를 생산하는 데 사용되는 아교나 못처럼 제품을 생산하는 데 필수적이기는 하지만 특정제품에 추적하기가 어려운 항목의 원가는 간접재료원가로 분류된다.

2.2 직접노무원가

직접노무원가(direct labor costs)란 노무원가 중에서 특정제품에 대하여 추적할 수 있는 원가를 말한다. 기계운전공원이나 조립공원의 특정제품을 생산하는 데 소비한 시간을 기준으로 지급되는 임금이 그 예라고 할 수 있다. 작업시간인 작업량은 조업도에 따라 직접적으로 변화하기 때문에 직접노무원가도 직접재료원가와 같이 변동원가의 형태를 나타낸다. 한편, 재료취급자나 공장 수위 등의 임금은 특정제품에 추적하기가 용이하지 않으므로 간접노무원가가 된다.

2.3 제조간접원가

제조간접원가(indirect manufacturing costs, factory overhead)란 직접재료원가와 직접노무원가를 제외한 모든 제조원가를 말한다. 제조간접원가는 간접재료원가, 간접노무원가 및 기타제조원가로 구성되는데, 원가행태에 따라 변동제조간접원가와 고정제조간접원가로 분류되기도 한다.

제조원가에 속하는 세 가지 중에서 두 가지씩 짝을 지어 별도의 이름을 붙이는 경우가 있는데, 그것은 기본원가와 가공원가이다. 기본원가(prime costs)는 직접재료원가와 직접노무원가를 합한 것이다. 기본원가라는 용어를 사용한 것은 직접재료원가 및 직접노무원가와 제품사이에는 직접적인 관련성이 있으며, 특정제품의 원가 발생액의 추적이 용이하기 때문이다. 그리고 제품의 제조과정은 직접재료를 가공하여 완성품으로 전환하는 과정이라고 볼 수 있으므로, 이 과정에서 발생하는 직접노무원가와 제조간접원가를 합하여 가공원가 또는 전환원가(conversion costs)라고 한다.

| 도표 7-2 | 기본원가와 가공원가

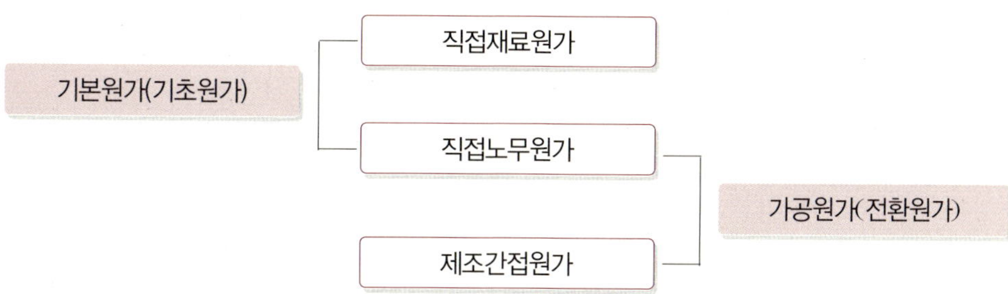

제3절 원가배분

1. 원가배분의 개념

1.1 원가배분의 의의 및 목적

원가배분이란 원가를 집계하여 일정한 배분기준에 따라 원가대상에 대응시키는 과정을 말한다. 원가배분은 직 · 간접원가를 불문하고 발생한 원가를 원가대상에 대응시키는 것을 통칭하는 의미이다. 그러나 직접원가는 원가 집적대상에 직접 부과하는 것으로 원가배분이 종료되므로 직접원가는 원가배분에서 중요한 위치를 차지하지 못한다. 따라서 원가배분의 중요한 대상은 간접원가 혹은 공통원가이다. 공통원가란 둘 이상의 사용자들이 공유하는 시설을 운영하는데 소요되는 원가를 말하며 둘 이상의 원가 집적대상에 공통적으로 발생하는 원가이다.

이러한 원가배분의 목적은 다음과 같다.

원가배분은 경제적 의사결정, 동기부여와 성과평가, 외부보고 재무제표 작성목적, 가격결정을 목적으로 한다. 재무제표작성목적의 원가 배분시에는 발생한 모든 원가를 배분하여야 한다. 그러나 성과평과나 의사결정목적으로는 원가의 일부가 배분되지 않는 경우가 발생한다. 원가배분에서도 상이한 목적에 상이한 원가가 적용되는 것이다.

원가배분 목적

1. 경제적 의사결정
2. 동기부여와 성과평가
3. 외부보고 재무제표 작성목적
4. 가격결정

1.2 원가배분방법 선택의 준거기준

(1) 인과관계기준

특정원가의 발생이 특정 생산 활동에 원인이 있는 것이면 원가와 특정 활동과 인과관계가 있다고 하며 이 인과관계를 근거로 하여 원가를 배분하는 것이 인과관계기준이다. 인과관계기준은 원가배분을 가장 정확하게 할 수 있는 가장 이상적인 배부기준이기는 하나, 인과관계의 정확한 측정이 곤란하다는 한계가 있다.

(2) 부담능력기준

부담능력기준은 원가배분대상의 부담능력에 비례하여 원가를 배분하는 방법이다. 이 방법은 매출액 혹은 이익이 원가에 근거하여 결정되어 지는 것인데도 불구하고 원가를 배분하는 기준으로 매출액 혹은 원가를 설정한다는 모순과 많은 성과를 달성한 부문에 많은 원가가 배분된다는 성과평가 측면의 문제점을 가지고 있다.

(3) 공정성 또는 공평성 기준

원가배분은 공정하고 공평해야 한다는 원가배분으로 달성하고자 하는 이상을 표현한 것이 공정성 또는 공평성기준이다. 이 공정성 또는 공평성기준은 너무 포괄적, 추상적인 개념이라 구체적인 배분기준으로 활용이 곤란하다.

(4) 수혜이득기준(수익자부담기준)

수혜이득기준은 공통원가로부터 받은 경제적 효익에 따라 원가를 배분하는 것을 말한다. 즉, 많은 이익을 얻은 자가 많은 원가를 부담한다는 것이 수혜이득기준의 기본적인 개념이다.

1.3 원가배분의 여러 형태

(1) 제조간접원가의 배부

제조간접원가의 배부란 원가 집적대상인 생산부문에서 발생 또는 집계된 제조간접원가를 원가배분대상인 각 제품에 배분하는 것을 말한다. 보조부문의 원가가 배분되면 각 제조부문의 제조간접원가를 구성하여 제조부문에서 발생한 제조간접원가와 합산하여 배부된다.

(2) 보조부문원가의 배분

기업은 통상적으로 여러 개의 부문으로 구성되는데, 이 여러 개의 부문 중에는 직접적인 생산을 담당하는 제조부문과 제조부문을 보조해 주는 보조부문이 있다. 보조부문원가의 배분은 보조부문에서 발생한 원가를 각 제조부문으로 배분하는 것을 말한다. 보조부문에서 제조부문으로 배분된 원가는 각 제조부문에서 발생한 원가와 합쳐져서 각 제조부문의 제조간접원가를 구성, 제조간접원가의 배부를 통하여 각 제품에 연결된다.

(3) 결합원가의 배분

결합원가는 결합제품의 생산에 소요된 원가를 말한다. 결합제품이란 하나의 공정을 통하여 동일한 재료를 투입하여 생산되는 여러 가지 제품을 의미한다. 따라서 결합원가의 배분은 결합원가를 각 결합제품에 배분하는 것을 말한다.

2. 보조부문원가의 배분

2.1 보조부문원가 배분의 의의

보조부문이란 직접 생산에 참여하지는 않지만 제조부분 또는 다른 보조부문에 용역을 제공함으로써 궁극적으로 제품의 생산 활동에 참여하는 부문을 말한다. 즉, 보조부문도 제조를 위하여 필요한 것이며, 보조부문의 원가도 제품의 원가를 구성하여야 한다.

2.2 보조부문원가 배분의 목적

보조부문원가를 제조부문에 배분하는 목적은 다음과 같다.

(1) 부문 상호간의 통제

제조부문에서 보조부문의 원가에 대하여 관심을 갖게 하여 원가통제에 이용한다.

(2) 제품원가의 계산

제조활동과 관련이 있는 보조부문의 원가는 제품의 원가를 구성하므로 당연히 제품에 배부되어야 한다. 제품에 배부하는 전단계로서 각 제품부문에 배부하는 것이다.

2.3 보조부문원가의 배분 방법

보조부문원가를 제조부문에 배부하는 경우에는 보조부문 상호간의 용역수수관계를 인식하는 정도에 따라 직접배분법, 단계배분법, 상호배분법으로 분류된다.

(1) 직접배분법

직접배분법(direct method)은 각 보조부문에서 발생한 원가를 제조부문에 직접 배부하는 방법으로 보조부문 상호간의 용역수수관계는 완전히 무시된다. 계산이 간편하다는 장점이 있으나, 보조부문 상호간의 용역수수관계를 고려하지 않아 정확한 원가배분을 하지 못한다. 보조부문 상호간의 용역수수가 작을 경우에는 유용한 방법이나, 보조부문 상호간의 용역수수관계가 큰 경우에는 사용하지 않는 것이 좋다.

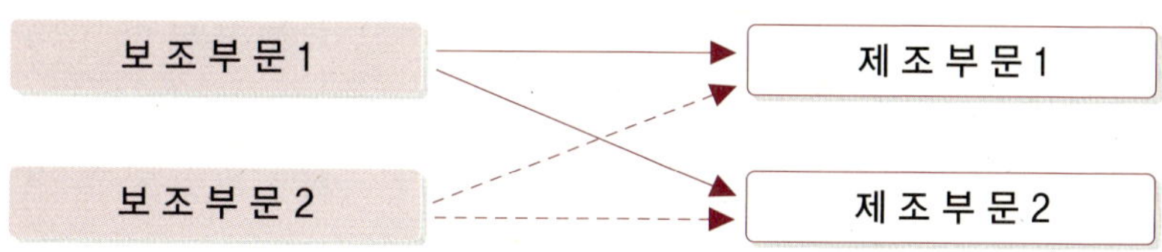

(2) 단계배분법

단계배분법(step method)은 보조부문 간에 원가배분의 우선순위를 정하여 우선순위가 높은 보조부문원가로부터 하위의 보조부문 및 제조부문에 배부하고 다음의 보조부문에서 그 다음 하위의 보조부문 및 제조부문에 단계적으로 배부하는 방법이다. 하위의 보조부문원가는 상위의 보조부문에 배부되지 못한다. 상호배분법 보다는 간편하고 직접배분법에 비해서는 부문 간의 용역수수를 인식한다는 장점이 있으나 우선순위의 설정이 잘못될 경우 직접배분법보다 더 왜곡된 원가배분이 이루어질 수 있다. 단계배분법의 경우 배부의 순위에 따라서 제조부문에 배부되는 원가에 영향을 끼치게 되므로 그 순위의 결정이 중요하다.

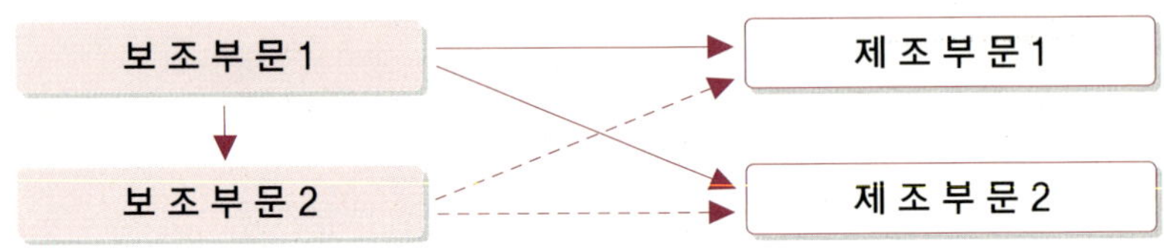

(3) 상호배분법

상호배분법(reciprocal method)은 각 보조부문원가를 제조부문과 다른 보조부문에 배분하는 방법으로 보조부문간의 용역수수를 완전하게 인식하는 방법이다. 가장 완전한 원가배분 방법이나 그 절차 및 계산이 복잡하다는 단점이 있다.

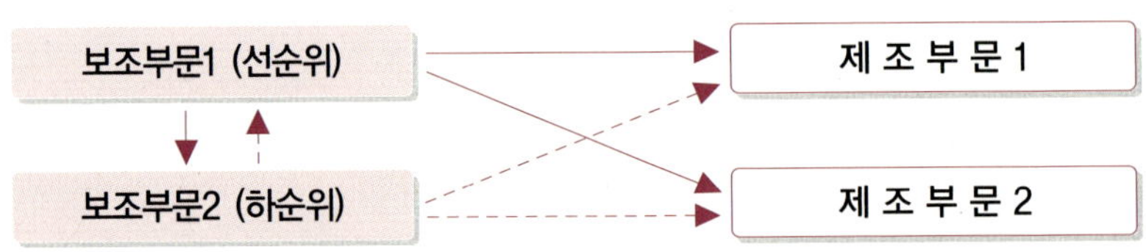

전 | 공 | 용 | 어

공정성 또는 공평성기준(fairness or equity criterion)
기본원가(prime costs)와 가공원가(conversion costs)
단계배분법(step method)
부담능력기준(ability to bear criterion)
상호배분법(reciprocal method)
수혜기준(benefits received criterion)
원가(cost)와 비용(expense)
원가배분(costs allocation)
원가행태(cost behavior)
인과관계기준(cause and effect criterion)
제조간접원가(indirect manufacturing cost, factory overhead)
직접노무원가(direct labor costs)
직접배분법(direct method)
직접재료원가(direct material costs)

연 | 습 | 문 | 제

7-1 원가행태(cost behavior)란 무엇이며, 조업도와 발생원가와의 관계를 나타내는 다양한 원가행태에 대해 설명하시오.

7-2 원가행태에 따라 원가를 분류하고 이에 대해 설명하시오.

7-3 기본원가(prime costs)와 가공원가(conversion costs)에 대해 설명하시오.

7-4 원가배분의 의의와 목적에 대해 설명하고, 원가배분방법에 대해 설명하시오.

7-5 보조부문원가 배분의 의의와 목적, 배부방법에 대해 설명하시오.

7-6 직접재료원가와 직접노무원가를 합한 원가는?

① 가공원가　② 전환원가
③ 기초원가　④ 기회원가

[해설] ③
기초원가는 직접재료원가와 직접노무원가를 합한 원가를 이르는 말이다.

7-7 직접노무원가와 제조간접원가를 합한 원가는?

① 가공원가　② 기본원가
③ 기초원가　④ 관련원가

[해설] ①
가공원가(전환원가)는 직접노무원가와 제조간접원가를 합한 원가를 이르는 말이다.

7-8 다음 자료에 의하여 가공원가를 계산하면?

직접재료원가 :	300,000원	직접노무원가 :	200,000원
변동제조간접원가 :	400,000원	고정제조간접원가 :	300,000원

① 500,000원　② 600,000원
③ 700,000원　④ 900,000원

7-9 (주)부산의 공장에는 두 개의 보조부문 A, B와 두 개의 제조부문 X, Y가 있다. 각 부문의 용역수수관계와 발생원가(제조간접원가)는 다음과 같다. 요구사항의 각 방법에 의하여 보조부문원가를 제조부문에 배분하라.

사용 / 제공	보조부문		제조부문		합 계
	A	B	X	Y	
A	–	20%	40%	40%	100%
B	40%	–	20%	40%	100%
발생원가	₩300,000	₩180,000	₩300,000	₩400,000	₩1,180,000

(요구사항 1) 직접배분법

(요구사항 2) 단계배분법(A부문부터 배분)

[해설]

1. 직접배분법

	보조부문		제조부문		합 계
	A	B	X	Y	
배분전원가	₩300,000	₩180,000	₩300,000	₩400,000	₩1,180,000
A부문원가	(300,000)	–	150,000	150,000	0
B부문원가		(180,000)	60,000	120,000	0
배분후원가	₩0	₩0	₩510,000	₩670,000	₩1,180,000

2. 단계배분법(A부문부터 배분)

	보조부문		제조부문		합 계
	A	B	X	Y	
배분전원가	₩300,000	₩180,000	₩300,000	₩400,000	₩1,180,000
A부문원가	(300,000)	60,000	120,000	120,000	0
B부문원가	(240,000)	80,000	160,000	0	
배분후원가	₩0	₩0	₩500,000	₩680,000	₩1,180,000

8장

개별원가계산과 종합원가계산

제1절 개별원가계산
제2절 종합원가계산

한국타이어와 금호타이어에 이어 국내 3위 넥센타이어도 현대.기아자동차 등 국내 5대 완성차업체에 가격 인상을 요구하고 나섰다. 국내 신차용 타이어(OE) 시장의 86%를 점유하고 있는 한국 및 금호타이어를 배제하고, 넥센 등 다른 타이어 업체들을 찾던 완성차 업체들에 비상이 걸렸다. 업계에선 천연고무 등 원자재값 상승 외에 타이어업계가 완성차 업체들을 대상으로 신차용 타이어를 값싸게 공급한 뒤 교체용 타이어(RE) 판매를 통해 이익을 챙겨온 관행이 이번 공급 중단 사태의 또 다른 배경이라고 해석하고 있다. 타이어업계가 완성차업체에 요구하고 있는 가격인상폭은 12% 선이다. 지난 3월 5.5% 인상안을 관철시킨 데 이어 4개월 만에 재차 큰 폭의 인상을 추진하고 있는 것이다. 박병관 한국타이어 팀장은 "3월 요구는 2006~2007년의 원가상승을 반영해 달라는 것이었다"며 "제조원가의 60%를 차지하는 원료값이 올들어 40% 이상 뛰었기 때문에 추가 인상이 불가피하다"고 설명했다. 싱가포르상품거래소에 따르면 천연고무 가격은 7월 현재 t당 3213달러로, 작년 4분기(2348달러)보다 36.8%, 작년 평균(1940달러)보다 65.6% 각각 뛰었다. 한국.금호에 이어 넥센타이어도 가격인상 요구에 동참했다. 이재엽 넥센타이어 과장은 "각 완성차 업체에 적정 수준의 가격인상을 요구키로 결정했다"고 말했다. 넥센타이어는 국내 OE시장의 10% 이상을 차지하고 있으며, 전체 물량의 75%를 해외로 수출 중이다. 그동안 타이어업계가 신차용 타이어에 대해 적정가격 이하로 공급해온 관행도 한꺼번에 10% 이상의 가격인상을 요구한 배경이다. 업계 관계자는 "소비자들이 타이어를 바꿀 때 종전 브랜드를 그대로 선택하는 비율이 50% 이상"이라며 "때문에 타이어업계에선 적자를 감수하면서 신차용 타이어값을 낮춰 공급한 뒤 교체용 타이어 쪽에서 이익을 보는 관행이 굳어졌다"고 말했다.

〈한국경제신문 2008.7.21일자〉

제1절 개별원가계산

1. 개별원가계산의 개요

개별원가계산(job-order costing)이란 제품 또는 용역단위별로 제조되는 제품수량과 형태에 관한 제조지시서에 기입된 것을 근간으로 제조지시서별로 개별적으로 원가를 집계하여 계산하는 방법이다. 이 원가계산방법은 다품종 소량생산의 경우에 주로 사용되는 방법이며, 제품에 따라 개별적으로 원가추적이 가능한 경우에 사용 가능한 방법이다. 그래서 이 계산방법은 주문생산이나 반복적이지 않은 제품의 생산방식에 적용된다. 따라서 개별원가계산은 조선업, 건설업, 기계제조업 등과 같이 고객의 주문에 기초하여 고객의 요구에 따라 개별적으로 제품을 생산하는 업종에 적합하다.

2. 작업원가표

개별원가계산제도의 기본적인 요소는 개별 작업에 대한 원가를 기록 · 집계하기 위하여 사용되는 작업원가표(job-cost sheet)이다. 일반적으로 고객이 특정 제품을 주문하면 제조부문은 주문 받은 제품을 제조하기 위하여 제조지시서(production order)를 작성하여 생산현장에 작업을 지시하게 되고, 제조지시서에 의하여 작업이 수행되면 각 개별 작업별로 원가를 기록 · 집계하기 위하여 작업원가표가 작성된다.

3. 제조원가의 집계

3.1 직접재료원가

제품생산을 위해 가장 중요한 요소가 재료이다. 제조부문에서 재료가 필요하면 자재부에

재료를 청구하게 되고 이렇게 출고된 재료는 제조과정에 투입됨으로써 생산이 시작된다. 개별원가계산방법에서 개별제품이나 개별 작업에 직접적으로 사용되었음이 추적되는 직접재료원가(direct material cost)는 재공품계정과 작업원가표에 집계되며, 직접적으로 추적이 불가능한 간접재료는 제조간접원가 계정에 집계된다.

3.2 직접노무원가

재료비와 함께 기본원가를 구성하는 가장 중요한 요소 중의 하나는 노무비다. 노무비는 제조과정에 투입된 노동자들의 작업시간표와 임률에 의해 측정되고 집계된다. 노무비도 재료비와 마찬가지로 개별제품이나 개별 작업에 직접적으로 추적가능한 직접노무원가(direct labor cost)는 재공품계정과 작업원가표에 집계되며, 추적이 불가능한 노무비는 제조간접원가 계정에 집계된다.

3.3 제조간접원가

제조간접원가(overhead cost)는 위의 재료비나 노무비 중 특정 제품이나 작업에 직접적으로 추적이 불가능한 부분인 간접재료원가나 간접노무원가를 비롯하여 공장 감독자의 급여, 세금과 공과, 감가상각비 등이 포함된다. 이러한 원가는 특정작업이나 제품에 직접 부과하는 것이 불가능할 뿐만 아니라 가능하다하더라도 그 효익이 비용을 능가하지 못하는 부분이므로 이를 제조간접원가 계정에 일괄 집계하여 일정한 배부기준에 의해 제품에 부과하게 된다. 이러한 제조간접원가를 배부하는 기준은 여러 가지 방법이 존재할 수 있지만, 대개 다음의 두 가지 원칙하에 정해져야 한다.

첫째, 제조간접원가의 발생과 높은 상관관계가 있어야 한다.
둘째, 논리적으로 타당한 인과관계와 함께 적용이 쉬워야 한다.

제조간접원가는 여러 제품을 생산하기 위하여 공통적으로 발생된 제조원가이기 때문에 발생과 동시에 각 개별 작업에 부과할 수 없다. 따라서 기말에 제조간접원가를 적당한 배부기준에 의하여 각 작업(작업원가표)에 배부하는 과정을 거치게 된다.

제조간접원가를 각 작업에 배부하는 경우에는 무엇을 배부기준으로 하여야 할 것인지가 문제인데, 일반적으로 많이 사용되는 배부기준으로는 ① 직접노무원가기준, ② 직접노동시간

기준, ③ 기계시간기준 등이 있지만, 이들 배부기준 중에서 다음 사항을 고려하여 가장 합리적이라고 생각되는 기준을 선택하여야 할 것이다.

제조간접원가를 개별 작업에 배부하기 위해서는 제조간접원가배부율을 결정해야 하는데, 이는 다음과 같이 계산된다.

$$\text{제조간접원가배부율} = \frac{\text{제조간접원가}}{\text{배부기준(조업도)}}$$

제조간접원가배부율은 제조간접원가를 직접노무비, 직접노동시간, 기계작업시간, 기계시간 등의 배부기준(조업도)으로 나누어서 계산하기 때문에 이들 배부기준이 확정되는 기말이 되어야 결정된다. 제조간접원가배부율이 결정되면 작업별 배부기준(조업도)에 제조간접원가배부율을 곱하여 각 작업(작업원가표)에 제조간접원가를 배부한다.

제2절 종합원가계산

1. 개 요

1.1 종합원가계산의 의의

종합원가계산(process costing)은 공정 혹은 각 부문별로 원가를 집계한 다음 집계된 원가를 각 공정이나 부문의 산출물에 균등하게 분배하여 산출물 단위당 원가를 계산하는 방법이다. 종합원가계산은 공정 혹은 부분의 산출물이 동일한 경제적 가치를 가지고 있다는 가정에 기초하고 있다. 이와 같이 산출물이 동일한 가치를 가질 경우에 개별원가계산의 경우와 같이 각 작업(제품)별로 원가를 추적할 필요가 없어지므로 상대적으로 단순하고 간편하며 관리비용이 적게 소요된다. 종합원가계산은 동종 또는 유사한 제품을 연속적인 공정을 통하여 대량생산하는 형태에 적용되는 제품원가계산방법으로 개별원가계산과는 여러 측면에서 대조를 이루는 방법이다. 실무에서 현실적으로 적용하고 있는 원가계산 시스템은 양자를 절충한 방법이다. 종합원가계산의 핵심은 재공품의 완성품환산량 개념이며, 이를 계산하는 방법은 평균법과 선입선출법 등으로 구분된다.

1.2 종합원가계산의 특성

종합원가계산의 특성을 요약하면 다음과 같다.

① 제품원가는 평균화과정에 기초하고 있다. 즉, 모든 제품을 평균화 한 다음에 각 제품에 동일한 원가를 배부해 주는 것이다.

② 원가의 분류 및 집계가 단순해진다. 원가의 분류가 재료비와 가공비 두 가지로 단순해지고, 원가의 집계가 개별원가계산에 비해서 단순하다. 개별원가계산은 각 작업별로 작업원가표를 이용하여 원가를 집계하지만 종합원가계산은 개별원가계산에서의 재공품계정이라고 할 수 있는 공정별로 원가가 집계된다.

③ 연속적 대량생산 형태이므로 기간개념이 중시된다.

2. 종합원가계산의 절차

개별원가계산에서는 원가의 배분을 작업원가표를 이용하여서 수행하는 반면 종합원가계산은 원가의 배분을 수량을 기준으로 나누어 주는 방식으로 하게 된다. 따라서 종합원가계산은 각 작업별로 원가를 집계하는 개별원가계산과는 달리 공정(또는 재공품)이라는 하나의 원가집적대상에 원가를 일괄적으로 집계하게 된다.

종합원가계산은 다음에 설명되는 5개의 단계에 의해서 이루어진다.

1단계 : 물량의 흐름 파악

2단계 : 원가요소별(재료비와 가공원가)로 완성품환산량을 계산

→ 완성품환산량 = 물량 × 완성도

→ 완성품환산량은 원가를 완성품과 기말재공품으로 배분하는 기준역할을 함

3단계 : 원가요소별로 기초재공품원가와 당기발생원가를 구함

→ 총원가의 합계는 재공품계정의 차변 합계액과 일치함

4단계 : 원가요소별로 완성품환산량 단위당 원가를 계산함

→ 원가요소별로 3단계의 합계액/2단계의 합계액

5단계 : 완성품원가와 기말재공품원가를 계산

→ 배분 완료된 원가의 합계는 재공품계정의 대변 합계액과 일치해야함

그리고 종합원가계산을 전격적으로 소개하기 전에 우선 원가흐름가정 중에서 평균법과 선입선출법을 소개하고자 한다.

평균법은 기초재공품과 당기착수량을 구분하지 않고 평균적으로 완성한다는 가정이다. 따라서 기초재공품의 원가와 당기제조원가를 합하여 평균원가를 계산한 다음 이를 이용하여 기말재공품과 완성품원가를 계산한다.

| 도표 8-1 | 가중평균법에 의한 원가계산의 흐름

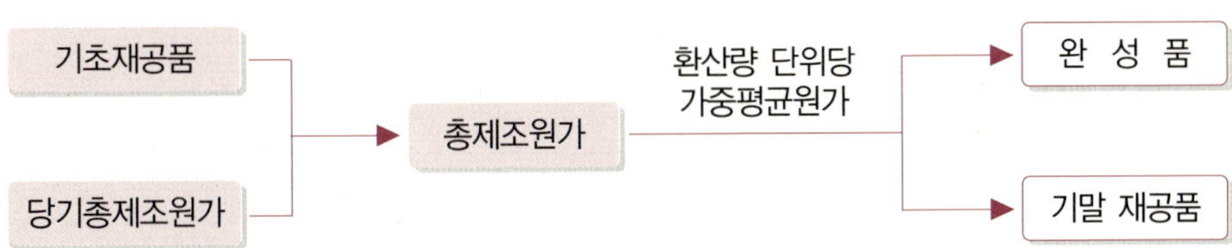

반면에 선입선출법은 생산공정이 이미 진행중이었던 기초재공품을 먼저 완성한다고 가정하는 방법이다. 따라서 기초재공품의 원가는 전액 완성품의 원가를 구성하게 되고, 기말재공품의 원가에는 당기에 발생한 원가만 포함한다.

| 도표 8-2 | 선입선출법에 의한 원가계산의 흐름

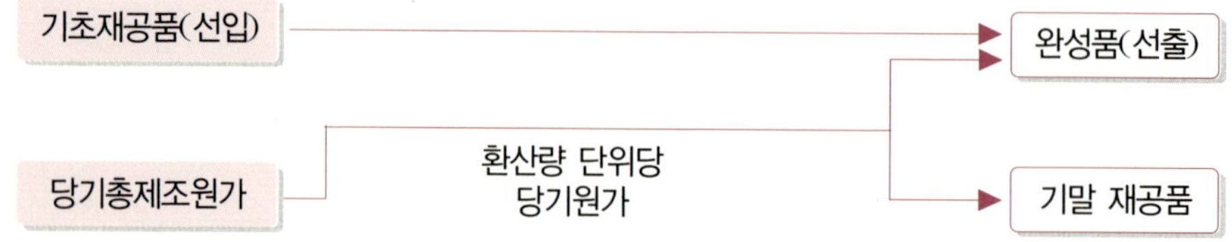

독자 여러분들도 이미 눈치를 채셨을 지도 모르겠지만, 만일 기초재공품이 존재하지 않는다면 선입선출법과 평균법의 구분은 더 이상 무의미하게 되는 것을 유념하기 바란다.

2.1 실물흐름의 파악(1단계)

실물흐름의 파악은 해당되는 원가계산기간의 물량흐름을 파악하는 단계이다. 물량의 흐름은 당기 중 생산공정을 거쳐 간 단위들을 의미하는 것으로 원가의 계산 또는 배분에 가장 기초가 되는 중요한 개념이다. 더 자세한 내용은 후술하는 "예제"에서 확인하기 바란다.

2.2 완성품환산량의 계산(2단계)

(1) 기본개념

완성품환산량(equivalent units)은 산출물의 완성정도를 측정하는 개념으로 해당 공정에서의 모든 노력이 완성품으로 생산되었다고 가정한 경우의 수량을 의미한다. "완성품환산량 = 물량 × 완성도"로 표시된다. 완성품환산량을 계산하는 이유는 생산된 모든 단위를 경제적으로 동일한 가치를 갖는 단일의 경제적 단위로 만들어 주기 위해서이다.

투입된 원가를 수량으로 나누어주는 것이 종합원가계산인데, 당기 중에 공정에서 가공된 수량 중에는 완성된 수량(제품)이 있을 수도 있고 완성되지 않은 수량(재공품)이 있을 수도 있다. 가공된 정도가 다른 재공품과 제품에 동일한 원가를 배분하여 주는 것은 불합리하므로 완성품환산량이라는 개념을 이용하여 경제적으로 동일한 가치(동일한 가공을 받은 어떤 수량)로 환산한 후 원가를 배분하여 준다.

완성품환산량은 원가요소별(직접재료비, 가공비)로 투입시점이 다르기 때문에 서로 구분하여 계산한다.

(2) 완성도(진척도)

완성도란 가공대상 생산품의 완성의 정도를 나타내는 것으로서 완성품환산량 계산의 기본적인 정보이다. 완성도는 통상적으로 %로 표시하게 되는데 공정의 진척정도를 나타내는 것이라고 보면 된다. 즉, 완성품의 경우는 완성도 100%, 재공품의경우에는 그 가공한 정도에 따라서 50%, 70% 등이 될 수 있을 것이다.

완성도는 원가의 투입시점 및 투입형태가 다른 원가요소별로 측정되어야 한다. 통상적으로 재료원가는 공정의 특정시점에 일괄적으로 투입되고 가공원가(직접노무비와 제조간접비의 합)는 전공정을 통하여 균등하게 발생한다.

(3) 종합원가계산의 두 가지 방법

기초재공품이 존재하는 경우 원가흐름에 대한 가정이 필요하다. 다시 말하면, 기초재공품이 존재하지 않는 경우에는 원가흐름에 대한 가정이 필요없다. 종합원가계산에서 사용되는 원가흐름의 가정에는 평균법, 선입선출법, 후입선출법 등이 있지만, 이 중 후입선출법은 실제 물량흐름과 완전히 반대되기 때문에 거의 사용하지 않는 방법이다.

선입선출법은 전기에 가공된 것(기초재공품)이 제품계정으로 먼저 대체된다는 가정 하에 완성품환산량을 계산하는 것이다. 따라서 완성품환산량계산시 기초재공품 중에 전기에 작업한 부분은 당기에 고려하지 않고 당기에 작업을 한 부분만 고려를 하는 방법이다.

평균법은 전기에 수행한 작업(기초재공품)과 당기에 수행한 작업을 구분하지 않고 완성품환산량의 계산을 하는 방법을 말한다. 따라서 평균법에서는 전기에 수행한 작업과 당기에 수행한 작업이 뒤섞이게 된다.

완성품환산량계산에 있어서의 선입선출법과 평균법의 차이는 기초재공품의 전기 작업분을 고려하는가의 여부에 있다. 선입선출법은 기초재공품의 완성분을 당기 완성품환산량에 포함하지 않고 당기에 작업한 부분만 당기완성도로 계산하며, 평균법은 기초재공품의 완성도를 "0"으로 간주하여 전기에 수행한 작업도 당기의 완성품환산량계산에 포함한다. 그러므로 완성품환산량계산시 선입선출법은 기초재공품과 당기 착수분을 반드시 구별하여야 하나, 평균법은 구분할 필요가 없다. 자세한 내용은 후술하는 "예제"를 통해서 확인하기 바란다.

2.3 원가의 집계(3단계)

완성품환산량 계산시 평균법은 기초재공품을 당기에 작업한 것으로 간주하여 완성품환산량 계산에 포함시키므로 제조원가를 집계할 경우에도 기초재공품원가를 포함하여 집계한다. 반대로, 선입선출법은 완성품환산량의 계산에 전기에 작업한 기초재공품은 제외하므로 원가의 집계 시에도 당기에 투입된 원가만 집계한다.

완성품환산량 계산시, 원가의 투입형태별로 완성품환산량을 구분하여 계산하였으면 원가도 구분하여 집계하여야 한다. 즉, 완성품환산량을 재료비와 가공비로 구분하여 계산하였으면 제조원가도 직접재료비와 가공비로 구분하여 집계한다. 완성품환산량은 원가요소별(재료비와 가공비)로 투입시점이 다르기 때문에 서로 구분하여 계산한다. 더 자세한 내용은 후술하는 예제를 통해서 확인하기 바란다.

2.4 완성품환산량 단위당원가의 계산(4단계)

완성품환산량 단위당원가는 원가의 투입형태에 따라 집계된 원가를 각각의 완성품환산량으로 나누어서 계산한다. 따라서 완성품환산량 단위당원가는 완성품환산량 단위당 재료비, 완성품환산량 단위당 노무비라는 형태로 표시된다.

2.5 원가의 계산(5단계)

마지막 단계는 재공품계정의 차변에서 집계된 원가를 재공품계정의 대변, 즉 완성품원가와 기말재공품원가로 배분하는 것이다.

이하에서는 지금까지의 설명을 바탕으로 종합원가계산과 관련된 간단한 예제를 함께 풀어보기로 한다.

예제

(주)한국은 단일제품을 대량으로 생산하고 있다. 재료는 공정초에 모두 투입되고, 가공은 공정전반에 걸쳐 균등하게 이루어진다. 가중평균법과 선입선출법을 사용하여 완성품과 기말재공품의 원가를 계산하시오.

기초재공품 :	2,500개(70% 완성)	재료비 34,000,	가공비 34,025
당기착수량	5,500개		
당기완성량	6,000개		
기말재공품	2,000개(40% 완성)		
당기발생원가 :		재료비 66,000,	가공비 88,375

해답

1. 가중평균법

	물량흐름	완성품환산량 재료비	완성품환산량 가공비
기초재공품	2,500		
당기착수량	5,500		
계	8,000		
완성품	6,000	6,000	6,000
기말재공품	2,000	2,000	800
계	8,000	8,000	6,800
환산량 단위당원가		12.5 [(1)]	18 [(2)]

완성품원가 = (6,000×12.5) + (6,000×18) = 183,000

기말재공품원가 = (2,000×12.5) + (800×18) = 39,400

합계 222,400

(1) (34,000 + 66,000) ÷ 8,000

(2) (34,025 + 88,375) ÷ 6,800

2. 선입선출법

	물량흐름	완성품환산량 재료비	완성품환산량 가공비
기초재공품	2,500		
당기착수량	5,500		
계	8,000		
완성품(기초재공품)	2,500	0	750
완성품(당기착수량)	3,500	3,500	3,500
기말재공품	2,000	2,000	800
계	8,000	5,500	5,050
환산량 단위당원가		12 (3)	17.5 (4)

완성품원가 = (3,500×12) + (4,250×17.5) + (34,000+34,025) = 184,400

기말재공품원가 = (2,000×12) + (800×17.5) = 38,000

222,400

(3) 66,000 ÷ 5,500
(4) 88,375 ÷ 5,050

전 공 용 어

개별원가계산(job-order costing)
보조부문원가(support department costs)
선입선출법(first-in first-out method)
완성품환산량(equivalent units)
작업원가표(job-cost sheet)
제조지시서(production order)
종합원가계산(process costing)
평균법(average method)

연 습 문 제

8-1 개별원가계산의 정의와 특징에 대해 설명하시오.

8-2 제조간접원가의 예정배부율을 계산하는 산식을 제시하고 이에 대해 설명하시오.

8-3 개별원가계산을 이용한 제품원가계산방법에 대해 설명하시오.

8-4 제조간접원가를 배부하기 위한 배부기준과 각 배부방법의 특징에 대해 설명하시오.

8-5 종합원가계산의 정의와 특징에 대해 설명하시오.

8-6 개별원가계산과 종합원가계산의 차이에 대해 설명하시오.

8-7 완성품환산량(equivalent units)이란 무엇인지 설명하시오.

8-8 종합원가계산에서 평균법과 선입선출법의 차이점에 대해 설명하시오.

8-9 다음은 (주)제주의 20X1년 원가계산에 대한 자료이다. 매출원가는 얼마인가?

당기총제조원가 :	1,200,000원	기초재공품 :	100,000원
기말재공품 :	200,000원	기초제품 :	150,000원
기말제품 :	250,000원		

① 1,000,000원　　② 1,100,000원
③ 1,200,000원　　④ 1,300,000원

[해설] 당기제품제조원가 = 100,000 + 1,200,000 − 200,000 = 1,100,000
매출원가 = 150,000 + 1,100,000 − 250,000 = 1,000,000

8-10 종합원가계산을 적용하여 원가계산을 수행하고 있는 (주)대한은 20X1년 1월1일 현재 기초재공품 3,000개(가공원가 완성도 30%)이며, 당기 중 완성품 환산량은 18,000개이고 기말재공품은 2,000개(가공원가 완성도 70%)였다. 선입선출법과 평균법의 가공원가에 대한 완성품 환산량의 차이는?

① 900개 ② 1,000개
③ 1,100개 ④ 1,200개

[해설] 선입선출법의 환산량 = 평균법의 환산량 - 기초재공품의 완성품환산량
즉, 선입선출법의 환산량 - 평균법의 환산량 = 기초재공품의 완성품환산량
= 3,000개 X 30% = 900개

8-11 (주)서울은 당기에 #101, #102, #103 세 가지 작업을 착수하여 완성하였다. 세 가지 작업에 대한 당기 제조원가 및 기타자료는 다음과 같고, 당기 제조간접원가 발생액은 ₩6,000,000이다.

	#101	#102	#103	합 계
직접재료원가	₩150,000	₩200,000	₩250,000	₩600,000
직접노무원가	200,000	400,000	400,000	1,000,000
직접노동시간	750시간	1,350시간	900시간	3,000시간
기계시간	1,000시간	500시간	500시간	2,000시간

다음 각 항목을 제조간접원가 배부기준으로 사용할 경우 각 작업의 원가를 계산하라.

(1) 직접노무원가 (2) 직접노동시간 (3) 기계시간

[해설]
(1) 직접노무원가 기준
제조간접원가 배부율 = ₩6,000,000/₩1,000,000 = 직접노무원가의 600%

	#101	#102	#103	합 계
직접재료원가	₩150,000	₩200,000	₩250,000	₩600,000
직접노무원가	200,000	400,000	400,000	1,000,000
제조간접원가	1,200,000	2,400,000	2,400,000	6,000,000
합 계	₩1,550,000	₩3,000,000	₩3,050,000	₩7,600,000

(2) 직접노동시간 기준
제조간접원가 배부율 = ₩6,000,000/₩3,000 = ₩2,000/직접노동시간

	#101	#102	#103	합 계
직접재료원가	₩150,000	₩200,000	₩250,000	₩600,000
직접노무원가	200,000	400,000	400,000	1,000,000
제조간접원가	1,500,000	2,700,000	1,800,000	6,000,000
합 계	₩1,850,000	₩3,300,000	₩2,450,000	₩7,600,000

(3) 기계시간 기준
제조간접원가 배부율 = ₩6,000,000/₩2,000 = ₩3,000/기계시간

	#101	#102	#103	합 계
직접재료원가	₩150,000	₩200,000	₩250,000	₩600,000
직접노무원가	200,000	400,000	400,000	1,000,000
제조간접원가	3,000,000	1,500,000	1,500,000	6,000,000
합 계	₩3,350,000	₩2,100,000	₩2,150,000	₩7,600,000

8-12 부산(주)은 재고자산의 평가방법으로 선입선출법을 사용하고 있다. 기초재공품은 300개(80%완성), 당기착수량은 1,200개, 기말재공품 400개(50%완성)이다. 원재료는 공정 초에 모두 투입되며, 가공원가는 공정전반에 걸쳐 균일하게 투입된다. (1) 선입선출법과 (2) 평균법을 각각 사용하여 원가요소별 완성품환산량을 계산하라.

[해설] (1) 선입선출법

	물량흐름	완성품환산량	
		직접재료원가	가공원가
기초재공품	300		
당기착수량	1,200		
계	1,500		
완성품(기초재공품)	300	0	60
완성품(당기착수량)	800	800	800
기말재공품	400	400	200
계	1,500	1,200	1,060

직접재료원가 완성품 환산량 = 1,200개
가공원가 완성품환산량 = 1,060개

(2) 평균법

	물량흐름	완성품환산량	
		직접재료원가	가공원가
기초재공품	300		
당기착수량	1,200		
계	1,500		
완성품	1,100	1,100	1,100
기말재공품	400	400	200
계	1,500	1,500	1,300

직접재료원가 완성품 환산량 = 1,500개
가공원가 완성품환산량 = 1,300개

표준원가계산과 활동기준원가계산

9장

제1절 표준원가계산
제2절 활동기준원가계산

미국의 제조업체들을 대상으로 도출해낸 통계 가운데 「20/80 법칙」이라는 것이 있다. 여러가지 다양한 종류의 제품을 제조해내는 기업들을 보면 잘 팔리는 상위 20%의 제품이 총매출에서 차지하는 비중이 80% 정도를 점한다는 뜻이다. 여기에 한술 더 떠 「60/99법칙」이라는 것도 있는데 이 법칙은 잘 팔리는 상위 60%의 제품이 기업 총매출의 99%를 창출해낸다는 통계에서 비롯된 것이다. 이 통계결과를 다른 각도에서 보면 기업이 생산해내는 제품 중에서 잘 안 팔리는 하위 40%는 기껏해야 총매출의 1% 정도밖에 기여하지 못한다는 얘기가 된다. 우리 제조업체들에도 시사하는 바가 크다. 그러나 이 통계수치보다 더욱 놀라운 사실은 제품에 대한 원가계산을 활동기준 원가계산방식을 적용, 보다 정확히 실시한 결과 이익이 많이 나는 상위 20%의 제품이 기업의 순이익 규모의 300%나 되는 순이익을 창출해낸다는 점이다. 이는 나머지 80%의 제품은 잘하면 원가회수 정도나 하고 있거나 아니면 오히려 손해를 끼치고 있다는 풀이가 된다. 즉 이들 80%의 제품은 기업의 순이익에 200%에 해당하는 만큼의 손실을 초래하고 있다는 결론이다. 이렇게 기업의 이익에 공헌하기는 커녕 이익을 깎아먹는 하위 80%의 제품이 사라진다면 별다른 노력 없이도 기업의 이익은 크게 개선될 수 있다는 점에 주목할 필요가 있다. 실제로 미국의 프록터 앤드 갬블(P&G)사(社)는 자사(自社)의 제품 가운데 별 차이도 나지 않으면서 서로 다른 제품명으로 다양화돼 있던 제품배합을 단순화시킴으로써 수익성을 크게 개선한 바 있다. 다양하면서도 많은 상표의 제품군을 거느리고 있는 기업들에 이같은 기현상이 일어나게 되는 것은 제품 개개의 수익성은 따져보지 않은 채 성급하게 다품종화를 추구했거나 고객의 욕구에 너무 지나치게 반응했기 때문이다. 다품종화하기 위해서, 또는 고객의 다양한 욕구에 부응하기 위해서 얼마나 많은 양의 자원과 노력이 투입되어야 하는지를 간과했기 때문에 나타나는 현상이다.

〈서울경제신문 2008. 3.28일자〉

제1절 표준원가계산

1. 표준원가계산의 의의

표준원가계산(Standard Costing)제도란 회계시스템 내에 가격표준과 수량표준에 대한 표준원가개념을 도입하여 이를 기준으로 제품의 원가를 계산하는 방법을 의미한다. 표준원가계산제도는 특정한 산출물의 원가를 미리 결정하여 원가계산을 하는 방법이므로 각각의 산출물에 대하여 다른 작업을 수행하는 개별원가계산보다는 모든 산출물에 대하여 동일한 작업을 수행하는 종합원가계산에 더욱 적합한 방법이다.

표준원가계산제도는 역사적 원가가 아닌 사전에 결정된 미래원가에 의하여 제품원가계산을 하게 되므로 재무보고시에는 제조간접원가를 예정배부할 때 제조간접원가의 배부차이를 조정하는 것처럼 표준원가를 역사적 원가주의에 따라 실제원가로 수정하여야 한다.

2. 예산

2.1 예산의 의의

예산이란 특정 활동을 수행하는데 소비될 것으로 예정되는 자원을 화폐금액으로 표시한 것을 말한다.

표준은 개별단위로 설정되는 것을 의미하는데 반해, 예산은 전체를 합계한 총계개념이다. 즉, "예산 = 표준원가 × 수량"이다.

표준원가계산은 반복적인 작업에 대하여 사전적으로 결정된 원가를 적용하는 원가계산방법이므로 각각의 제품에 대한 원가계산 보다는 생산된 총량에 대한 원가계산을 하는 것이 논리적이고 간편한 방법이 될 것이다.

여기서 하나하나의 제품에 대한 표준원가 보다는 전체적인 총산출물에 대한 표준원가로서의 예산의 중요성이 있는 것이다.

예산은 실제산출량과 예산수량과의 관계에 의하여 고정예산과 변동예산으로 구분된다.

2.2 고정예산

고정예산은 하나의 조업도 수준에서의 예산을 의미한다. 고정예산에서는 실제 발생한 결과를 예산조업도 수준에서의 예산과 비교한다. 따라서 실제 조업도와 예산 조업도의 차이가 크면 실제와 예산의 비교가 무의미하게 된다.

2.3 변동예산

변동예산은 고정예산과는 달리 일정범위 또는 관련범위의 조업도 수준에 대한 예산으로 실제 발생한 결과를 "실제조업도 수준 하에서의 예산"과 비교한다.

따라서 변동예산은 실제발생한 결과의 조업도 수준으로 예산조업도를 변경하여 상호 비교하는 동태적 예산이다. 변동예산은 고정예산과는 달리 하나의 조업도 수준의 예산이 아니므로 고정된 숫자로 표시되기 보다는 함수의 형태로 표시된다. 함수의 형태로 표시된 변동예산은 실제의 결과가 관련범위 내에 있는 한 예산 금액 자체를 실제결과의 조업도 수준으로 변경시킬 수 있다.

3. 원가차이 분석

3.1 원가차이 분석의 의의 및 목적

차이분석은 실제 발생한 원가를 변동예산인 표준과 비교하여 그 차이를 분석하는 기법을 말한다. 표준원가는 생산이라는 활동이 있기 전에 사전적으로 결정된 원가이므로 표준원가와 실제원가와는 차이가 발생하기 마련이다.

3.2 차이분석의 일반적 모형

차이는 실제투입원가와 표준원가와의 차이를 나타내는 포괄적인 용어이다. 차이라는 용어는 어떤 원가요소에서 발생하였는가에 따라 직접재료원가차이, 직접노무원가차이, 제조간접원가차이로 구별되며, 차이의 발생원인이 수량인지 가격인지에 따라 수량차이와 가격차이로 분류된다.

가격차이란 총차이 중에서 가격으로 인하여 표준원가와 실제원가와 차이가 나는 부분을 말한다. 가격차이는 실제가격(AP)에 실제투입량(AQ)을 곱한 금액과 표준가격(SP)에 실제투입량(AQ)을 곱한 금액의 차이이다. 즉, 투입량이 동일하므로 두 수의 차이는 가격에 의한 차이만을 표시하게 된다. 또한 수량차이는 총차이 중에서 가격으로 인한 차이를 제외한 또는 수량에 의한 차이 부분을 의미한다. 수량에 의한 차이부분을 구하기 위해서는 가격을 일정하게 고정시켜야 한다. 따라서 수량차이는 표준가격(SP)에 실제투입량(AQ)을 곱한 금액과 표준가격(SP)에 표준투입량(SQ)을 곱한 금액의 차이이다.

| 도표 9-1 | 차이분석의 일반모형

실제발생금액	표준가격×실제투입량	표준가격×표준투입량
(AP×AQ)	(SP×AQ)	(SP×SQ)

가격차이 (AP×AQ와 SP×AQ 사이) 능률차이 (SP×AQ와 SP×SQ 사이)

차이분석 결과 각 원가요소별로 가격차이와 능률차이는 다소 상이한 명칭을 사용한다. 주로 사용하는 명칭을 요약하면 다음과 같다.

| 도표 9-2 | 원가요소별 차이분석의 명칭

원가요소	가격차이	능률차이
직접재료원가	가격차이	수량차이
직접노무원가	임률차이	능률차이
변동제조간접원가	소비차이	능률차이

한편, 원가차이 분석결과 그 금액의 차이에 따라 유리한 차이(favorable)와 불리한 차이(unfavorable)로 분류된다. 유리한 차이 혹은 불리한 차이란 차이가 영업이익에 어떠한 영향을 미치는가에 따른 분류이다. 차이가 영업이익을 증가시키는 방향으로 일어났으면 유리한 차이, 영업이익을 감소시키는 방향으로 일어났으며 불리한 차이가 된다. 즉, 표준보다 실제사용액이 작을 경우 원가가 감소되므로 유리한 차이가 나타난다. 이하 본서에서는 직접재료원가와 직접노무원가에 대한 차이 분석에 대해서만 살펴보기로 한다.

3.3 직접재료원가 차이

직접재료원가차이란 실제직접재료원가와 변동예산에서 허용된 표준직접재료원가와의 차이를 의미한다. 직접재료원가 총차이는 직접재료원가가격차이와 직접재료원가능률차이로 나뉜다.

직접재료원가 총차이 = 실제원가 − 변동예산(표준원가)
= (AP×AQ) − (SP×SQ)
직접재료원가 가격차이 = 실제원가 − 실제투입된 수량의 표준원가
= (AP×AQ) − (SP×AQ)
직접재료원가 능률차이 = 실제투입된 수량의 표준원가 − 변동예산
= (SP×AQ) − (SP×SQ)

(1) 가격차이의 구매시점인식

가격차이는 사용시점까지 기다리지 않고 구매시점에 바로 분리하는 것이 구매부문 경영자의 주의를 환기시킬 수 있고 직접재료가격 결정을 신속하게 할 수 있다.

이 경우 가격차이는 구매시점에서 구매수량을 기준으로 표준가격과 실제구입가격을 대비해서 구하게 되고, 능률차이는 사용량을 기준으로 하여 구하게 된다.

직접재료원가 구입가격차이 = $(AP \times AQ_p) - (SP \times AQ_p)$
직접재료원가 능률차이 = $(SP \times AQ_u) - (SP \times SQ)$
단, AQ_p = 재료의 실제 구입수량
Q_u = 재료의 실제 사용수량

(2) 가격차이와 능률차이의 상호관계

가격차이와 능률차이를 구하여 성과평가를 할 때는 차이간의 상호관계에 주의를 기울여야 한다. 예를 들어, 저가품의 재료를 사용하여 발생한 유리한 가격차이는 불리한 능률차이를 초래할 수도 있다.

3.4 직접노무원가 차이

직접노무원가차이란 실제직접노무원가와 변동예산에서 허용된 표준직접노무원가와의 차이를 의미한다. 직접노무원가 총차이는 직접노무원가 임률차이와 직접노무원가 능률차이로 나뉜다.

직접노무원가 총차이
= 실제원가 − 변동예산(실제 산출량에 허용된 표준투입량의 표준원가)
= $(AR \times AH) - (SR \times SH)$

직접노무원가 임률차이(가격차이)
= 실제원가 − 실제투입시간의 표준원가
= $(AP \times AQ) - (SP \times AQ) = (AR - SR) \times AH$

직접노무원가 능률차이
= 실제투입시간의 표준원가 − 변동예산
= $(SR \times AH) - (SR \times SH) = SR \times (AH - SH)$

직접노무원가 가격차이는 직접노동시간이 실제시간으로 고정된 상태에서 임률변화가 원가에 미치는 영향을 나타내며, 직접노무원가 능률차이는 임률이 표준임률로 고정된 상태에서 실제시간과 허용된 원가에 미치는 영향을 나타낸다.

제2절 활동기준원가계산(Activity-Based Costing)

1. 활동기준원가계산

1.1 활동기준원가계산의 개요

활동기준원가계산은 작업활동에 따른 원가의 발생을 집계하고(대부분의 경우 제조간접비, 간혹 직접노무비도 포함)활동별로 배분기준을 설정한 후, 각 활동의 원가를 활동별의 배분기준에 따라 제품에 배분하는 원가계산방법이다. 즉, ABC는 통상적으로 제조간접원가배부의 한 형태로 인식되는 것으로서 보다 정확한 원가계산을 위해서 개발된 것이다.

1.2 전통적인 원가계산제도의 한계

전통적 원가시스템은 조업도를 기준으로 한 원가계산으로 이는 그 과정에 있어서 활동을 중요시하지 않고 제품에 초점을 맞춘다. 각 제품이 자원을 바로 소비한다고 가정하고 있기 때문에 원가는 제품별로 추적되며, 따라서 전통적인 원가배분기준으로 직접노무시간, 기계작업시간, 재료소비량 등과 같은 조업도 관련 배부기준이 사용된다. 원가행태를 보면 사실 생산량, 작업시간 등과 같은 조업도가 커질수록 원가가 많이 발생한다. 그러나 원가를 발생시키는 요인을 좀더 자세히 살펴보면, 주문활동, 수선유지활동 등과 같이 조업도와 관련없는 활동으로 인해 원가가 발생하는 경우가 많다는 것을 알 수 있다. 이러한 경우에도 당해 원가를 조업도와 관련된 배부기준에 따라 배부하면 결과적으로 원가를 왜곡하는 결과를 초래한다.

2. 활동기준원가계산의 필요성

(1) 제품의 원가배분을 각 제품이 거쳐간 작업활동을 기준으로 수행하므로 정확한 원가계산이 가능하다.
(2) 각 활동별로 원가를 집계, 관리하므로 효율적인 원가관리가 이루어질 수 있다.
(3) 제품별로 상이한 작업활동을 거쳐야 할 때 원가계산이 용이하다.

3. 활동기준원가계산 절차

3.1 활동의 파악

원가의 집계를 할 활동을 파악한다. 활동의 파악은 원가중심점을 설정하는 작업이므로 비용-효익 분석에 의하여 적절한 수를 정하여야 한다.

3.2 활동별 원가 집계

발생한 원가를 각 활동별로 집계한다.

3.3 활동별 배분 기준 선정

각 활동을 잘 나타내주는 배부기준을 선정한다. 운반이라는 활동에 대해서는 제품의 크기, 무게 또는 수량, 이들의 복합치가 될 수 있을 것이며, 창고에 보관하는 용역에 대해서는 부피나 수량이 될 수 있을 것이다.

3.4 활동을 거쳐 간 제품별로 배부

각 활동중심점별로 원가가 집계되고 나면 집계된 원가총액을 각 활동중심점과 관련된 원가동인의 수량으로 나누어서 활동중심점별 제조간접비배부율을 계산한다.

제조간접비배부율이 계산되고 나면 개별제품을 생산하기 위하여 사용된 원가동인의 수에

활동중심점별 제조간접비배부율을 곱하여 각 제품에 제조간접비를 배부한다.

4. 활동과 원가동인

각 활동별로 집계된 원가를 제품에 배부할 배부기준이 원가동인(원가유발요인, cost driver)이다. 각 활동별 원가동인은 활동의 소비와 높은 상관관계를 가지고 그 측정이 용이한 것으로 결정한다.

4.1 활동

활동기준원가계산에서는 활동을 그 계층적인 수준에 따라 설비유지활동, 제품유지활동, 뱃치(묶음)수준활동, 단위수준활동으로 분류하여 파악한다.

설비유지활동(facility-sustaining activity)은 생산설비와 관련한 활동으로서 주로 공장관리원가, 인력관리원가 등의 관리적 성격의 원가를 발생시킨다. 공장건물과 관련하여 세금, 보수, 안전, 조경 등도 설비유지활동에 포함된다.

제품유지활동(product-sustaining activity)은 특정 제품이 생산되고 판매될 수 있도록 수행하는 활동이다. 따라서 제품의 종류가 많아질수록 제품유지활동의 양도 많아진다. 예를 들면, 개별제품에 대한 기술변경통지, 공정계획 및 검사, 제품개량 등의 활동은 제품유지활동에 속한다. 뱃치수준(batch level activity)활동은 작업준비 등과 같이 뱃치생산이 이루어질 때마다 수행되는 활동이다. 예컨대, 만일 특정 제품의 생산을 위하여 기계를 교체하여야 한다면 그 때마다 작업준비활동이 필요하다. 따라서 뱃치의 수가 늘어날수록 작업준비활동은 더 많이 필요하게 된다. 이와 같이 뱃치관련활동에 속하는 작업준비활동을 위한 자원의 소비는 뱃치의 수에 비례하여 발생하지만, 생산량에는 비례하지 않는다. 단위수준활동(unit level activity)은 생산량에 비례해서 발생하는 활동들을 말한다.

4.2 원가동인(원가유발요인)

활동기준원가계산에서 중요한 것은 원가동인(cost driver)이다. 이러한 원가동인을 선정할 때는 선정하고자 하는 원가동인이 회사의 다양한 제품생산을 위한 실제 활동의 소비량을 정확히 측정할 수 있어야 하고, 선정하고자 하는 원가동인과 관련된 자료를 수집하기가 용이해야 한다.

전 공 용 어

노무시간차이(labor hour variance)
능률차이(efficiency variance)
원가동인(cost diver)
임률차이(labor rate variance)
직접재료가격차이(direct material price variable)
직접재료수량차이(direct material quantity variance)
표준원가(standard cost)
표준원가계산(standard costing)
활동기준원가계산(activity based costing)

연 | 습 | 문 | 제

9-1 표준원가개념과 표준원가계산제도에 대해 설명하시오.

9-2 표준원가계산하의 회계처리방법에 대해 설명하시오.

9-3 직접재료원가와 직접노무원가의 세부적인 차이의 의미를 설명하시오.

9-4 활동기준원가계산제도가 전통적 원가계산제도와의 차이점 및 장단점에 대해 설명하시오.

9-5 활동기준원가계산제도를 도입하려는 배경에 대해 설명하시오.

9-6 (주)한라는 표준원가계산제도를 채택하고 있다. 다음 자료를 이용하여 원가차이를 계산하라(단, 직접재료원가의 가격차이는 구입시점에서 계산한다).

- ○ 당기 제품 생산량은 6,000개이다.
- ○ 직접재료 매입량은 19,000파운드이며, 파운드 당 실제구입가격은 ₩16이다.
- ○ 직접재료 사용량은 11,500파운드이며, 기초재료는 없다.
- ○ 직접노동시간은 11,700시간이다. 노동시간당 실제임률은 ₩12이다.
- ○ 변동제조간접원가의 실제발생액은 ₩112,500이며, 고정제조간접원가 실제발생액은 ₩165,000이다. 한편 제조간접비원가는 직접노동시간을 기준으로 제품에 배부한다. 고정제조간접원가의 기준조업도는 제품 5,700개이다.
- ○ 제품 단위당 표준원가는 다음과 같다.
  - 직접재료원가(2파운드, 파운드당 ₩15) ₩30
  - 직접노무원가(2.5시간, 노동시간당 ₩10) ₩25
  - 변동제조간접원가(2.5시간, 노동시간당 ₩9.5) ₩23.75
  - 고정제조간접원가(2.5시간, 노동시간당 ₩15) ₩37.5

[해설]

1. 직접재료원가 가격차이와 능률차이

AP × AQ'	SP × AQ'
16 × 19,000	15 × 19,000
= ₩304,000	= ₩285,000
가격차이 ₩19,000U	

SP × AQ	SP × SQ
15 × 11,500	15× (2× 6,000)
= ₩172,500	= ₩180,000
능률차이 ₩7,500F	

2. 직접노무원가 임률차이와 능률차이

AP × AQ	SP × AQ	SP × SQ
12 × 11,700	10 × 11,700	10 × (2.5 × 6,000)
= ₩140,400	= ₩117,000	= ₩150,000
임률차이 ₩ 23,400U	능률차이 ₩ 33,000F	

3. 변동제조간접원가 소비차이와 능률차이

AP × AQ	SP × AQ	SP × SQ
	9.5 × 11,700	9.5 × (2.5 × 6,000)
₩112,500	= ₩111,150	= ₩142,500
소비차이 ₩1,350U	능률차이 ₩31,350F	

4. 고정제조간접원가 예산차이와 조업도차이

실 제	예 산	배부액(SQ×SP)
	15 × (2.5 × 5,700)	15 × (2.5 × 6,000)
₩165,0001	= ₩213,750	= ₩225,000
예산차이 ₩48,750F	조업도차이₩11,250F	

9-7 (주)종로는 두 종류의 제품 A와 B를 생산하고 있다. 제품을 제조하기 위해 필요한 활동에 관한 자료는 다음과 같다. 활동기준원가계산(Activity-Based Costing)을 사용하여 각 제품의 총원가를 계산하라.

활 동	원 가	원가동인	원가동인수
기술지원	1,200,000	기술지원횟수	300회
기계사용	1,800,000	기계시간	5,000시간
생산준비	600,000	생산준비횟수	30회
재료처리	2,500,000	재료처리횟수	4,000회

각 제품과 관련된 활동의 수량은 다음과 같다.

작 업	기초원가	기술지원	기계시간	생산준비	재료처리
제품 A	300,000	5회	40시간	3회	20회
제품 B	250,000	3회	30시간	1회	40회

[해설]

(1) 활동별배부율

활 동		배 부 율
기술지원	1,200,000/300	4,000/기술지원횟수
기계사용	1,800,000/5,000	360/기계시간
생산준비	600,000/30	20,000/생산준비횟수
재료처리	2,500,000/4,000	625/재료처리횟수

(2) 제조간접원가의 배부

활동별원가	제품 A	제품 B
기술지원	5×4,000 = 20,000	3×4,000 = 12,000
기계사용	40×360 = 14,400	30×360 =10,800
생산준비	3×20,000 = 60,000	1×20,000 = 20,000
재료처리	20×625 = 12,500	40×625 = 25,000
합 계	106,900	67,800

(3) 제품별원가 = 기초원가 + 제조간접원가

제품 A : 300,000 + 106,500 = 406,500

제품 B : 250,000 + 67,800 = 317,800

CVP분석, 예산 및 책임회계제도

10장

제1절 원가-조업도-이익분석(CVP 분석)
제2절 예산
제3절 책임회계제도와 성과평가

성공한 CEO들은 기본적으로 투자자들의 기대만큼 실적을 내는 것이 중요하다는 사실을 잘 알고 있다. 그렇지 못하면 CEO 자리를 유지하기가 어렵기 때문이다. 그러나 이들은 단지 숫자로 드러나는 재무적 성과만을 위해 일하진 않는다. 성공한 CEO는 기업 내부에서 승진했든지 아니면 외부에서 영입됐든지 간에 회사의 장래에 대한 강한 책임감을 갖고 있다.

리프 요한슨 볼보 CEO는 "조직에서 일하는 것은 나에게 돈 버는 것 이상의 영혼이자 가치이자 목적"이라고 말한다. 가톨릭 신자로 미국 의료기기업체 벡톤디킨슨의 CEO인 에드워드 루드위그는 "CEO가 되는 것은 현재보다 더 나은 회사를 만들라는 '소명'에 응답하는 것"이라는 견해를 밝혔다.

CEO들은 실적 향상을 위해 사업부문 매각 등 특별한 결심을 해야 할 때가 종종 있다. 요르마 올릴라 전 노키아 CEO는 휴대폰 사업에 집중하기로 결정하면서 나머지 사업부문을 매각했다. 영국 레저업체인 윗브레드의 알란 파커 CEO도 성장성이 큰 '프리미어 인'과 '코스타 커피' 사업에 집중하기 위해 자신이 시작했던 메리어트호텔 체인 사업을 매각했다. 이들은 매각 결정이 회사의 근본적인 역량과 가치를 '부정'하는 것이 아니라 오히려 '긍정'하는 과정이었다고 확신했다. 올릴라는 "CEO로서 나의 두 가지 임무 중 하나는 사람들이 휴대폰 사업의 잠재력을 깨닫도록 하는 것이고, 또 다른 하나는 성장성 없는 사업을 잘라내는 것 이었다"고 강조했다.

〈한국경제신문 2008.7.23일자 글로벌이슈분석〉

제1절 원가-조업도-이익분석(CVP 분석)

1. CVP 분석의 기본개념

기업의 경영자는 제품을 구성하는 원가요소의 단기적인 변동, 조업도, 판매가격 등의 변동이 기업의 단기적인 이익에 어떠한 영향을 미치는지는 파악하기 위해 원가-조업도-이익(cost-volume-profit : CVP)을 분석한다.

원가-조업도-이익분석(cost-volume-profit analysis)은 조업도(생산량 또는 판매량)의 단기적 변화가 원가와 이익에 미치는 영향을 분석하는 기법이며, 기업의 단기적 의사결정에 널리 사용되고 있다. 원가-조업도-이익분석을 간단히 CVP분석이라고도 하는데 다음과 같은 질문에 대한 답을 구하는데 유용하다.

① 이익을 0으로 만드는 조업도는 얼마인가?

② 일정한 조업도에서 얻을 수 있는 이익은 얼마인가?

③ 일정한 목표이익을 얻는데 필요한 조업도는 얼마인가?

기업의 단기적 의사결정은 대부분 조업도가 원가와 이익에 미치는 영향을 근거로 하여 이루어지기 때문에 CVP분석은 주로 단기적 의사결정에 유용하게 사용된다.

1.1 CVP 분석의 가정

CVP분석은 다음과 같은 여러 가지 가정들을 기초로 하고 있다.

첫째, 모든 원가는 변동비와 고정비로 분류할 수 있다고 가정한다. 그러므로 혼합원가(mixed costs)도 변동비의 성격을 갖는 부분과 고정비의 성격을 갖는 부분으로 구분할 수 있다고 한다.

둘째, 수익과 원가의 행태는 확실하게 결정되어 있으며, 관련범위 내에서 선형이라고 가정한다. 즉, 관련범위 내에서 매출액과 변동비는 조업도에 비례하고 고정비는 조업도에 관계없이 일정하다는 것이다. 이는 제품의 단위당 판매가격과 단위당 변동비가 일정하다는 것을 의미한다.

셋째, 조업도만이 원가에 영향을 미치는 유일한 요인이라고 가정한다. 현실적으로 원가에 영향을 미치는 요인으로는 조업도 이외에 생산요소의 가격변화, 기술의 변화, 작업능률 등이 있지만 이들 요인의 효과는 무시한다.

넷째, 기업은 한 종류의 제품만을 판매한다고 가정한다. 그러나 여러 종류의 제품을 판매하는 경우에는 매출배합이 일정하다고 가정한다. 매출배합이란 여러 종류의 제품을 판매할 때 각 제품의 상대적 판매비율을 의미하는데 매출배합이 일정하다는 것은 결국 한 종류의 제품만을 판매한다는 가정과 동일한 의미를 지니고 있다.

다섯째, 재고수준이 변동하지 않는다고 가정한다. 이 가정은 생산량과 판매량이 동일하다는 것을 의미한다. 이 가정은 고정제조간접비가 기간비용으로 처리되는 변동원가계산 하에서는 불필요하지만 고정제조간접비가 제품원가에 포함되는 전부원가계산에서는 매우 중요하다.

여섯째, 화폐의 시간가치가 중요하지 않을 정도의 단기적인 분석이라고 가정한다.

1.2 CVP 분석의 기본 개념

(1) 공헌이익

총수익, 총비용, 이익 사이에는 다음과 같은 관계가 성립한다.

이 익 = 총수익 − 총비용

또한 총수익과 총비용은 다음과 같이 표현된다.

총수익 = 단위당 판매가격 × 판매량
총비용 = 총변동비 + 총고정비
= (단위당 변동비 × 판매량) + 총고정비

따라서 이익은 다음과 같은 식으로 표현된다.

이익 = 총수익 − 총비용
= (단위당 판매가격 × 판매량) − (단위당 변동비 × 판매량) − 총고정비
= (단위당 판매가격 − 단위당 변동비) × 판매량 − 총고정비

공헌이익(contribution margin)이란 수익에서 변동비를 차감한 금액을 말하는 것으로, 고정비를 회수하고 이익을 창출하는데 공헌할 수 있는 금액을 의미한다. 즉, 공헌이익은 고정비를 회수하는 힘이라고 할 수 있다. 공헌이익에는 총공헌이익(total contribution margin, TCM)과 단위당 공헌이익(unit contribution margin, UCM)이 있다.

총공헌이익 = 총수익 − 총변동비

단위당 공헌이익 = 단위당 판매가격 − 단위당 변동비

이익에 관한 식을 공헌이익을 이용하여 정리하면 다음과 같다.

이익 = (단위당 공헌이익 × 판매량) − 총고정비
= 총공헌이익 − 총고정비

제조업에 있어서 단위당 공헌이익은 제품 한 단위가 고정비를 회수하고 이익을 창출하는데 얼마나 공헌하는지를 나타내는 금액이다. 단위당 공헌이익에 판매량을 곱하면 총공헌이익이 된다. 총공헌이익이 총고정비보다 크면 이익이 발생하고 작으면 손실이 발생한다.

(2) 공헌이익률

공헌이익률(contribution margin ratio, CMR)은 매출액에 대한 공헌이익의 비율이다. 공헌이익률은 총공헌이익을 총수익(매출액)으로 나누어 계산할 수도 있고 단위당 공헌이익을 단위당 판매가격으로 나누어 계산할 수도 있다.

$$\text{공헌이익률} = \frac{\text{총공헌이익}}{\text{총수익}} = \frac{\text{단위당공헌이익}}{\text{단위당판매가격}} = \frac{\text{단위당판매가격} - \text{단위당변동비}}{\text{단위당판매가격}} = 1 - \frac{\text{단위당변동비}}{\text{단위당판매가격}}$$

한편, 변동비율(variable cost ratio)은 매출액에 대한 변동비의 비율을 의미한다.

$$\text{변동비율} = \frac{\text{총변동비}}{\text{총매출액}} = \frac{\text{단위당변동비}}{\text{단위당판매가격}}$$

그러므로 공헌이익률과 변동비율 사이에는 다음과 같은 관계가 성립한다.

$$\text{공헌이익률} = 1 - \text{변동비율}$$
$$\text{공헌이익률} + \text{변동비율} = 1$$

공헌이익률은 수익의 몇 %가 고정비를 회수하고 이익을 창출하는데 공헌하는가를 나타내 준다.

예 제

마포(주)는 단위당 판매가격이 ₩50이고 단위당 변동비가 ₩20이며, 총고정비가 ₩60,000인 제품을 생산 · 판매하고 있다. 회사는 올해 제품 10,000개를 판매할 것으로 예상하고 있다. 단위당 공헌이익, 공헌이익률, 변동비율을 계산하라.

해 답

1. **단위당 공헌이익** = 단위당 판매가격 − 단위당 변동비
   = ₩50 − ₩20 = ₩30

2. **공헌이익률** $= \dfrac{\text{공헌이익}}{\text{매출액}} = \dfrac{300,000}{500,000} = 60\%$

   (또는)
   공헌이익률 $= \dfrac{\text{단위당공헌이익}}{\text{단위당 판매가격}} = \dfrac{30}{50} = 60\%$

3. **변동비율** $= \dfrac{\text{변동비}}{\text{매출액}} = \dfrac{200,000}{500,000} = 40\%$

   (또는)
   변동비율 $= \dfrac{\text{단위당 변동비}}{\text{단위당 판매가격}} = \dfrac{20}{50} = 40\%$

2. CVP 분석

2.1 CVP도표, PV도표

원가–조업도–이익도표(cost–volume–profit graph, CVP도표)는 조업도의 변동에 따른 수익 · 비용 및 이익(손실)의 변동을 도표로 나타낸 것이다. CVP도표에서 총수익선과 총비용선이 만나는 점이 손익분기점이다. 손익분기점보다 낮은 조업도수준에서는 총수익선이 총비용선 아래에 있기 때문에 손실이 발생하고, 손익분기점보다 높은 조업도수준에서는 총수익선이 총비용선 위에 있기 때문에 이익이 발생한다.

| 도표 10-1 | CVP도표

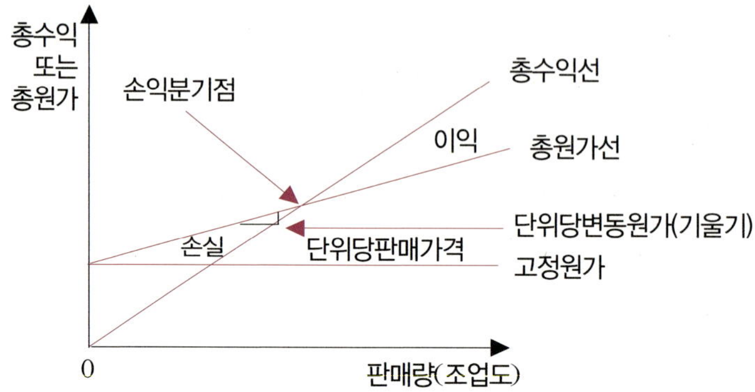

한편, CVP도표를 보다 단순화한 이익-조업도 도표(profit-volume graph, PV도표)도 많이 이용되는데, PV도표는 CVP도표의 수익에서 비용을 차감한 이익을 도출하여 조업도의 변동에 따른 이익의 변동을 도표로 나타내고 있다. PV도표에서 이익선의 기울기는 단위당 공헌이익을 나타낸다. PV도표의 장점은 조업도의 변동에 따른 이익의 변화를 시각화하여 보여준다는 것이다. PV도표는 총수익선에서 총비용선을 차감하여 이익 또는 손실을 계산하는 CVP도표와는 달리 이익 또는 손실을 직접적으로 구할 수 있다는 점이 장점이다. 그러나 PV도표는 이익이나 손실을 계산하는데 필요한 총수익과 총비용에 대한 정보를 제공하지 못한다는 단점을 가지고 있다.

| 도표 10-2 | PV도표

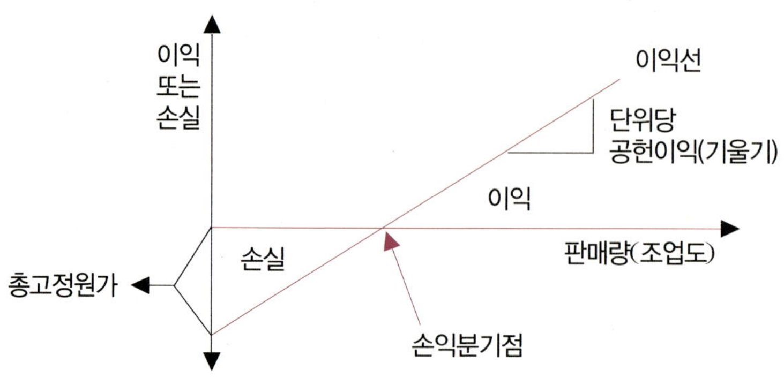

PV도표에서 공헌이익과 고정비를 별도로 표시하여 공헌이익도표(contribution margin graph)를 도출할 수 있다. 공헌이익선은 원점을 지나는 직선이고 그 기울기는 단위당 공헌이익이다. 공헌이익에서 고정비를 차감하면 영업이익이 되므로 공헌이익선과 고정비가 만나는 점이 손익분기점이 된다.

3. 손익분기점분석

3.1. 손익분기점의 계산

손익분기점(break-even point, BEP)이란 수익과 비용이 일치하여 이익도 손실도 없는 조업도 수준을 의미한다. 손익분기분석(break-even analysis)은 이러한 손익분기점을 찾아내는 분석기법으로서 CVP분석의 한 유형이다.

손익분기점에서는 수익과 비용이 일치하기 때문에 다음과 같은 등식이 성립하게 된다.

수익 = 비용
수익 = 변동비 + 고정비

이를 기호로 표시하면 다음과 같다.

$$PQ = VQ + F$$

$$\therefore Q = \frac{F}{(P - V)}$$

P : 단위당 판매가격 Q : 판매량 V : 단위당 변동비 F : 총고정비

한편 손익분기점의 정의에 의하면 손익분기점에서는 총공헌이익과 총고정비가 일치하게 된다. 그러므로 손익분기점에서는 다음과 같은 식이 성립하게 된다.

$$총공헌이익 = 총고정비$$
$$(P - V)Q = F$$
$$\therefore Q = \frac{F}{(P - V)}$$

위 식의 양변에 단위당 판매가격을 곱하여 정리하면

$$PQ = \left[\frac{F}{(P - V)}\right] P = \frac{F}{(\frac{P - V}{P})} = \frac{F}{(1 - \frac{V}{P})}$$
$$= \frac{총고정비}{1 - 변동비율} = \frac{총고정비}{공헌이익률}$$

위 식에 나타난 바와 같이 단위당 공헌이익에 대한 정보가 주어지지 않고 공헌이익률에 대한 정보만 주어진 경우에는 다음과 같은 식에 의해서 손익분기점의 매출액을 계산할 수 있다.

$$손익분기점매출액 = \frac{총고정비}{공헌이익률}$$

예 제

다음은 각각 독립적인 상황이다.

1. A회사는 단위당 판매가격이 ₩50이고 단위당 변동비가 ₩30인 제품을 생산 · 판매하고 있으며, 연간 고정비는 ₩40,000이다. 손익분기점 판매량을 계산하라.
2. B회사는 단위당 판매가격이 ₩50이고 변동비율이 40%인 제품을 생산 · 판매하고 있으며, 연간 고정비는 ₩60,000이다. 손익분기점 판매량을 계산하라.
3. C회사는 변동비율이 60%인 제품을 생산 · 판매하고 있으며, 연간 고정비는 ₩80,000이다. 손익분기점 매출액을 계산하라.

해 | 답

1. 손익분기점 판매량을 Q라 하면,

$$Q = \frac{\text{총고정비}}{\text{단위당 공헌이익}} = \frac{40,000}{(50 - 30)} = 2,000\text{개}$$

2. 손익분기점 판매량을 Q라 하면,

$$50Q = (50 \times 0.4)Q + 60,000$$

$$\therefore Q = 2,000\text{개}$$

3. 손익분기점 매출액을 S라 하면,

$$S = \frac{\text{총고정비}}{\text{단위당 공헌이익}} = \frac{\text{총고정비}}{1 - \text{변동비율}} = \frac{80,000}{0.4} = ₩200,000$$

3.2. 목표이익과 손익분기점분석

CVP분석은 경영자가 원하는 목표이익(target income)을 달성하는데 필요한 판매량 또는 매출액을 계산하는 문제에도 적용할 수 있다. 손익분기점공식을 보다 일반적으로 표현하면 다음과 같다.

$$\text{총수익} = \text{변동비} + \text{고정비} + \text{목표이익}$$

$$PQ = VQ + F + \pi$$

$$(P - V)Q = F + \pi$$

$$Q = \frac{F + \pi}{(P - V)}$$

π : 목표이익

위 식의 양변에 단위당 판매가격을 곱하여 정리하면 손익분기점 매출액을 다음과 같이 구할 수도 있다.

$$PQ = \left[\frac{F + \pi}{(P - V)}\right] P = \frac{F + \pi}{(\frac{P - V}{P})} = \frac{F + \pi}{(1 - \frac{V}{P})}$$

$$= \frac{\text{총고정비} + \text{목표이익}}{1 - \text{변동비율}} = \frac{\text{총고정비} + \text{목표이익}}{\text{공헌이익률}}$$

예 제

다음은 각각 독립적인 상황이다.

1. A회사는 단위당 판매가격이 ₩50이고 단위당 변동비가 ₩20인 제품을 생산 · 판매하고 있으며, 연간 고정비는 ₩90,000이다. ₩30,000의 목표이익을 달성하기 위한 판매량을 계산하라.
2. B회사는 변동비율이 40%인 제품을 생산 · 판매하고 있으며, 연간 고정비는 ₩90,000이다. 30%의 매출총이익률을 달성하기 위한 매출액을 계산하라.

해 답

1. 목표판매량을 Q라 하면,

$$Q = \frac{\text{총고정비} + \text{목표이익}}{\text{단위당 공헌이익}} = \frac{90,000 + 30,000}{(50 - 20)} = 4,000\text{개}$$

2. 목표매출액을 S라 하면,

$$Q = \frac{\text{총고정비} + \text{목표이익}}{\text{공헌이익}} = \frac{90,000 + 0.3S}{(1 - 0.4)}$$

$\therefore S = ₩300,000$

제2절 예 산

1. 예산의 정의

기업이 매출, 생산, 지출, 투자 예산 등 성공적인 사업계획과 효율적 운영을 위해서는 예산의 수립이 필요하다. 예산(budget)이란 기업의 목적과 경영자가 그 목적 달성을 위해 제 자원을 어떻게 획득할 것인가에 대한 계획을 말한다. 이러한 예산은 영리법인 및 비영리법인 등 기업의 형태에 따라 상이한 형태의 예산을 사용하고 있다. 본 장에서는 영업예산과 재무예산을 모두 포괄하는 종합예산에 대해 살펴본다.

1.1 종합예산(master budget)

기업이나 단체 각 부문의 유기적인 운영을 위하여 총체적, 종합적으로 세운 예산을 종합예산이라고 한다. 종합예산에는 영업예산과 재무예산 등 조직의 운영에 필요한 모든 예산을 포괄하는 예산이다. 종합예산은 특정 기업에 있어 재무적 계획과 통제를 위한 중요한 요소이며, 조직의 목적과 그 목적 달성방법을 예산 재무제표인 추정손익계산서와 추정대차대조표로 구성된다.

1.2 예산의 필요성

(1) 성과평가의 기능

경영자의 성과평가시 단순한 금액의 증감이나 시계열적인 분석도 중요하지만, 사전에 설정된 목표수치와의 비교를 통한 성과평가가 더 효과적이다. 물론 목표수치는 과거 기간의 성과나 예산수치를 사용하여 미래에 달성가능한 목표치를 설정하는 것이 필요하다. 이러한 예산수치는 성과평가의 효과성과 공정성 측면에서 더 우수한 지표라고 할 수 있다.

(2) 의사소통(communication)과 조정(coordination)의 기능

예산편성 과정을 통해 기획예산 부서에서 예산편성 지침을 모든 부서에 통보할 수 있다. 조직의 각 부서가 개별적인 예산을 수립하고 이를 기획예산 부서에서 수집하여 필요한 조정을 함으로써 조직내 부서간, 상위부서와 하위부서간의 의사소통과 조정의 기능을 수행할 수 있다.

1.3 영업예산과 재무예산의 수립

영업예산은 매출, 생산, 재료와 인력 조달 및 사용에 대한 계획에 기초한 매출예산, 생산예산, 제조원가예산, 매출원가예산 등을 포함하며, 예산손익계산서의 영업이익까지 추정하는 것을 말한다.

재무예산은 기업의 자금의 조달과 투자를 위한 현금예산과 자본예산을 의미한다. 현금예산수립은 추정현금흐름표를 작성하는 것으로 영업활동, 투자활동, 재무활동으로 인한 현금흐름을 예측하여 회계기간 동안의 현금증감액에 대한 계획을 수립하는 것을 말하며, 이를 통해 기업이 필요로 하는 재무자본조달계획을 수립하고, 장기적 투자의사결정에 필요한 자금흐름을 계획하는 것이 자본예산이다.

2. 변동예산과 고정예산

2.1 변동예산의 특징

변동예산은 일정범위 내의 조업도수준에서의 예산으로 다음과 같은 특징이 있다.

① 변동예산은 단일의 조업도수준에만 국한되지 않고 일정범위의 조업도, 즉 관련범위 내의 모든 조업도를 대상으로 한다.

② 실제 결과는 처음 예산조업도수준에서의 예산원가와 비교할 필요가 없다. 변동예산은 일정범위의 조업도를 대상으로 하기 때문에 실제 발생 원가발생액이 당초의 계획과는 다른 조업도수준에서 나타난 것이면 경영자는 실제 결과를 비교하기 위해 필요한 새로운 예산을 편성할 수 있다. 즉, 변동예산은 성격상 동적인 것으로 편성기간이 만료된 이후라도 관련범위 내의 적절한 조업도에 대해서는 예산을 수정할 수 있다. 경영자는 예

산 기간 중 행해진 조업도수준을 파악하고 그 조업도에서 타당한 원가 발생액을 결정하는데 변동예산을 이용할 수 있다.

2.2 고정예산의 특징 및 단점

고정예산은 단일 조업도수준에서의 예산으로 다음과 같은 특징이 있다.

① 고정예산은 하나의 조업도수준만을 고려하여 편성된다.

② 실제결과는 언제나 처음 예산조업도수준에서의 예산원가와 비교된다.

한편, 고정예산에 의한 성과평가는 경영자 책임 차원에서 조업통제와 원가통제를 구별하지 못하는 문제가 있다는 단점이 있다. 여기서 조업통제란 산출측면에서 생산목표가 달성되도록 조치하는 것을 의미하며, 원가통제란 생산이 품질표준을 유지하면서 가능한 한 최소원가로 이루어지도록 관리하는 것을 말한다. 그러나 조업통제와 원가통제는 서로 다른 책임이므로 성과 평가시 별도로 고려되어야 한다. 또한 고정예산은 조업통제의 유지여부만을 측정하고 있어 경영자 성과의 조업통제와 원가통제의 차원을 구별하는데 문제가 있다.

만약 예산원가가 조업수준 10,000단위를 기초로 편성한 것이라면, 실제조업도가 10,000단위가 아닌 경우 발생한 원가와 예산을 비교하는 것은 의미가 없다. 즉, 원가통제관점에서 서로 다른 조업도수준에서의 원가를 서로 비교하는 것은 의미가 없다.

2.3 조업도 기준의 선정

예산설정시 일반적으로 사용되는 조업도는 생산량, 기계시간, 직접노동시간 등이 있으며, 변동예산의 조업도 기준을 선정할 때 고려되어야 할 요소는 다음과 같다.

① 조업도 기준과 제조간접원가 간에 인과관계가 있어야 한다.

② 조업도 기준은 가액으로 표시되어서는 안된다. 가액보다는 수량으로 표시되어야 하며, 가액 사용시 실제가액이 아니라 표준가액을 사용하는 것이 바람직하다. 가액을 사용하면 가격수준의 변화에 따라 조업도 기준이 달라지기 때문에 조업도가 왜곡될 수 있다.

③ 조업도 기준은 간단하면서 쉽게 이해될 수 있어야 한다.

제3절 책임회계제도와 성과평가

1. 책임회계제도의 정의

책임회계제도는 원가통제를 주된 목적으로 설계된 원가회계시스템으로 권한을 부여받은 책임중심점의 성과평가를 위한 회계시스템으로서 효율적인 회계시스템이라고 할 수 있다. 즉, 책임회계제도는 특정 원가와 수익의 발생에 대해 책임중심점을 설정하고 책임중심점별 원가와 수익을 집계하여 원가와 수익의 관리 및 통제를 보다 효율적으로 수행하기 위한 제도이다.

원가발생에 대한 책임소재를 명확히 규정 → 누가 어떤 원가 발생에 대해 책임을 질 것인가?	→	책임자별로 원가집계 → 성과평가가 용이 → 효율적 원가통제

2. 책임중심점의 종류

2.1 원가중심점

특정 원가 발생에 대해 책임을 지는 중심점으로 제조부문, 생산활동을 지원하는 보조부문, 본사의 스탭부문이 이에 해당된다. 원가중심점은 투입원가와 산출의 인과 관계가 비교적 명확하고, 표준원가와 실제원가를 비교하여 성과평가가 이루어진다.

2.2 수익중심점

특정 수익 획득에 대해 책임을 지는 중심점을 수익중심점이라고 하며, 제품 판매활동을 하는 판매부문이 대표적인 수익중심점이다. 수익중심점은 예산매출액과 실제매출액 비교하여 성과평가를 한다.

2.3 이익중심점

이익중심점은 수익중심점을 기준으로 부문의 성과평가시 초래할 수 있는 문제점을 해결하기 위해 원가와 수익 모두에 대해 책임을 지는 중심점을 설정하고 이익중심점으로서 기업전체 또는 분권화된 조직의 각 사업부의 성과평가를 하는 기준을 말한다.

2.4 투자중심점

투자중심점은 원가와 수익뿐만 아니라 투자의사결정에 대해서도 책임을 지는 중심점을 말한다. 투자중심점 책임자의 성과평가는 관리하고 있는 통제가능한 자원을 얼마나 효율적으로 잘 이용하였는가에 대한 평가가 이루어져야 한다.

3. 책임중심점의 성과평가

3.1 원가중심점의 성과평가

원가중심점의 성과평가는 투입(원가)과 산출(생산량) 사이의 관계가 명확한 표준원가중심점 위주의 성과평가이다.

3.2 수익 및 이익중심점의 성과평가

수익중심점은 수익 창출액에 대해 책임을 지는 중심점으로, 판매부문이 이에 해당한다. 그러나 수익의 극대화만을 목적으로 과대한 판매비 지출이 가능하며, 이러한 상황에서는 책임중심점과 조직 전체의 이익이 희생될 수 있다. 따라서 이익중심점을 기준으로 성과평가가 이루어져야 한다.

이익중심점은 수익과 수익창출활동을 위해 발생한 원가까지 책임을 지는 중심점으로 분권화된 조직의 각 사업부가 이에 해당된다.

3.3 투자중심점의 성과평가 : 사업부의 성과평가

독립된 경제단위로 간주되는 사업부의 경우 경영자의 의사결정을 개선시키고 경영자가 사업부 자체의 성과를 평가하기 위해 성과표준이 필요하다. 독립된 사업부 단위의 성과평가에 대해 알아보자.

(1) 사업부 성과평가와 이익지수의 선택

사업부의 성과평가시에는 화폐적 측정치만 사용해 사업부의 성과를 측정하는 것은 어렵다. 화폐적 측정치 이외에 성과측정치로 수익성, 생산성, 시장점유율, 종업원의 태도, 사회적 책임, 단기 목표 및 장기 목표의 균형화 등이 고려되어야 한다. 여기서 분권화된 사업부 평가시 이익이 중요한 기준이 된다. 그러나 어떤 개념의 이익을 성과측정치로 선택할 것인가 하는 문제가 야기된다. 사업부 경영자의 성과를 올바로 평가하기 위해서는 통제가능 고정원가까지 고려한 이익개념을 사용하는 것이 바람직하다.

(2) 사업부의 성과 평가기준

투자중심점으로서 사업부의 성과평가는 사업부 경영자가 관리하고 있는 자산을 얼마나 효율적으로 이용하였는가가 기준이 된다. 대표적인 사업부 성과평가기준은 투자수익률, 잔여이익, 경제적부가가치 등이 이용된다.

㉮ 투자수익률

투자수익률(return on investment : ROI)은 투하된 자금에 대한 수익률로, 투하된 자본금액을 고려하여 투자액에 대한 이익의 비율을 나타내는 수익성지표이다. 투자수익률은 비율로 표시되므로 특정투자안의 수익률과 다른 투자안의 수익률을 상호 비교 할 수 있어 투자의사결정에 자율권이 부여된 사업부 성과평가에 유용하다.

$$
\begin{aligned}
\text{투자수익률} &= \frac{\text{영업이익}}{\text{투자중심점의 영업자산}} \\
&= \frac{\text{영업이익}}{\text{투자중심점의 영업자산}} \times \frac{\text{매출액}}{\text{매출액}} \\
&= \frac{\text{영업이익}}{\text{매출액}} \times \frac{\text{매출액}}{\text{투자중심점의 영업자산}} \\
&= \text{매출이익률} \times \text{자산회전율}
\end{aligned}
$$

(매출이익률 : 이익의 크기, 자산회전율 : 자금흐름의 횟수)

위 산식에 의하면, 투자수익률을 높이기 위해서는 매출액이익률을 높이거나 자산회전율을 증가시키면 된다. 매출액이익률을 높이기 위해서는 원가절감을 통해 영업이익을 높여야 한다. 일정한 매출수준에서 매출액이익률이 높으면 투자중심점이 원가통제능력을 발휘하고 있음을 나타내는 지표이다. 한편, 자산회전율을 높이기 위해서는 매출액을 증대시키기 위한 노력을 통해 일정한 영업자산수준에서 회전율을 높이거나 일정 수준의 매출액을 창출하는데 투자되는 자금의 규모를 최소한으로 낮추는 방안을 마련해야 한다.

투자수익률(ROI)에 의해 사업부를 평가할 경우 투자수익률은 사업부 자체의 성과평가와 사업부 경영자의 성과평가에 유용하지만, 한 가지 주의할 점은 각 사업부의 경영자들이 사업부의 ROI를 극대화하기 위하여 회사 전체적으로 볼 때는 유리하다고 판단되는 투자안을 기각할 가능성(부분최적화, 준최적화, sub-optimization)이 있다는 것이다.

㉯ 잔여이익

잔여이익(residual income : RI)은 투자중심점이 사용하는 영업자산으로부터 그 중심점이 획득해야 하는 최소한의 이익을 초과하는 영업이익을 말한다. 즉, 회계상의 이익에서(예: 영업이익) 회계 측정치인 투자액에 대해 요구되는 이익만큼을 차감한 금액을 말한다.

잔여이익은 다음과 같이 산출된다. 다음 식에서 최저필수수익률은 회사전체의 자본비용 또는 암묵적 이자율을 기초로 해당 투자중심점과 관련된 위험을 추가로 고려해서 결정해야 한다.

RI = 영업이익 − (영업자산에 대한 암묵적 이자)
= 영업이익 − (최저필수수익률 × 영업자산)

사업부의 성과측정치로서 잔여이익을 사용하는 목적은 다음과 같다.

첫째, 투자중심점의 경영자들로 하여금 투자수익률(ROI) 극대화를 위해서가 아니라, 기업전체의 잔여이익 극대화를 위해 노력하도록 하는 동기를 부여할 수 있다.

즉, 잔여이익을 기준으로 투자중심점의 경영자의 성과를 평가하면 투자자금의 여유가 있는 한 최저필수수익률을 초과하는 투자안을 투자중심점 경영자가 채택한다. 따라서 투자중심점과 회사전체의 잔여이익을 극대화시킬 수 있다.

둘째, 잔여이익을 기준으로 성과평가할 때, 산업간 위험 차이에 대한 조정이 간단하다. 즉, 위험차이에 따라 각 투자중심점 최저필수요구수익률은 약간씩 조정한다.

한편, 잔여이익(RI)의 성과측정치로서의 단점은 다음과 같다.

첫째, 투자규모에 따라 성과측정치를 왜곡시킬 수 있다. 왜냐하면, 잔여이익을 기준으로 성과 평가시 규모가 큰 투자중심점이 규모가 작은 투자중심점에 비해 유리하다. 즉, 규모가 큰 투자중심점이 더 큰 잔여이익을 보고하기 때문이다.

둘째, 잔여이익 계산식에 따르면, 성과평가치는 회계적이익에 기초해서 결정되나 투자의 사결정은 현금흐름에 기초하고 있으므로 일관성이 없다.

㈐ 경제적부가가치

잔여이익(RI)과 유사한 개념으로 경제적부가가치(economic value added : EVA)는 가중평균차입이자율을 이용해 암묵적 이자를 계산하여 법인세차감후영업이익에서 암묵적 이자비용을 차감하여 경제적 부가가치를 계산한다. EVA는 기업의 재무적 가치와 경영성과를 평가하는데 이익보다 효율적인 지표로 사용된다.

경제적부가가치를 계산하는 산식을 제시하면 다음과 같다.

법인세 차감전 영업이익
- 법인세비용

법인세 차감 후 영업이익
- 암묵적 이자(자본비용)

경제적부가가치(EVA)

즉, EVA = 영업이익 - 세금 - 주주 & 채권자에 대한 자본 비용
= 영업이익 × (1 - 세율) - (투하자본 × 가중평균자본비용)
= 세후 영업이익 - (투하자본 × 가중평균자본비용[1])

EVA는 주주에게 돌아가는 초과이익으로 경영자가 EVA를 추구하게 되면 경영자와 주주의 이해관계를 동일하게 만들어 대리인문제를 해결할 수 있다. 또한 회계적 정보를 이용해 기업의 실질적 가치를 측정할 수 있고, 기업의 가치창출능력에 초점을 맞추어 성과평가를 하며, 순이익에서 고려하지 못하는 자기자본비용을 고려해 성과평가를 한다는 점이 장점이다.

1) 가중평균자본비용은 기업이 영업활동을 위해서 조달된 자금에 대한 비용으로 외부차입에 대한 타인자본비용과 자기자본에 대한 자기자본비용을 시장가치로 가중평균하여 측정된다.

전 공 용 어

경제적부가가치(economic value added)
공헌이익(contribution margins)
원가-조업도-이익 분석(C.V.P analysis)
잔여이익(residual income)
종합예산(master budget, comprehensive budget)
참여예산(participative budget)
책임회계제도(responsibility accounting)
투자수익률(return on investment)

연습문제

10-1 원가-조업도-이익분석(CVP analysis)의 정의에 대해 설명하시오.

10-2 공헌이익과 공헌이익률의 정의에 대해 설명하고, 단위당 공헌이익의 의미와 용도에 대해 설명하시오.

10-3 CVP분석에 대한 가정을 설명하시오.

10-4 종합예산의 정의와 편성하기 위한 절차에 대해 설명하시오.

10-5 책임회계제도란 무엇이며, 책임중심점에 대해 설명하시오.

10-6 투자수익률의 정의에 대해 설명하고, 투자수익률을 이용한 성과평가에 대해 논하시오.

10-7 경제적부가가치(EVA)와 잔여이익(RI)의 차이점에 대해 설명하시오.

10-8 (주)경기가 생산 · 판매하는 제품의 단위당 판매가격은 ₩10,000이며, 단위당 변동제조원가는 ₩4,000, 단위당 변동판매관리비는 ₩1,000이다. 연간 총고정제조원가는 ₩500,000, 총고정판매관리비는 ₩200,000이다. 총고정제조원가에는 ₩100,000의 감가상각비가 포함되어있다. 회사는 당기에 제품 200개를 생산 · 판매하였다. 손익분기점 판매량은 몇 개인가?

① 110개 ② 120개

③ 130개 ④ 140개

[해설] ④, 손익분기점 판매량을 Q라 하면
Q = 총고정원가 / 단위당공헌이익 = 700,000 / (10,000 − 5,000) = 140개

10-9 (주)수지가 생산 · 판매하는 제품의 단위당 판매가격은 ₩10,000이며, 단위당 변동제조원가는 ₩4,000, 단위당 변동판매관리비는 ₩1,000이다. 연간 총고정제조원가는 ₩500,000, 총고정판매관리비는 ₩200,000이다. 총고정제조원가에는 ₩100,000의 감가상각비가 포함되어있다. 회사는 당기에 제품 200개를 생산 · 판매하였다. 법인세가 없는 경우를 가정하여 목표이익 ₩120,000을 달성하기 위한 판매량을 계산하면?

① 154개　　② 164개

③ 174개　　④ 184개

[해설] ② 164개, 법인세가 없는 경우 목표이익 ₩120,000을 달성하기 위한 판매량을 Q라 하면,
Q = (총고정원가+목표이익) / 단위당공헌이익 = (700,000+120,000) / 5,000 = 164개

10-10 제하(주)가 개발한 신제품의 단위당 판매가격은 ₩1,000이며, 생산방법은 노동집약적방법과 자본집약적 방법 두 가지가 있다. 노동집약적 방법을 사용할 경우 단위당 변동원가는 ₩600, 연간 총고정원가는 ₩1,000,000이다. 자본집약적 방법을 사용할 경우 단위당 변동원가는 ₩500, 연간 총고정원가는 ₩1,500,000이다. (1) 각 방법에 따른 손익분기점 판매량을 계산하고 (2) 두 가지 방법이 무차별해지는 연간 판매량을 계산하시오.

[해설]
(1) 손익분기점 판매량을 Q라 하면
① 노동집약적 방법
Q = 총고정원가 / 단위당공헌이익 = 1,000,000 / (1,000 − 600) = 2,500개
② 자본집약적 방법
Q = 총고정원가 / 단위당공헌이익 = 1,500,000 / (1,000 − 500) = 3,000개
(2) 두 가지 방법이 무차별해진다는 의미는 두 방법하에서의 영업이익이 동일하게 된다는 의미이다. 그러므로 조건을 만족하는 판매량을 Q라 하면 다음 식이 성립한다.
(1,000 − 600)Q − 1,000,000 = (1,000 − 500)Q − 1,500,000
∴ Q = 5,000개

10-11 현대(주)의 평균영업자산은 ₩5,000,000이며 영업이익은 ₩1,500,000이다. 회사는 새로운 투자안을 검토하고 있는데 이 투자안에서 필요로 하는 평균영업자산은 ₩800,000이며, 예상되는 영업이익은 ₩160,000이다. 회사의 최저필수수익률은 12%이다. (1) ROI에 의해 경영자의 성과를 평가한다고 할 때 새로운 투자안의 채택여부를 결정한 후 (2) RI에 의해 경영자의 성과를 평가한다고 할 때 새로운 투자안의 채택여부를 결정하시오.

[해설]

(1) 신규투자안의 수락여부에 따른 ROI은 다음과 같다.

① 신규투자안을 수락하지 않을 경우

ROI = 1,500,000 / 5,000,000 = 30%

② 신규투자안을 수락할 경우

ROI = (1,500,000+160,000) / (5,000,000+800,000) ≒ 28.62%

신규투자안을 수락할 경우 ROI이 30%에서 28.62%로 낮아지게 되므로 신규투자안을 수락하지 않는다.

(2) 신규투자안의 수락여부에 따른 RI은 다음과 같다.

① 신규투자안을 수락하지 않을 경우

RI = 1,500,000 − 5,000,000 × 12% = 900,000

② 신규투자안을 수락할 경우

RI = (1,500,000 + 160,000) − (5,000,000 + 800,000) × 12% = 964,000

신규투자안을 수락할 경우 900,000에서 964,000으로 증가하게 되므로 신규투자안을 수락한다.

4 세금과 생활

조세법 총론

11장

미국 건국의 아버지 중의 한 명인 벤자민 플랭클린은 "이 세상에서 피해갈 수 없는 것이 두 가지가 있다. 하나는 죽음이요 다른 하나는 세금"이라고 말한 바 있습니다.

일반적으로 택시를 타면 택시요금만 낸다고 한다. 그러나 부가가치세가 택시요금 속에 붙어있습니다. 월급을 타면 그것이 전부라고 생각한다. 그러나 통장에 들어오는 월급은 근로소득세와 주민세가 차감된 금액입니다. 가게에서 맥주를 사면 맥주값 내면 된다고 생각합니다. 그러나 맥주값 속에는 부가가치세, 주세, 교육세가 따라 다닙니다.

이렇게 도처에 세금이 존재하는 세상에서 여러분은 언제까지나 세금문맹자로 살아갈 수는 없습니다.
우리 주변에 깔려 있는 세금의 존재와 의미를 알아야 세금에 관한 여러분의 권리도 찾을 수 있습니다. 또한 탈세보다는 합법적으로 세금을 줄일 수 있는 절세 방법을 찾으려면 세금에 관한 정보에 많이 친숙해지세요.

제1절 세금의 의의와 분류

세금은 '국가 또는 지방자치단체가 수입을 조달할 목적으로 특정한 개별적인 보상(반대급부의 제공)없이 국민으로부터 스스로 내게 하거나, 강제적으로 징수하는 재화 또는 화폐' 라고 한다.

국민들이 가정 살림을 꾸려가기 위해서 돈이 필요하듯 국가도 여러 사업(사회간접자본, 사회복지 등)을 추진하고 살림(국방, 치안, 소방, 교육 등)을 꾸려가기 위해서도 많은 돈이 필요하다. 이렇게 필요한 돈을 정부는 대부분 세금을 통해서 조달하는 것이다.

우리는 일상생활을 하면서 알게 모르게 많은 세금내고 있다. 사업으로 돈을 벌었으면 소득세 또는 법인세를, 주택이나 상가 및 자동차를 보유하고 있으면 재산세, 자동차세 등을 내고 있다. 또한 물건을 사면 그 값에 부가가치세가 포함되어 있고, 술값에는 주세가 포함되어 있다. 부동산을 사면 취득세와 등록세를 내야하고, 부모님으로부터 재산을 증여 받으면 증여세를, 부모님이 사망하여 재산을 상속받으면 상속세를 내야 한다. 물건을 해외에서 수입하면 관세를 내야 한다.

미국 건국의 주역 중 한 사람인 벤자민 플랭클린(1706-1790)은 "인간에게는 피할 수 없는 두 가지가 있는데, 하나는 죽음이고 다른 하나는 세금이다."라며 세금의 중요성에 대하여 강조하였다. 따라서 세금에 대하여 무관심하거나 회피하기보다는 국민의 한사람으로서 내야 하는 세금에는 어떤 것이 있으며 그 세금을 적정하게 내고 있는지 관심을 갖는 것이 필요하다. 먼저 조세(세금)란 무엇인지 알아보고 조세에는 어떠한 것들이 있는 살펴보자.

1. 조세의 의의

조세란 국가 또는 지방자치단체가 재정수입을 조달할 목적으로 법률에 규정된 과세요건을 충족한 모든 자에게 직접적인 반대급부 없이 부과하여 징수하는 금전급부이라고 정의한다. 조세의 이해를 위해 필요한 기본개념을 구체적으로 살펴보면 다음과 같다.

1.1 과세권자

조세를 부과하는 과세권자는 국가 또는 지방자치단체이다.

1.2 과세목적

조세는 재정수입을 조달할 목적으로 징수하지만 부차적으로 소득재분배, 부동산투기억제 등 사회정책적 또는 경제정책적인 목적으로 징수하는 경우도 있다.

조세는 재정수입을 조달할 목적으로 징수하는 점에서 위법행위에 대한 제재를 목적으로 징수하는 벌금, 과태료 등과 다르다.

1.3 과세근거

우리나라의 헌법에서는 납세의무를 국민의 4대의 중의 하나로 규정하면서 국민의 재산권을 보호하기 위하여 "조세의 종목과 세율은 법률로써 정한다."라고 규정하고 있다. 따라서 조세는 기본적으로 조세법률주의를 따르고 있다. 세법에는 납세의무자, 과세대상, 과세표준, 세율 등의 과세요건이 규정되어 있고 이에 따라 세금을 산출한다.

1.4 과세절차

조세는 반대급부 없이 세법에 정하는 부과와 징수절차에 따라 납부하여야 한다. 그러므로 조세는 반대급부 없이 부과하여 징수하는 점에서 사적인 계약에 의하여 용역에 대한 대가로 징수하는 사용료 등과 다르다. 흔히 전기나 수돗물 등을 사용하고 내는 대가를 전기세, 수도세라고 하는데 이는 조세가 아니기 때문에 전기요금, 수도요금 이라고 해야 정확한 표현이 된다.

1.5 납부방법

조세는 징수하는 금전급부로서 현금으로 납부하는 것이 원칙이나 부득이한 경우에 현물로 납부할 수 있도록 규정하고 있다.

2. 조세의 분류

2.1 국세와 지방세

과세권자가 국가인 조세를 국세라 하고, 과세권자가 지방자치단체(특별시, 광역시, 도, 시, 군, 구 등)인 경우를 지방세라 한다. 국세는 주로 소득과 소비를 과세대상으로 하며 법인세, 소득세, 부가가치세, 개별소비세, 상속세 및 증여세 등이 국세에 해당한다. 지방세는 주로 재산과 거래를 과세대상으로 하며 취득세, 등록면허세, 재산세 등이 지방세에 해당한다.

2.2 직접세와 간접세

국세 중 납세의무자와 실제로 조세를 부담하는 자(담세자)가 동일한 조세를 직접세라 하고, 납세의무자와 실제로 조세를 부담하는 자가 다른 조세를 간접세라 한다. 직접세는 주로 소득이나 재산을 과세대상으로 하며, 간접세는 주로 소비나 거래를 과세대상으로 한다.

직접세는 세부담자가 정하여진 상태에서 개별 과세표준의 규모에 따라 조세를 부담하게 함으로써 세부담자의 조세부담능력을 고려하는 장점이 있으나, 과세권자의 입장에서는 일일이 과세표준을 확장해야 하는 절차가 어렵고 복잡하다는 단점이 있다. 법인세, 소득세, 상속세 및 증여세 등이 직접세에 해당한다.

간접세는 세부담자가 정하여지지 않은 상태에서 과세가 이루어져 세부담자의 조세부담능력과 관계없이 일률적으로 과세되는 단점이 있으나, 과세권자의 입장에서는 조세의 징수가 간편하고 조세저항이 적다는 장점이 있다. 부가가치세, 주세 등이 간접세에 해당한다.

예를 들어, 자동차 제조업자에게 부가가치세가 부과되었을 때 그 자동차 제조업자는 부과된 세금만큼 소비자에게 전가시킴으로써 최종소비자가 실질적으로 세금을 부담하게 되는 것이다. 이 경우 전가(轉嫁)란 일단 납부한 세금의 부담이 다른 사람에게 이전되는 현상을 말한다. 따라서 부가가치세와 같은 간접세의 경우에는 전가현상이 일어나게 되고, 소득세, 법인세 등과 같이 전가현상이 일어나지 않는 세금을 직접세라고 한다.

보통 직접세는 누진세율을 적용하나 간접세는 단일세율을 적용한다. 직접세는 소득이나 재산에 대한 세금이고 거래 후 나중에 세금이 확정되나, 간접세는 거래나 수입에 대한 세금이고 거래시 세금이 확정된다.

2.3 보통세와 목적세

조세수입의 용도를 특정하지 않은 조세를 보통세라 하고, 조세수입의 용도를 특정한 조세를 목적세라 한다. 취득세, 등록면허세, 재산세 등의 보통세는 일반재정지출에 사용되며, 지역자원시설세, 지방교육세 등의 목적세는 특정 경비에만 충당되는 조세이다.

제2절 조세법의 체계와 기본원칙

우리나라의 헌법에서는 납세의무를 국민의 4대의무 중의 하나로 규정하고 있는 동시에 "조세의 종목과 세율은 법률로써 정한다."라고 규정하여 국민의 재산권을 보호하고 있다. 따라서 조세는 조세법률주의를 따르고 있는 것이다.

1. 조세법의 체계

1.1 법률

헌법상 조세법률주의에 따라 납세의무자, 과세대상, 과세표준, 세율 등 과세요건을 모두 법률로 정하고 있는 바, 법률은 국세법과 지방세법으로 대별된다.

1.2 조약

조약이란 문서에 의한 국가 간의 합의를 말하며, 당사국간의 호혜평등에 입각하여 동일 소득에 대한 국제적인 이중과세를 방지하고 탈세를 막기 위하여 체결한다. 조약은 법규로서 효력이 있으며 국세법을 우선한다. 우리나라는 미국, 일본 등의 나라와 조세조약을 체결하고 있다.

1.3 명령

법률은 국회의 의결을 거쳐 제정되는데 모든 사항을 국회가 법률로 제정하여야 하나 복잡하고 다양한 경제사회에서는 그렇게 하기에는 사실상 어렵기 때문에 세부적인 사항은 행정부가 제정하는데 이를 명령이라 한다. 따라서 명령은 법률에 저촉되지 않아야 한다.

1.4 조례와 규칙

조례는 지방자치단체의 의회가 제정한 규정이고, 규칙은 지방자치단체의 장이 제정한 규정이다.

1.5 행정규칙

행정규칙은 상급 세무행정기관이 세무행정의 통일성을 높이기 위하여 하급행정기관에게 발하는 고시, 훈령, 예규와 통첩을 말하며 이는 세무행정의 지침일 따름이지 법규로서의 효력을 갖지는 못한다.

1.6 판례

판례는 재판의 선례로서 본 재판사건에 한하여 적용되는 것일 뿐 다른 사건에는 영향을 미치지 못한다. 명확한 법률이나 명령 등이 없는 경우에 유사한 사건에 대해 적용할 가능성이 높기 때문에 사실상 법규로서의 역할을 한다.

1.7 조리

조리란 사물의 당연한 이치를 말하는 것으로 신의성실의 원칙, 실질과세의 원칙 등이 이에 해당한다.

2. 조세법의 기본원칙

조세법의 기본원칙은 조세법을 제정하고, 해석하고, 적용하여 조세를 부과 · 징수하는데 있어서 따라야 하는 기본적 지침을 말하는 것으로 조세법률주의, 조세평등주의, 신의성실주의가 있다.

2.1 조세법률주의

조세는 국회에서 제정한 법률에 의해서만 부과 · 징수할 수 있다는 원칙이다.

㉮ 과세요건법정원칙

과세요건은 모두 법률로 규정하여야 하고 그 규정이 명확하고 상세해야 한다는 원칙이다.

㉯ 소급과세금지원칙

새로운 조세법이 효력을 발생하기 전에 완성된 사실에 대하여는 새로운 조세법을 적용해서는 안된다는 원칙이다. 다만, 조세부담을 감소시키는 소득공제인상, 세율인하, 비과세규정확대 등의 새로운 법을 소급하여 적용하는 것은 소급과세금지원칙에 해당되지 아니한다.

㉰ 엄격해석원칙

조세법규를 문언에 충실하게 해석하여야 하며 해석에 있어서 확장이나 유추를 허용하지 않는다는 원칙이다.

2.2 조세평등주의

국민의 조세부담이 공평하게 되도록 제정해야 하고 세법을 해석하고 적용함에 있어서도 공평히 해야 한다는 원칙이다.

2.3 신의성실주의

과세권자가 그 직무를 수행하거나 납세자가 그 의무를 이행할 때에 신의에 따라 성실히 하여야 한다는 원칙이다.

전공용어

간접세
과세권자
과세요건법정원칙
과세표준
국세
납세의무자
목적세
보통세
소급과세금지원칙
신의성실주의
조세
조세법률주의
조세평등주의
지방세
직접세

연 | 습 | 문 | 제

11-1 조세법률주의에 대해서 설명하시오.

11-2 국세와 지방세를 비교하여 설명하시오.

11-3 직접세와 간접세를 비교하여 설명하시오.

11-4 보통제와 목적세를 비교하여 설명하시오.

11-5 납세의무자에 대해서 설명하시오.

11-6 과세표준에 대해서 설명하시오.

11-7 소급과세금지원칙에 대해서 설명하시오.

11-8 신의성실주의에 대해서 설명하시오.

11-9 과세권자가 국가인 조세를 무엇이라고 하는가?

① 국세 ② 지방세
③ 직접세 ④ 간접세

[해설] ①

11-10 납세의무자와 담세자가 동일한 동일한 조세를 무엇이라고 하는가?

① 국세 ② 지방세
③ 직접세 ④ 간접세

[해설] ③

11-11 조세의 용도를 특정한 조세를 무엇이라고 하는가?

① 국세 ② 지방세

③ 보통세 ④ 목적세

[해설] ④

11-12 새로운 조세법이 효력을 발생하기 전에 완성된 사실에 대하여는 새로운 조세법을 적용해서는 안된다는 원칙은 무엇인가?

① 과세요건법정원칙 ② 소급과세금지원칙

③ 엄격해석원칙 ④ 신의성실주의

[해설] ②

법인세와 소득세

12장

제1절 법인세의 기본개념
제2절 법인세의 신고와 납부절차
제3절 소득세의 기본개념
제4절 소득세의 신고와 납부절차

국세청 홈페이지(http://www.nts.go.kr)와 친해지세요. 살아 있는 세금 정보가 한 눈에 들어옵니다. 예를 들어,

(1) 내년 세금 이렇게 바뀝니다.
(2) 세무조사 길라잡이(Green Book)
(3) 부동산 세금 바로 알기
(4) 사업경영자가 알아두면 유익한 세무정보
(5) 알쏭달쏭한 세무용어 사전
(6) 청소년 세금교실

등과 같은 유익한 정보들을 (돈 안들이고) 쉽게 경험할 수 있습니다.

제1절 법인세의 기본개념

1. 법인세의 의의와 법인유형별 납세의무

법인세는 일정기간(사업연도) 동안 법인이 벌어들인 소득을 과세대상으로 하는 국세이다. 여기서 법인(法人)이란 법에서 사람으로 간주되어 권리와 의무를 행사하고 부담할 수 있는 조직을 말한다. 우리나라에서는 법인의 소득을 그 원천이나 종류를 불문하고 포괄소득으로 합산하여 과세된다.

구체적으로 법인세는 다음의 소득에 대하여 부과한다.

① 각사업연도소득

② 토지 등 양도소득

③ 청산소득 (단, 비영리내국법인과 외국법인에 대하여는 부과하지 않음)

각사업연도소득은 매기에 반복적으로 발생되는 일반적인 소득을 말하며, 청산소득은 영리내국법인이 합병 또는 분할, 해산 등의 과정에서 법인격이 소멸되는 법인에게서 일시적으로 발생하는 소득을 말한다. 법인유형별 납세의무는 다음과 같다.

법인유형 \ 과세소득		각사업연도소득에 대한 법인세	토지 등 양도소득에 대한 법인세	청산소득에 대한 법인세
영리법인	내국법인	국내외의 모든 소득	○	○
	외국법인	국내원천소득	○	×
비영리법인	내국법인	국내외의 수익사업에서 생긴 소득	○	×
	외국법인	국내원천소득 중 수익사업에서 생긴 소득	○	×

법인은 설립목적에 따라 영리법인과 비영리법인으로 구분되며, 본점(또는 주사무소)와 같은 실질적으로 사업을 관리하는 장소가 국내에 있는지 여부에 따라 내국법인과 외국법인으로 구분된다.

내국법인 중 영리법인은 그 소득이 국내에서 생기든 국외에서 생기든 상관없이 그 법인이 얻은 모든 소득(국내원천소득과 국외원천소득)에 대하여 법인세의 납세의무가 있다.

내국법인 중 비영리법인은 수익사업에서 발생한 소득과 토지 등 양도소득에 대해서만 납세의무를 부담하게 된다. 비영리법인의 수익사업에 대해 과세하지 않으면 영리법인과의 경쟁에서 비영리법인이 유리하기 때문에 조세의 공평성을 유지하기 위해서 과세하기 위한 것이다.

반면, 외국법인은 국내에서 생긴 소득(국내원천소득이라 함)과 토지 등 양도소득에 대해서만 법인세의 납세의무가 있다.

2. 기업회계와 세무회계의 차이 및 세무조정

기업회계는 경영성과인 순이익을 계산하기 위해서 일정기간(회계연도) 동안 발생된 거래에 대해서 장부를 기록하고 결산이라는 과정을 통하여 재무제표를 작성하는 것을 목적으로 한다. 반면, 세무회계는 법인세법에 의하여 일정기간(사업연도)에 발생한 과세대상소득을 계산하는 것을 목적으로 한다.

실무적으로 기업이 기업회계에 따라 계산한 당기순이익으로부터 법인세법에 따른 과세대상소득으로 전환하는 세무조정이라는 과정을 거친다. 즉, 기업회계에서는 기업회계기준에 따라 발생주의하에서 수익과 비용을 측정하여 기록한 후 당기순이익을 계산하나 세무회계에서는 법인세법의 규정에 따라서 권리의무확정주의에 따른 익금과 손금을 확정하여 소득금액을 계산하게 되므로 세무조정이 불가피한 것이다.

3. 법인세 계산구조

법인세를 계산하기 위한 구조는 다음과 같다. 이러한 법인세 계산과정은 법인이 세무조정을 수행하면서 작성하는 "법인세 과세표준 및 세액조정계산서"라는 양식에 요약되어진다. 각각의 세부적인 내용은 세무와 관련된 상급 교과목 과정에서 공부하게 될 것이다.

결산서상 당기순손익 (+) 익금산입 · 손금불산입 (−) 손금산입 · 익금불산입	기업회계기준상의 소득
= 각사업연도소득금액 (−) 이월결손금 (−) 비과세소득 (−) 소득공제	법인세법상의 소득 10년 이내에 발생한 세무상 결손금
= 과세표준 (×) 세 율	
= 산출세액 (−) 세액감면 (−) 세액공제 (+) 가산세 (+) 감면분추가납부세액	
= 총부담세액 (−) 기납부세액	중간예납세액, 원천징수세액, 수시부과세액
= 차감납부할세액	

위 식에서 과세표준이란 세법에 의하여 직접적으로 세액산출의 기초가 되는 과세물건의 수량 또는 가액을 말한다.

제2절 법인세의 신고와 납부절차

1. 결산확정과 신고납부

대부분의 법인은 매년 2월이나 3월경에 주주총회를 개최한다. 주주들로부터 경영을 위임받은 경영자들이 주주들에게 지난 1년간 경영성과로 나타난 손익계산서, 결산일 현재의 재무상태가 나타난 대차대조표 등의 재무제표에 대해서 경영자가 주주총회에서 주주에게 보고하고, 주주는 이러한 재무제표에 대해서 대해 승인을 하는 과정을 거치는데 이를 결산확정이라고 한다.

결산이 확정되면 법인은 세무조정을 통하여 법인세를 계산한다. 법인은 사업연도 종료일(일반적으로 12월 31일)로부터 3월 이내에 법인세를 계산한 후에 "법인세 과세표준 및 세액신고서"를 작성하여 세무서에 신고하고 법인세를 납부하여야 한다. 각 사업연도 소득금액이 없거나 결손금이 있는 경우도 마찬가지이다.

2. 신고시 제출서류

과세표준 신고시에는 "법인세과세표준 및 세액신고서"에 다음의 서류를 첨부하여 신고하여야 한다.

① 필수적 첨부서류 (첨부하지 않으면 신고하지 않은 것으로 봄)

- 재무상태표와 포괄손익계산서
- 이익이영금처분계산서 또는 결손금처리계산서
- 법인세 과세표준 및 세액조정계산서
- 현금흐름표 (외부감사대상 법인)

② 임의적 부속서류

- 기타 부속서류

3. 수정신고와 경정청구

3.1 수정신고

과세표준수정신고란 신고기한 내에 과세표준과 세액의 신고서를 제출한자가 당초에 신고한 과세표준과 세액이 세법에 의하여 신고하여야 할 과세표준과 세액에 미달하는 경우에 납세의무자가 스스로 고쳐 올바른 과세표준과 세액을 신고하는 것을 말한다. 즉, 이는 추가적으로 세금을 납부해야 하는 상황을 말한다. 과세당국이 새로운 과세표준과 세액을 다시 결정하여 통지하기 전까지 수정신고가 가능하다.

3.2 경정청구

납세의무자가 당초 신고시 과세표준 및 세액을 법인세를 과다하게 신고하는 등의 경우에 행할 수 있는 조치이다. 즉, 이는 사후적으로 세금을 환급받게 되는 상황을 말한다. 수정신고와 달리 법정신고기한이 경과한 후 3년 이내에 청구해야 한다.

제3절 소득세의 기본개념

1. 소득세의 의의와 특징

소득세는 개인의 소득을 과세대상으로 하는 국세이다. 여기서 소득이란 특정경제주체가 일정기간에 얻은 경제적 이익을 말하며, 소득세법에서는 열거주의에 의하여 과세대상 소득을 열거하고 있다. 즉, 소득세법에 열거되어 있지 않으면 비록 담세력(세금부담능력)이 있어도 과세하지 않는 것이다. 예외적으로 이자소득과 배당소득에 대해서는 열거되어 있지 않더라도 유사한 소득을 포함하여 과세할 수 있도록 규정하고 있다.

2. 소득의 구분과 과세기간

2.1 소득의 구분

개인의 소득은 종합소득, 양도소득, 퇴직소득의 세 종류로 구분하여 과세된다. 이를 분류과세라고 한다. 본 장에서는 종합소득을 중심으로 정리하기로 한다. 종합소득에는 이자소득, 배당소득, 부동산임대소득, 사업소득, 근로소득, 연금소득, 기타소득이 포함된다.

종합소득	이자소득 배당소득 사업소득 근로소득 연금소득 기타소득
퇴직소득	
양도소득	

개인의 종합소득을 구성하는 세부항목을 구체적으로 살펴보면 다음과 같다.

(1) 이자소득

이자소득에는 예금이자, 채권 또는 증권의 이자, 보험기간이 10년 미만인 저축성보험의 보험차익 등이 포함된다. 단, 장기주택마련저축의 이자 등에 대해서는 소득세가 과세되지 아니한다.

(2) 배당소득

배당소득은 주식투자를 통하여 주주로서 받는 이익에 대한 배당금 등을 말한다. 이자소득과 배당소득을 합하여 금융소득이라고 한다. 금융소득(이자소득과 배당소득)에 대해서는 소득의 합계액이 4천만원을 초과하는 경우에 종합소득에 합산하여 과세하는데 이를 금융소득종합과세라고 한다. 세부적인 내용은 상급과정에서 공부하기 바란다.

(3) 사업소득(부동산 임대소득 포함)

소득세법상 사업소득은 개인이 다른 사람에게 고용되지 않고 개인사업자로서 독립적인 사업을 함에 따라 발생하는 소득을 말한다. 사업이란 영리를 목적으로 사업상 독립적으로 거래행위를 하는 것을 말한다. 소득세법에서 열거하고 있는 사업의 예는 다음과 같다.

① 농업, 임업, 어업
② 광업, 제조업, 건설업
③ 전기, 가스, 수도사업
④ 도매업, 소매업
⑤ 숙박, 음식점업
⑥ 운수업, 창고업, 통신업
⑦ 금융업, 보험업
⑧ 부동산업, 부동산매매업, 부동산 이외 자산의 임대업
⑨ 보건 및 사회복지사업
⑩ 사업서비스업, 사회 및 개인서비스업
⑪ 임목의 벌채나 양도사업(산림소득) 등

다만, 농어민이 부업으로 영위하는 축산, 양어, 공예품제조, 민박, 음식물판매, 특산물제조, 전통차제조 및 그밖에 이와 유사한 활동에서 발생하는 소득으로서 일정 규모를 초과하지 아니하는 농가부업소득은 비과세사업소득에 해당한다. 한편, 사업소득금액의 계산은 다음과 같이 계산된다.

사업소득금액 = 사업소득총수입금액(비과세소득제외) − 필요경비(이월결손금 포함)

총수입금액이란 당해 사업연도에 수입하였거나 수입할 금액의 합계액을 말하며, 필요경비란 사업소득과 직접 관련된 모든 비용지출액을 말한다.

부동산 또는 부동산상의 권리를 대여하고 받는 경제적인 이익을 부동산임대소득이라 한다. 부동산임대소득금액은 총수입금액에서 필요경비를 차감하여 계산하는데, 여기서 총수입금액은 임대료와 간주임대료를 포함한다. 필요경비는 부동산임대와 직접 관련되어 발생한 비용으로서 임대한 부동산의 수리, 유지비용 등을 말한다.

부동산임대소득금액 = 부동산임대총수입금액 − 필요경비

간주임대료란 임대인이 부동산 등(주택과 그 부속토지 제외)을 임대하고 임대보증금 등을 받은 경우 임대보증금 등에서 발생하는 이자상당액을 말한다. 이러한 간주임대료 규정은 임대보증금 등을 금융자산으로 운용하지 아니하고 부동산 투기자금으로 재사용하는 것을 억제하기 위하여 도입된 것이다.

(4) 근로소득

소득세법상 근로소득이란 근로를 제공한 대가로 수령하는 소득을 의미하며, 근로의 대가로 받는 것이라면 급여, 봉급, 상여금, 수당 등 명목 여하에 불구하고 근로소득에 포함된다.

근로소득금액은 총급여액에서 소득세법에 따라 계산된 근로소득공제액을 차감한 금액으로 한다. 근로소득자에 있어서의 근로소득공제는 다른 개별소득에서의 필요경비와 동일한 개념이다. 근로소득금액은 다음과 같이 계산된다.

근로소득금액 = 총급여액 − 근로소득공제

총급여액이란 근로를 제공하고 받는 모든 근로소득을 포함하는 개념이다. 근로소득공제는 사업소득에서 필요경비를 차감하는 것과 비슷한 개념으로 근로소득의 경우에는 실제로 지출된 필요경비를 확인하기 어렵기 때문에 총급여액에 따라 일정 비율을 공제하여 필요경비를 계산하는 것이다. 즉, 인위적으로 아래의 산식을 활용하여 일정금액을 총급여액에서 공제해

주는데 이를 근로소득공제라고 한다.

한편, 종업원에게 근로소득을 지급하는 자는 매월 급여 지급시 근로소득세액을 원천징수하여 국가에 납부한다. 매월 원천징수한 세액 합계액은 근로자가 1년간 부담해야 할 정확한 세액(확정세액)과는 일반적으로 일치하지 아니하므로, 연말정산이라는 절차가 필요하다. 연말정산은 다음 연도 2월분 급여를 지급하는 시점에 행하게 되며, 연말정산에 의해 계산된 근로자의 연간확정세액이 1년간 원천징수한 총액보다 큰 경우에는 그 차액을 추가로 원천징수하고, 반대의 경우에는 그 차액을 국가로부터 환급받을 수 있다.

(5) 연금소득

소득세법상 연금소득에 해당되는 경우는 다음과 같다. 또한 연금소득과 유사한 소득으로서 연금형태로 지급받는 것을 포함한다.

① 국민연금법 등의 각종 연금법에 의하여 지급받는 연금
② 퇴직보험의 보험금을 연금형태로 지급받는 경우의 연금
③ 연금저축에 가입하고 연금형태로 받는 소득

연금을 지급하는 기관에서는 연금에 대한 소득세를 원천징수하여 국가에 납부하며, 연금소득만 있는 경우에는 근로소득과 같이 연말정산으로 과세가 종료된다.

(6) 기타소득

기타소득은 이자소득 · 배당소득 · 부동산임대소득 · 사업소득 · 근로소득 · 연금소득을 제외한 소득을 말한다. 기타소득금액은 기타소득수입금액에서 필요경비를 공제한 금액으로 한다.

기타소득금액 = 기타소득총수입금액 − 필요경비

기타소득은 그 소득의 원천이 일시적이며 우발적인 소득이다. 즉, 단기적인 소득으로서 상금, 승마투표권 환급금, 일시적인 문예창작소득, 사례금, 전속계약금, 복권당첨금, 강사료 등이 포함된다. 단, 강사료의 경우에는 강의하는 사람이 강의를 전문으로 하는지(자유직업에서

생기는 사업소득), 학교에서 3개월 이상 계속하여 일정 과목을 강의하고 수령하는지(근로소득), 자유직업소득자나 근로소득자로 볼 수 없는 사람이 여러 사람에게 강연하고 받는 강연료(기타소득)인지를 잘 구별하여야 한다.

2.2 과세기간

개인의 과세대상 소득과 세금을 계산하는 기초가 되는 일정기간을 과세기간이라 한다. 소득세법상 과세기간은 매년 1월 1일부터 12월 31일까지이다. 법인세법상 법인은 1년 이내의에서 선택에 따라 사업연도를 임의로 정할 수 있지만, 모든 개인에게는 동일한 과세기간(1월 1일부터 12월 31일까지)이 적용된다. 다만, 개인이 사망할 경우에는 1월 1일부터 사망일까지, 국외로의 이민 등을 위한 출국시에는 1월 1일부터 출국한 날까지를 과세기간으로 하여 해당 기간의 소득금액에 대하여 소득세가 과세된다.

3. 소득세의 계산구조

소득세를 계산하는 기본구조는 다음과 같다.

	총수입금액
(−)	필요경비
=	소득금액(6가지 소득금액의 합계)
(−)	소득공제
=	과세표준
(×)	세율
=	산출세액
(−)	세액감면
(−)	세액공제
=	결정세액
(+)	가산세
=	총결정세액
(−)	기납부세액(원천징수세액 등)
=	차감납부할세액

4. 종합소득 과세표준

과세표준은 세법에 의하여 직접적으로 세액산출의 기초가 되는 과세물건의 수량 또는 가액을 말한다.

종합소득과세표준은 종합소득금액(이자소득금액부터 기타소득금액까지를 합한 금액)에서 소득세법상의 종합소득공제와 조세특례제한법상의 소득공제를 차감하여 계산된다.

종합소득공제는 소득자의 부양가족 구성에 따라 공제되는 인적공제와 필요경비적 성격을 가진 특별공제, 연금보험료공제, 기부금공제 등으로 구성되고, 조세특례제한법상 소득공제에는 정책적인 목적을 위하여 연금저축에 대한 소득공제(연금제도의 확대), 신용카드사용에 대한 소득공제(과세표준의 양성화 목적) 등의 규정을 두고 있다. 소득공제를 요약하면 다음과 같다.

<table>
<tr><th>근거세법</th><th>구 분</th><th colspan="3">공제의 종류</th><th>대상자</th></tr>
<tr><td rowspan="14">소득세법</td><td rowspan="7">인적
공제</td><td colspan="3">기본공제 (본인 및 요건을 갖춘 배우자 · 부양가족)</td><td>종합소득자</td></tr>
<tr><td rowspan="5">추가공제</td><td colspan="2">경로우대자공제 (70세 이상)</td><td rowspan="5">종합소득자</td></tr>
<tr><td colspan="2">장애자공제</td></tr>
<tr><td colspan="2">부녀자공제</td></tr>
<tr><td colspan="2">자녀양육비공제 (6세 이하)</td></tr>
<tr><td colspan="2">출산 및 입양공제</td></tr>
<tr><td colspan="3">다자녀공제</td><td>근로소득자와
사업소득자</td></tr>
<tr><td rowspan="10">물적
공제</td><td rowspan="5">특별공제</td><td rowspan="4">항목별
공제</td><td>보험료공제</td><td rowspan="4">근로소득자</td></tr>
<tr><td>의료비공제</td></tr>
<tr><td>교육비공제</td></tr>
<tr><td>주택자금공제</td></tr>
<tr><td colspan="2">표준공제</td><td>근로소득자와
사업소득자</td></tr>
<tr><td colspan="3">연금보험료공제</td><td>종합소득자</td></tr>
<tr><td colspan="3">기부금공제</td><td>종합소득자</td></tr>
<tr><td rowspan="3">조세특례
제한법</td><td colspan="3">연금저축에 대한 소득공제</td><td>종합소득자</td></tr>
<tr><td colspan="3">신용카드사용에 대한 소득공제</td><td>근로소득자</td></tr>
<tr><td colspan="3">벤처기업투자에 대한 소득공제</td><td>종합소득자</td></tr>
</table>

위 공제항목 중에서 주요 항목을 세부적으로 살펴보면 다음과 같다.

4.1 인적공제

인적공제제도는 거주자의 최저생계비를 보장하고 부양가족의 상황에 따라 세부담에 차별을 두어 부담능력에 따른 과세를 실현하려는 취지에서 적용되는 규정이다.

(1) 기본공제

기본공제는 본인을 포함하여 요건을 갖춘 부양가족 1인당 일정액을 당해 연도 종합소득금액에서 공제하는 것을 말한다. 기본공제 대상은 다음과 같다. 단, 부양가족이 장애인에 해당하는 경우에는 연령의 제한을 받지 않는다.

① 본인 : 당해 소득자 본인으로서 연령과 소득금액에 제한이 없다.

② 배우자 : 연간 소득금액이 일정액 이하인 배우자를 공제대상으로 한다.

③ 직계존속 : 연간소득금액이 일정액 이하인 직계존속(남자 60세, 여자 55세 이상)으로서 배우자의 직계존속도 포함하며, 소득자와 별거하고 있는 경우에도 인정한다.

④ 직계비속과 입양자
연간소득금액이 일정액 이하인 20세 이하의 직계비속과 입양자로서 소득자와 별거하고 있는 경우에도 인정된다.

⑤ 형제자매
연간소득금액이 일정액 이하이면서 20세 이하 또는 60세(여자는 55세) 이상인 형제자매로서 소득자와 생계를 같이 하는 형제자매를 의미한다.

주의할 점은, 공제대상이 되는 부양가족이 다른 거주자의 공제대상에도 해당하는 경우에는 중복하여 공제를 적용받을 수 없다는 점이다. 또한 기본공제대상자를 판정하는 경우 장애인에 대하여는 연령의 제한을 받지 아니한다.

기본공제를 적용받기 위해서는 당해 과세기간종료일 현재 주민등록표상 동거가족으로서 당해 소득자의 주소(또는 거소)에서 현실적으로 생계를 같이 하는 자이어야 한다. 그리고 연령조건을 판단할 때에는 당해 과세기간 중 당해 연령에 해당하는 날이 단 하루라도 있으면 공제대상으로 간주한다.

[사례]

흔히 적발되는 부당 공제의 사례를 들면 다음과 같다.

- 소득금액이 일정금액을 초과하는 맞벌이 부부가 각각 배우자공제를 받은 경우
- 배우자가 과세기간 중에 실직을 했지만 해당 연도의 소득금액이 일정 금액을 초과하는데도 과세기간 말 현재 직업이 없다는 이유만으로 배우자 공제를 받은 경우
- 주민등록상의 주소지가 다른 부모를 자식들이 각각 본인의 부양가족으로 신고하고 부

양가족공제를 받은 경우
- 부모가 개인사업을 하면서 독립적으로 생계를 유지하고 있음에도 불구하고 부양가족공제를 받은 경우
- 맞벌이 부부가 각각의 소득금액에서 중복하여 자녀에 대한 부양가족공제를 받은 경우 등

(2) 추가공제

기본공제대상이 되는 자가 다음의 요건 중 어느 하나에 해당되는 경우에는 공제사유별로 다음의 금액을 기본공제액에 추가하여 공제한다. 추가공제사유가 중복되는 경우에는 중복공제도 가능하다.

㉮ 경로우대공제

기본공제대상자가 70세 이상(남녀 구분 없음)에 해당하는 경우 일정액을 추가로 공제한다.

㉯ 장애인공제

기본공제대상자가 장애인에 해당하는 경우에 일정액을 추가로 공제한다. 단, 장애인에 대하여는 연령의 제한이 없다. 예를 들어 20세를 초과하는 직계비속이 장애인인 경우 기본공제와 추가공제가 모두 적용된다.

㉰ 부녀자공제

당해 소득자가 배우자가 없는 여성으로서 기본공제대상 부양가족이 있는 세대주이거나 혹은 배우자가 있는 여성인 경우에는 일정액을 추가로 공제한다.

㉱ 자녀양육비공제

당해 소득자에게 6세 이하의 직계비속이 있는 경우에는 1인당 일정액을 추가로 공제한다.

㉲ 출산 및 입양공제

당해 과세기간에 출산한 직계비속과 입양신고한 입양자의 경우 1인당 일정액을 공제한다.

(3) 다자녀추가공제

근로소득자(일용근로소득자 제외) 혹은 사업소득자로서 기본공제대상에 해당하는 자녀가 2인인 경우에는 기본공제 이외에 연 일정액을 추가로 공제하며, 기본공제대상인 자녀가 3인 이상인 경우에는 추가 1인당 연 일정액을 당해 소득자의 근로소득금액 또는 사업소득 금액에서 추가로 공제한다.

4.2 특별공제

특별공제는 근로소득자에게만 적용되는 항목별공제와 근로소득이 없는 경우에 적용되는 표준공제로 구분된다.

근로소득이 있는 자가 보험료, 의료비, 교육비, 주택자금을 지출한 경우에는 각 항목별로 일정한도액까지 공제해 준다. 근로소득자는 항목별공제와 표준공제 중에서 어느 하나를 선택할 수 있으나, 근로소득이 없는 경우에는 항목별 공제를 적용할 수 없고 표준공제(연간 일정액)만 적용하여야 한다.

항목별 공제의 내용은 다음과 같다.

(1) 보험료공제

근로자가 직접 부담한 국민건강보험료와 고용보험료 및 노인장기요양보험료는 전액을 공제하되, 자동차보험 등과 같은 보장성보험료는 연간 일정액을 한도로 공제한다.

(2) 의료비공제

본인과 기본공제대상자(연령 및 소득금액의 제한을 받지 않는다)를 위하여 국내에서 실제 부담한 의료비로서 병원비, 처방전에 의한 의약품구입비, 시력보정용 안경(콘텍트렌즈 포함), 장애인의 보장구구입비, 보청기구입비 등으로 지출한 의료비와 건강진단비를 공제대상으로 한다. 다만, 성형수술비, 건강증진을 위한 약품구입대금 등은 공제대상의료비에서 제외된다. 단, 의료비공제는 지출한 의료비가 총급여액의 일정비율을 초과하는 경우에만 적용한다.

(3) 교육비공제

근로자가 본인 및 부양가족을 위하여 지출한 교육법에 의한 학교에 지출한 교육비를 공제대상으로 한다. 근로자 본인에 대하여는 초, 중, 고, 대학, 대학원의 교육비를 전액 공제하되, 부양가족(나이 제한 없음)에 대하여는 일정 한도액 내에서 공제한다.

[사례]

특별공제 중 항목별공제와 관련하여 흔히 적발되는 부당 공제의 사례를 들면 다음과 같다.

- 개인사업을 하고 있는 부양가족 명의로 가입된 보험에 대한 보험료를 공제받은 경우
- 피보험자가 기본공제대상이 아닌데도 불구하고 공제받은 경우
- 약국에서 허위 영수증을 발급받아서 의료비 공제를 신청한 경우
- 본인 · 경로우대자 · 장애인을 제외한 기본공제대상자에게 지출된 의료비는 총급여의 3%를 초과하는 부분만 공제받아야 하는데도 불구하고 전액을 공제받은 경우
- 외국대학의 어학연수과정 수업료에 대해서 교육비 공제를 받은 경우
- 기숙사비, 식비 등 교육비와 직접적으로 무관한 지출에 대해서 교육비공제를 받은 경우
- 배우자 또는 부양가족이 없는 세대주가 주택마련저축의 불입액에 대해서 주택자금공제를 받은 경우
- 배우자 또는 부양가족의 명의로 된 주택마련저축의 불입액에 대해서 주택자금공제를 받은 경우
- 다른 사람이 살고 있던 주택을 매매로 취득하기 위해 금융기관에서 빌린 돈에 대해서 주택자금공제를 받은 경우

(4) 주택자금공제

세대주인 무주택자 혹은 국민주택규모 이하 주택소유자가 주택마련저축에 불입한 금액의 일정비율, 무주택자가 국민주택규모 이하 주택을 임차하기 위한 차입금을 상환한 금액의 일정비율, 그리고 국민주택기금으로부터 차입한 장기주택저당차입금(상환기간이 10년 이상이고 소유권이전 후 3개월 내에 차입할 것)에 대한 이자상당액을 공제한다. 단, 위에서 언급한 항목의 합계액은 일정금액을 초과하지 못한다.

4.3 연금보험료공제

종합소득이 있는 자가 다음에 해당하는 보험료 등을 납부한 경우에는 당해 연도 종합소득금액에서 납부한 보험료 등을 전액 공제한다.

① 국민연금법에 의한 국민연금(사용자부담금을 제외함)

② 공무원연금법, 군인연금법, 사립학교교직원연금법 등에 의하여 근로자가 부담하는 기여금 또는 부담금

4.4 기부금공제

종합소득자가 국가나 공익단체에 기부금을 지급한 경우 당해 기부금은 종합소득에서 공제 가능하다. 단, 개인사업자는 기부금을 사업소득의 필요경비에 산입하거나 종합소득에서 공제받을 수도 있다. 소득금액에서 전액 공제받을 수 있는 기부금은 국가 또는 지방자치단체에 지출한 기부금, 사립학교에 시설비, 교육비, 연구비, 장학금으로 지출한 금액, 국방헌금, 불우이웃기부금품, 수재의연금 등이 있다. 이외의 기부금은 소득금액 중 일정비율을 한도로 공제받을 수 있다.

5. 산출세액

종합소득과세표준에서 각 금액에 해당하는 세율을 각각 곱하여 산출세액을 계산한다.

제4절 소득세의 신고와 납부절차

1. 과세표준 확정신고

종합소득 또는 퇴직소득이 있는 자는 다음 연도 5월 1일부터 5월 31까지 과세표준을 신고해야 한다. 단, 근로소득 · 퇴직소득 또는 분리과세 이자소득만이 있는 등의 경우에는 과세표준의 확정신고를 하지 않아도 된다.

양도소득의 경우에는 양도일이 속하는 달의 말일(양도소득 과세대상 주식의 경우에는 양도일이 속하는 분기의 말일)부터 2월 이내에 관할세무서장에게 예정신고하여야 하며, 확정신고는 종합소득과 마찬가지로 과세표준확정신고기간에 하면 된다.

2. 중간예납

종합소득 중 부동산임대소득과 사업소득이 있는 자는 1월 1일부터 6월 30일까지의 기간을 중간예납기간으로 하여 소득세를 중간예납하여야 한다. 중간예납세액은 전연도 종합소득세액의 50%로 하는 것이 원칙이며 납부기한은 11월 30까지이다.

3. 납세의무자

과세대상 소득이 있는 개인은 소득세의 납세의무자가 된다. 한편, 소득세법에서는 개인을 거주형태에 따라 거주자와 비거주자로 구분한다. 거주자란 국내에 주소(住所)를 두고 있거나 1년 이상 거소(居所)를 둔 개인을 말한다. 비거주자는 거주자가 아닌 자를 말한다.

그러므로 비록 외국인이라 하더라도 우리나라에 주소가 있거나 1년 이상 체재하는 경우에는 당연히 거주자가 된다.

거주자는 모든 국내외원천소득에 대해서 납세의무를 부담하며 비거주자는 국내원천소득에 대해서 납세의무를 부담한다.

4. 원천징수

조세의 징수방법은 신고납부, 원천징수, 고지징수의 세 가지로 구분할 수 있다. 신고납부란 납세의무자가 납부하여야 할 세액을 신고하고 그 신고한 세액을 자진해서 납부하는 방법을 말하며, 원천징수란 소득을 지급하는 자가 소득을 지급할 때 소득을 지급받는 자가 부담할 세금을 정부를 대신하여 징수하는 것을 말한다. 마지막으로 고지징수란 과세관청이 납세자에게 납세고지서를 교부하여 징수하는 방법을 말한다.

세법에서는 징세의 편의, 세원의 확실한 포착, 조세수입의 평준화 등을 목적으로 원천징수하는 제도를 시행하고 있다.

전 공 용 어

각사업연도소득
간주임대료
경정청구
과세기간
근로소득
기본공제
기타소득
배당소득
법인세
부동산임대소득
사업소득
세무조정
소득세
수정신고
연금소득
연말정산
이자소득
인적공제
종합소득
추가공제

연 | 습 | 문 | 제

12-1 법인의 납세의무에 대하여 법인의 유형별로 설명하시오.

12-2 수정신고와 경정청구에 대하여 설명하시오.

12-3 개인의 종합소득을 구성하는 항목에 대하여 설명하시오.

12-4 소득세법상 기본공제에 대해서 설명하시오.

12-5 소득세법상 추가공제에 대해서 설명하시오.

12-6 소득세법상 특별공제에 대해서 설명하시오.

12-7 연말정산에 대하여 설명하시오.

12-8 다음 중 법인세 계산구조상의 각사업연도소득금액에서 시작하여 과세표준을 계산하는 과정에서 차감되는 항목이 아닌 것은?

① 소득공제　　② 비과세소득
③ 이월결손금　　④ 세액공제

[해설] ④

12-9 다음 중 법인세 계산구조상의 산출세액에서 시작하여 총부담세액을 계산하는 과정에서 조정되는 항목이 아닌 것은?

① 세액공제　　② 세액감면
③ 가산세　　④ 소득공제

[해설] ④

12-10 다음 중 소득세법상의 과세대상 소득이 아닌 것은?

① 종합소득　　② 양도소득
③ 퇴직소득　　④ 부가소득

[해설] ④

12-11 다음 중 소득세법상의 종합소득에 포함되는 소득이 아닌 것은?

① 근로소득　　② 퇴직소득
③ 기타소득　　④ 연금소득

[해설] ②

12-12 다음 중 소득세법상의 종합소득에 포함되는 소득은?

① 사업소득　　② 퇴직소득
③ 양도소득　　④ 증여소득

[해설] ①

12-13 다음 중 추가공제에 해당하는 사항이 아닌 것은?

① 경로우대자공제　　② 장애자공제
③ 부녀자공제　　④ 의료비공제

[해설] ④

12-14 다음 중 항목별공제에 해당하는 사항이 아닌 것은?

① 보험료공제　　② 교육비공제
③ 주택자금공제　　④ 표준공제

[해설] ④

부가가치세와 부동산관련 세금

13장

제1절 부가가치세
제2절 부동산에 관련된 세금

절세와 탈세에 대해서 생각해 봅시다.

절세(tax saving)란 세법의 규정을 위반하지 않고 합리적인 방법으로 세금을 줄이는 것이다. 즉, 절세는 납세자의 합법적인 권리라고 생각하면 된다. 예를 들어, 개인사업자가 법인사업자로 전환하여 세금의 부담을 줄이는 것은 절세를 위한 선택이라고 볼 수 있다. 절세를 실천하기 위해서 우리 납세자는 먼저 세금을 잘 이해하기 위한 노력이 필요하다.

반면에 탈세(tax evasion)란 의도적으로 경제사실을 왜곡하여 세금의 부담을 초래하는 것이다, 예를 들어, 과세대상이 되는 소득의 일부를 누락시키거나, 과세대상이 되는 거래 사실을 숨기는 것, 즉 세법을 위반하면서 세금 부담을 회피하려는 것이다. 탈세를 하게 되면 탈세한 사람이 마땅히 내야할 세금을 다른 선량한 납세자들이 부담하게 되는 경우가 발생하기 때문에 사회적으로 문제가 되는 것이다.

결론적으로 말하면, 절세는 합법적인 선택이고, 탈세는 위법행위인 것이다. 또한 절세를 적극적으로 실행하여 경영전략에 접목시키는 것을 세무전략을 세무계획(tax planning)이라고 한다.

제1절 부가가치세

1. 부가가치세의 기본개념

부가가치세는 과세대상이 되는 재화나 용역의 공급에 대해서 부과하는 소비세로, 세금부담이 최종소비자에게 돌아가는 간접세이다.

일반적으로 과세사업을 영위하는 개인사업자나 법인사업자는 재화나 용역을 공급할 때 그 대가로 매출대가와는 별도로 세금계산서 등을 발행해주면서 10%의 부가가치세를 더 받는다. 이 경우 세금계산서는 부가가치세법에 의하여 부가가치세를 받아야 할 과세사업자가 매출을 발생시킬 때 발행하는 매출세금계산서와 거래 상대방이 수령하는 매입세금계산서 등 두 장으로 구성된다.

반면, 병원의 진료비 등 부가가체세 면세사업자가 발행하는 계산서에는 부가가치세가 포함되어 있지 않다. 면세사업자는 정부에서 국민의 복리 향상에 기여하는 업종에 대해 예외적으로 정해 제도로서, 부가가치세만큼 서민의 세금 부담이 줄어들게 된다. 이 경우 면세사업자가 발행하게 되는 계산서는 부가가치세와 무관한 면세사업자가 매출을 발생시킬 때 발행하는 매출계산서와 상대방이 수령하게 되는 매입계산서 등 두 장으로 구성된다.

1.1 부가가치세의 의의

우리가 물건을 사면 대부분 그 값 속에 부가가치세가 포함되어 있기 때문에 살아가면서 가장 많이 접하게 되는 세금 중의 하나가 부가가치세이다.

기업은 재화나 용역을 매입(생산 또는 수입)하여 판매(공급)함으로써 부가가치를 생산하고 생산된 부가가치 중 이의 창출에 노력한 자에게 임금과 이자, 임차료 등의 형태로 분배한다. 창출된 부가가치총액에서 들어간 임금과 이자, 임차료 등을 차감하면 기업의 이익이 된다. 이렇게 재화나 용역을 생산, 수입, 매입하여 판매하는 유통과정에서 발생된 부가가치를 소비하는 자에게 일정액의 조세를 부과하는데 이를 부가가치세라 한다. 부가가치세는 거래금액에 포함되어 다음의 거래상대방에게 그 부담이 전가(transfer)되고 결국에는 최종소비자가 그 부담을 지게 된다.

부가가치세의 특징은 다음과 같다.

① 부가가치세는 재화나 용역을 생산, 매입, 수입하여 판매 유통하는 과정에서 사업자에게 부과되는 조세이다.
② 부가가치세는 사업자가 창출한 부가가치에 대해 부과하는 조세이다.
③ 부가가치세는 거래유통단계별로 사업자가 창출한 부가가치에 세율(10%)을 적용하여 산출하는 조세이다.
④ 부가가치세는 거래상대방에게 부담이 전가되고 결국에는 최종생산물을 소비하는 최종소비자가 최종생산물을 매입할 때에 부담하게 된다.

1.2 부가가치세의 과세방법

(1) 매출부가가치세

사업자가 재화나 용역을 판매하는 경우 거래상대방으로부터 재화나 용역의 생산물가액에 가산하여 별도로 부가가치세를 받는다. 사업자가 재화나 용역을 판매하고 매입자로부터 징수하는 부가가치세를 매출부가가치세라 한다.

(2) 매입부가가치세

사업자가 다른 사업자로부터 재화나 용역을 매입하면서 재화와 용역의 생산물가액에 가산하여 별도로 부가가치세를 지급한다. 재화나 용역을 매입하면서 직전사업자에게 지급한 부가가치세를 매입부가가치세라 한다.

(3) 납부세액

사업자는 자신이 일정기간 동안 창출한 부가가치에 대해 세율을 적용하여 납부할 부가가치세액을 다음과 같이 산출한다.

부가가치세 = 부가가치 × 10%
= (매출액 − 매입액) × 10%
= 매출액 × 10% − 매입액 × 10%
= 매출부가가치세 − 매입부가가치세

1.3 납세의무자

(1) 납세의무자의 범위

영리추구 여부를 불문하고 사업상 독립적으로 재화와 용역을 공급하는 자를 사업자라 하며, 사업자는 부가가치세의 납세의무를 진다.

(2) 납세의무자의 분류

사업자가 공급하는 재화와 용역 중 부가가치세가 과세되는 것이 있고 과세되지 않는 것이 있다. 부가가치세가 과세되는 재화와 용역을 공급하는 사업자를 과세사업자라 하고, 부가가치세가 과세되지 않는 재화와 용역을 공급하는 사업자를 면세사업자라 한다.

면세사업자는 부가가치세법상 납세의무자가 아니다. 부가가치세법에서는 부가가치세가 과세되지 않는 재화와 용역의 공급범위를 별도로 규정하고 있다.

부가가치세가 과세되는 사업과 과세되지 않는 사업을 동시에 하고 있는 경우도 있는데 이런 사업자를 겸영사업자라 하고 과세사업자로 분류한다.

1.4 과세대상

부가가치세의 과세대상은 재화 또는 용역의 공급과 재화의 수입이다.

구 분	과세대상
재화의 공급	공급하는 자가 사업자일 경우에만 과세
용역의 공급	공급하는 자가 사업자일 경우에만 과세
재화의 수입	수입하는 자가 사업자인지 여부를 불문하고 과세

(1) 재화

재화는 재산적가치가 있는 유체물과 무체물을 말한다. 유체물이라도 재산적가치가 없는 것은 재화로 보지 아니하고, 토지는 재산적가치가 있지만 부가가치세 과세대상에서 제외한다.

(2) 용역

용역은 재산적가치가 있는 역무나 재화나 시설물 및 권리를 사용하게 하는 것(임대 또는 대여)을 말한다. 용역에는 건설용역, 수리용역, 숙박용역, 금융 및 보험용역, 운수용역, 통신용역 등이 있다.

(3) 공급

공급은 계약상 또는 법률상 유상으로 재화의 소유권을 이전하는 경우와 용역을 제공하는 것을 말한다. 그러나 무상으로 재화를 공급하는 경우에도 과세형평을 고려하여 공급으로 간주하여 부가가치세 과세대상에 포함시키는 경우도 있다.

(4) 수입

수입은 통관절차를 통하여 재화를 국내로 인취하는 것을 말하며, 보세구역(보세구역, 자유무역지역, 관세자유지역)을 경유하는 경우에는 보세구역에서 국내로 인취하는 것을 말한다. 주의할 점은 용역의 수입에 대해서는 부가가치세를 과세하지 않는다는 것이다.

1.5 과세기간

부가가치세의 과세기간은 6개월이다. 1월 1일부터 6월 30일까지를 제1기라 하고, 7월 1일부터 12월 31일까지를 제2기라 한다.

1.6 신고 및 납세지

(1) 사업장

사업장이란 사업자 또는 그 사용인이 상시 주재하여 거래의 전부 또는 일부를 행하는 장소를 말한다.

(2) 사업자단위 과세(신고 · 납부)제도

사업자가 본점, 지점 등 2개 이상의 사업장을 가지고 사업을 하는 경우도 있는데 사업장별로 신고 · 납부하는 것이 원칙이다. 그러나 전사적기업자원관리(ERP)의 도입으로 주사업장에서 각 사업장을 총괄로 관리할 수 있는 경우에는 여러 개의 사업장을 하나로 묶어 신고 · 납부할 수 있도록 하고 있는데 이를 사업자단위 과세(신고 · 납부)제도라 한다.

(3) 주사업장 총괄납부제도

각 사업장별로 납부하는 것이 번거롭거나 또는 어떤 사업장은 납부세액이 발생하고 어떤 사업장은 환급세액이 발생하는 경우에 각 사업장별로 납부하고 환급받는 것이 불합리한 경우에 주사업장 관할세무서장의 승인을 얻어 사업장별 납부세액과 환급세액을 통산하여 주된 사업장 관할세무서장에게 일괄 납부하는 제도를 말한다. 따라서 이런 경우에는 신고는 각 사업장 단위별로 하고 납부는 주된 사업장에서만 하게 된다.

1.7 사업자등록

부가가치세법상 사업을 개시하고자 하는 자는 납세의무자로 등록하고 사업자등록번호를 부여받기 위하여 사업개시일로부터 20일 이내에 사업장마다 관할세무서장에게 사업자등록을 신청하고 사업자등록증을 교부받아야 한다. 사업을 개시하기 전에 사업을 준비하는 과정에서 세금계산서를 교부받을 목적으로 미리 사업자등록을 할 수도 있다.

1.8 우리나라 부가가치세의 특징

상기에서 설명한 우리나라의 부가가치세의 특징을 정리하면 다음과 같다.

(1) 일반소비세

부가가치세는 소비의 대상이 될 수 있는 재화와 용역의 공급과 수입을 과세대상으로 한다는 점에서 소비세이며, 특정 재화만을 과세대상으로 하는 개별소비세 등과 달리 거의 모든 재화와 용역에 과세하는 일반소비세에 해당한다.

(2) 간접세

부가가치세는 사업자가 납세의무자이나 실제로 조세부담은 최종소비자에게 전가(transfer)되는 간접세이다.

(3) 전단계세액공제법

사업자는 자신이 공급한 재화와 용역에 대한 매출부가가치세를 거래징수하고 여기에 자신이 전단계사업자에게 지급한 매입부가가치세(자본재에 대한 부가가치세를 포함)를 공제하고 난 후 납부할 세액을 계산한다. 물론 전단계사업자에게 지급한 매입부가가치세는 세금계산세에 의하여 확인되어야 공제 받을 수 있다.

(4) 소비지국과세원칙

수출하는 재화에는 부가가치세를 과세하지 않으며, 수입하는 모든 재화에 대하여 국내에서 생산된 재화와 동일하게 부가가치세를 과세하고 있다. 이를 행선지국과세원칙이라고도 한다. 따라서 이 제도는 수출을 촉진하고 수입을 억제하는 효과가 있다.

(5) 조세평등주의의 위배

부가가치세는 이를 부담하는 최종소비자의 세부담능력(소득수준 또는 재산수준)을 고려하지 않고 동일한 세율이 적용되어 조세의 형평을 저해하는 조세이다.

2. 세금계산서

2.1 세금계산서

과세대상에 해당하는 재화와 용역을 공급하는 과세사업자와 재화의 수입을 관장하는 세관장은 공급사실을 증명하고 부가가치세를 거래징수하기 위하여 재화와 용역의 공급시기에 세금계산서를 발행하여 공급받는 자와 수입자에게 교부하여야 한다.

(1) 세금계산서의 기재사항

세금계산서는 2매가 1조로 되어 있으며 사업자는 세금계산서 2매를 작성하여 1매(공급자 보관용)는 본인이 보관하고 1매(공급받는 자 보관용)는 공급받는 자에게 교부한다.

상기의 세금계산서에 기재하는 사항 중에서 기재하지 않거나 잘못 기재 한다면 세금계산서를 교부하지 않은 것으로 간주하는 것이 있다. 이러한 기재사항을 필요적 기재사항이라 한다. 필요적 기재사항은 다음과 같이 네 가지이다.

㉠ 공급자의 사업자등록번호와 성명

㉡ 공급받는 자의 사업자등록번호

㉢ 공급가액과 부가가치세

㉣ 작성 연월일

필요적 기재사항 이외에 공급자와 공급받는 자의 주소, 공급받는 자의 성명 등과 같이 세금계산서의 효력에 영향을 미치지 않는 기재사항을 임의적 기재사항이라 한다.

(2) 수정세금계산서

세금계산서를 교부한 후에 당초 재화 또는 용역이 취소되거나, 기재사항에 착오가 있거나, 거래내용에 정정사유가 발생한 경우에는 수정세금계산서를 교부할 수 있다.

(3) 수입세금계산서

재화의 수입에 대하여 세관장이 상기 세금계산서의 교부절차와 요령에 준하여 수입자에게 발행 · 교부하는 세금계산서를 말한다.

2.2 영수증

사업자가 아닌 최종소비자와 주로 거래를 많이 하는 사업자는 대부분 영세하다. 그래서 세금계산서의 교부를 면제하고 부가가치세법의 각종의무를 줄여주며 또한 신고 · 납부절차도 간편하게 해주기 위하여 영수증 제도를 도입하고 있다. 단, 사업자가 영수증 교부대상 사업자로부터 영수증을 교부받는 경우에는 매입부가가치세를 공제받을 수 없다.

2.3 신용카드매출전표 등과 금전등록기계산서

(1) 신용카드매출전표 등

소매업 등 영수증 교부대상 사업을 하는 사업자 등은 세금계산서 교부시기에 신용카드매출전표 등을 교부할 수 있다. 신용카드매출전표 등이란 신용카드매출전표, 직불카드영수증, 기명식선불카드영수증, 현금영수증을 말한다. 신용카드매출전표 등에 공급자의 사업자등록번호와 기재하고 공급가액과 부가가치세를 별도로 기재한 경우에는 세금계산서와 그 효력이 동일한 것으로 인정하여 매입부가가치세를 공제받을 수 있도록 하고 있다.

신용카드매출전표 등은 그 교부내역이 과세관청에 통보되기 때문에 매출액의 누락을 원천적으로 방지할 수 있는 장점이 있어 이를 권장하고 있으며, 신용카드매출전표 등을 교부하는 사업자에게는 신용카드매출전표 등의 공급대가의 일정액을 매출부가가치세에서 공제해 주는 혜택을 주고 있다.

(2) 금전등록기계산서

소매업 등 영수증 교부대상 사업을 하는 사업자는 금전등록기를 설치하고 공급대가를 기재한 계산서 발행할 수 있다. 그러나 신용카드매출전표 등과 달리 거래상대방은 금전등록기계산서로는 매입부가가치세를 공제받을 수 없다.

2.4 계산서

계산서는 부가가치세 면세사업자가 면세재화 또는 면세용역을 제공하고 거래상대방에게 교부하는 것이다. 또한 세관장이 면세재화를 수입하는 수입업자에게 소득세법 또는 법인세법에 의해 교부할 수도 있다. 계산서도 세금계산서와 마찬가지로 2매를 작성하여 1매(공급자용)는 공급자가 보관하고 1매(공급받는자용)는 거래상대방에게 교부한다.

3. 과세표준과 납부세액

과세표준은 세율을 곱하는 대상이 되는 금액을 말하며, 부가가치세의 과세표준은 재화 또는 용역의 공급가액이며 부가가치세는 공급가액에 10%를 곱하여 계산한다. 공급가액과 부가가치세의 합계액을 공급대가라 한다.

공급가액, 부가가치세, 공급대가의 상호관계는 다음과 같다.

① 과세표준 = 공급가액
② 부가가치세 = 공급가액 × 10%
③ 공급가액 + 부가가치세 = 공급대가

그리고 부가치세의 납부세액은 매 신고기간에 발생한 과세표준에 세율을 곱한 매출부가가치세(매출세액)의 합계액에서 전단계에서 재화 또는 용역의 매입시 발생한 매입부가가치세(매입세액)의 합계액을 차감하여 계산한다.

4. 신고와 납부

매년 1월 1일부터 6월 30일까지를 제1기 과세기간, 7월 1일부터 12월 31일까지를 제2기 과세기간이라 하여 6개월 단위로 부가가치세를 과세한다. 그러나 과세단위별로 예정신고기간을 두어 매 3개월 단위로 신고 · 납부 하도록 하고 있으며, 각 신고기간의 종료일로부터 25일(외국법인은 50일)이내에 신고 · 납부하여야 한다.

구 분	제 1기		제 2기	
	예정신고기간	확정신고기간	예정신고기간	확정신고기간
과세기간	01.01~03.31	04.01~06.30	07.01~09.30	10.01~12.31
신고 · 납부 법정기한	04.25	07.25	10.25	01.25

4.1 예정신고와 납부

예정신고 · 납부제도는 법인에게만 적용된다. 개인사업자의 경우에는 사업자가 신고 · 납부하지 아니하고 과세권자가 직전과세기간 납부세액의 50%를 예정신고기간의 납부세액으로 결정하여 고지하며 개인사업자는 이를 납부한다. 그러나 징수세액이 10만원 이하인 경우에는 이를 고지하여 징수하지 아니한다.

다만, 다음의 경우에는 예정신고기간에 대하여 예정신고 · 납부하여야 한다.

㉠ 개인사업자가 신규로 사업 등을 개시하는 경우 개시일이 예정신고기간에 속하는 자
㉡ 직전과세기간에 납부세액이 없는 자

4.2 확정신고와 납부

확정신고 · 납부제도는 개인과 법인 모두에게 적용되고, 예정신고시 누락된 것과 확정신고기간에 발생한 거래를 신고대상으로 한다.

4.3 환급, 결정과 경정

(1) 환급

부가가치세 신고기간의 매입세액이 매출세액을 초과하는 경우에 초과액을 환급세액이라 하며 과세권자는 이를 납세자에게 돌려주어야 하는데, 이를 부가가치세의 환급이라 한다.

(2) 결정과 경정

부가가치세는 납세의무자가 과세표준과 세액을 신고함으로써 확정된다. 다만, 신고를 하지 않았거나 신고한 내용에 오류나 탈루가 있는 경우 등의 경우에는 과세권자가 결정 또는 경정한다. 결정이란 처음으로 과세표준과 세액을 확정하는 행위를 말하며, 경정이란 납세의무자가 신고한 또는 과세권자가 결정한 과세표준과 세액을 변경하여 확정하는 행위를 말한다.

4.4 가산세

부가가치세법과 국세기본법은 부가가치세 신고와 납부, 이와 관련된 신고서와 제반 입증서류의 제출을 의무화하고 있으며, 이들을 기한 내에 이행하지 않은 경우에는 일정액의 가산세를 부과하도록 하고 있다. 가산세는 납부세액에 가산하거나 환급세액에서 차감한다.

구 분	가산세
(1) 국세기본법	① 신고불성실가산세 ② 납부불성실가산세 또는 환급불성실가산세
(2) 부가가치세법	③ 미등록가산세 ④ 세금계산서 불성실가산세 ⑤ 매출세금계산서합계표불성실가산세 ⑥ 매입세금계산서합계표불성실가산세 ⑦ 영세율과과세표준신고불성실가산세 ⑧ 수입금액명세서미제출가산세 ⑨ 대리납부불이행가산세

5. 간이과세제도

사업의 규모가 영세한 개인사업자는 세법지식과 기장능력이 부족하여 부가가치세법상의 의무를 이행하기가 어려운 현실적인 문제가 있고, 또한 세부담을 경감시켜줄 필요가 있기 때문에 이들을 위하여 부가가치세법은 납부세액계산의 특례규정을 두어 간편한 방법으로 부가가치세를 신고 · 납부할 수 있도록 하는 간이과세제도를 두고 있다.

5.1 간이과세자의 적용대상

간이과세규정을 적용받는 사업자를 간이과세자라하며 직전 1역년간(6개월이 아님에 유의)의 공급대가(공급가액이 아님)가 4,800만원에 미달하는 개인사업자를 말한다. 다만, 일반사업자인 다른 사업장을 가지고 있는 개인은 간이과세자가 될 수 없으며, 법인은 어떠한 경우에도 간이과세자가 될 수 없다. 그리고 특정업종을 영위하는 개인사업자는 간이과세자가 될 수 없다.

5.2 납부세액 계산구조

일반사업자는 매출세액에서 매입세액을 차감하여 납부세액을 계산한다.

간이과세자는 과세권자가 부가가치세법에 규정한 업종별 부가가치율을 공급대가에 획일적으로 적용하여 부가가치금액을 계산한다. 간이과세자의 납부세액은 다음과 같이 계산한다.

부가가치세 납부세액 = 공급대가 × 업종별 부가가치율 × 10%

업종별 부가가치율은 소매업의 경우 15%에서 음식점업, 숙박업, 운수 및 통신업의 경우 40%까지로 부가가치세법시행령 업종별로 각각 규정되어 있다.

5.3 간이과세의 포기

간이과세자는 납부세액계산이 간편하다는 장점이 있으나 세금계산서를 교부할 수 없으므로 거래상대방의 입장에서는 매입세액공제를 받을 수 없고 세금계산서를 교부받는 경우에도 매입세액을 100% 공제받을 수 없는 불이익이 있다. 거래상대방과의 거래목적상 혹은 매입세액공제를 받을 목적으로 간이과세를 언제든지 포기하고 일반과세를 적용받을 수 있다.

제2절 부동산에 관련된 세금

부동산 등과 관련된 세금에는 취득시에 납부하는 취득세와 등록세가 있고, 보유하는 동안에 발생하는 재산세 · 종합부동산세 등이 있다. 또한 부동산 등을 양도하는 경우에는 양도소득세를 부담한다.

1. 부동산 등의 취득과 관련한 세금

1.1 취득세

취득세는 토지와 건물 등과 같은 부동산이나 차량, 항공기, 선박, 골프회원권 등을 취득할 때 내는 세금으로 취득한 날로부터 일정기간 이내에 시, 군, 구청에 자진 신고 · 납부해야 하는 지방세이다.

1.2 등록면허세

등록면허세는 부동산이나 선박, 항공기, 자동차와 같은 재산을 취득한 경우 재산권을 법적으로 보장받기 위하여 등기나 등록을 할 때 신고 · 납부해야 하는 지방세이다.

2. 부동산 등의 보유와 관련된 세금

2.1 재산세

재산세는 과세기준일인 매년 6월 1일 현재 토지, 건축물, 주택(부수토지 포함), 선박, 항공기를 사실상 소유하고 있는 자에게 부과되는 지방세이다.

2.2 종합부동산세

종합부동산세는 주택에 대한 과세와 토지에 대한 과세로 구성된다. 일정기준을 충족하는 주택과 토지의 보유에 대해서는 재산세(지방세)가 부과되지만, 일정기준을 초과하는 고액의 부분에 대해서는 종합부동산세(국세)를 추가로 부과한 후 당해 세수를 지방자치단체에 우선 배분함으로써 부동산의 과다보유를 억제하고 동시에 지방재정의 균형발전을 도모하는데 그 의의가 있다.

3. 양도소득세

개인이 보유하고 있던 부동산 등을 양도하는 경우 당초의 취득원가를 초과하는 가액으로 양도하면 양도소득이 발생한다. 양도소득세는 취득일로부터 양도일까지의 보유기간 동안에 발생된 소득을 과세대상으로 한다. 양도소득세는 자산의 종류, 등기여부, 보유기간에 따라 각각 다른 세율이 적용된다.

소득세법상 양도라 함은 자산이 유상으로 사실상 이전되는 것을 의미한다. 주의할 점은 자산의 무상이전에 대하여는 증여세가 과세되며, 사실상 이전이라 함은 자산에 대한 등기나 등록에 관계없이 실질적인 소유권 이전을 의미한다.

3.1 양도소득세의 과세대상

양도소득세의 과세대상이 되는 대표적인 경우는 다음과 같다.

(1) 토지 또는 건물의 양도

토지나 건물은 대표적인 양도소득세의 과세대상이다.

(2) 부동산에 관한 권리의 양도

토지 또는 건물과 같은 부동산뿐만 아니라 부동산과 관련된 권리도 양도소득세의 과세대상이 된다. 따라서 전세권, 아파트 당첨권 등도 과세대상이 될 수 있다.

(3) 대주주의 상장주식의 양도

상장법인의 대주주가 당해 상장법인의 주식을 양도하는 경우에는 양도비율에 불구하고 양도소득세가 과세된다. 또한 대주주가 아닌 경우에도 상장주식을 유가증권시장을 통하지 아니하고 장외에서 양도하면 양도소득세가 과세된다.

(4) 비상장주식의 양도

증권거래소에 상장되지 아니한 주식을 양도한 경우에는 주식의 보유비율이나 양도규모에 상관없이 양도소득세가 과세된다.

(5) 국외부동산 등의 양도

(6) 헬스이용권, 골프회원권 양도 등

3.2 비과세양도소득

소득세법상의 양도소득이 발생한 경우에도 불가피한 양도에 해당되거나 조세정책상 세제혜택을 주기 위한 경우에는 양도소득세를 과세하지 아니한다.

(1) 파산선고에 의한 처분

법원이 파산선고 하여 부동산을 처분하는 경우에는 불가피한 소유권이전에 해당하므로 양도소득세를 과세하지 아니한다.

(2) 농지의 교환

농지에 대하여 소득세법에서 정한 교환사유에 해당되어 다른 토지와 교환하는 경우에는 양도소득세를 과세하지 아니한다.

(3) 1세대 1주택의 양도

소득세법에 규정된 조건(보유기간과 거주기간)을 갖춘 1세대 1주택을 양도한 경우에는 양도소득세를 과세하지 아니한다. 단, 소득세법상의 1세대 1주택 조건을 갖춘 경우에도 고가주택에 해당되면 일정액을 초과하는 양도가액이 전체 양도가액에서 차지하는 비율에 상당하는 양도소득에 대하여 소득세를 과세한다.

3.3 양도차익

양도가액에서 필요경비(취득가액 및 부대비용)를 공제하면 양도차익이 계산된다. 양도가액은 자산을 양도하고 실제 수령한 가액을 말한다. 부대비용에는 실제로 발생한 설비비와 개량비, 중개수수료, 자본적지출액 등을 포함한다.

양도차익 = 양도가액 − 필요경비(= 취득가액 + 부대비용)

3.4 양도소득금액

장기간(3년 이상) 보유한 토지와 건물에 대하여는 장기보유특별공제가 적용된다. 양도차익에서 장기보유특별공제액을 차감하면 양도소득금액이 계산된다. 단, 1세대 2주택 및 1세대 3주택, 비사업용 토지, 미등기된 토지와 건물의 양도 등의 경우에는 장기보유특별공제를 적용하지 아니한다.

양도소득금액 = 양도차익 − 장기보유특별공제액

3.5 양도소득과세표준

양도소득에 대한 과세표준은 양도소득금액에서일정액의 양도소득기본공제를 차감하여 계산한다. 단, 미등기양도자산에 대하여는 양도소득기본공제를 적용하지 아니한다.

양도소득과세표준 = 양도차익 − 양도소득기본공제

3.6 세율과 산출세액

양도소득세의 세율은 자산의 종류, 보유기간, 등기 여부에 따라 각각 다른 세율이 적용된다. 양도소득산출세액은 적용 세율별 양도소득과세표준에 세율을 곱하여 산출한다.

양도소득 산출세액 = 양도소득 과세표준 × 세율

양도소득세 산출세액을 계산하는 과정을 다시 정리하면 다음과 같다.

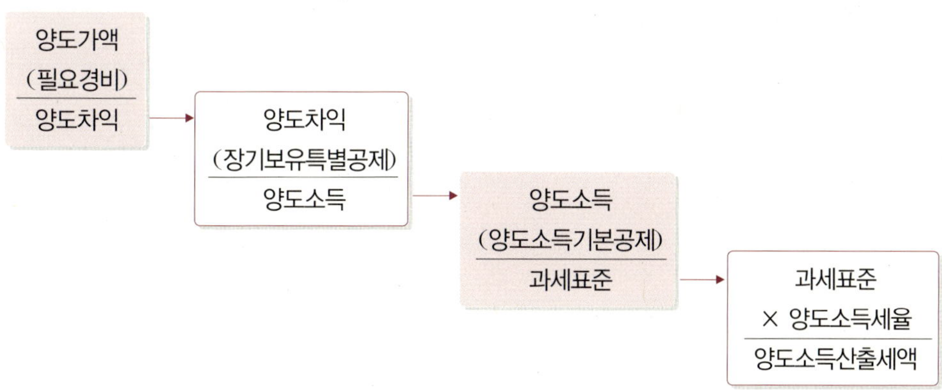

전 공 용 어

겸영사업자
공급가액
과세사업자
납부세액
등록세
매입세액
매출세액
부가가치세
사업자단위 신고 · 납부제도
세금계산서
양도소득세
양도차익
재산세
주사업장 총괄납부제도
취득세

연 | 습 | 문 | 제

13-1 부가가치세법상의 납세의무자에 대하여 설명하시오.

13-2 부가가치세의 과세대상에 대하여 설명하시오.

13-3 부가가치세의 과세기간에 대하여 설명하시오.

13-4 사업자단위 신고 · 납부제도에 대하여 설명하시오.

13-5 주사업장 총괄납부제도에 대하여 설명하시오.

13-6 세금계산서의 필요적 기재사항에 대하여 설명하시오.

13-7 부가가치세의 납부세액에 대하여 설명하시오.

13-8 부동산의 취득과 관련한 세금에 대하여 설명하시오.

13-9 부동산의 보유와 관련한 세금에 대하여 설명하시오.

13-10 양도소득세의 과세대상에 대하여 설명하시오.

13-11 양도차익에 대하여 설명하시오.

13-12 장기보유특별공제액에 대하여 설명하시오.

13-13 다음 중 부가가치세의 과세대상이 아닌 것은?

① 용역의 공급 ② 용역의 수입
③ 재화의 공급 ④ 재화의 수입

[해설] ②

13-14 우리나라 부가가치세의 특징과 관계없는 것은?

① 국세 ② 직접세
③ 소비지국과세원칙 ④ 전단계세액공제법

[해설] ②, 부가가치세의 납세의무자는 사업자이나, 실질적인 담세자는 최종소비자가 되므로 간접세에 해당한다.

13-15 다음 중 세금계산서의 필요적 기재사항이 나닌 것은?

① 작성연월일 ② 공급하는 자의 등록번호
③ 공급가액과 부가가치세 ④ 공급받는 자의 상호

[해설] ④, 공급받는 자의 상호는 임의적 기재사상에 해당한다.

13-16 부가가치세 과세표준이 10,000,000원이고, 공제가능한 매입세액이 800,000원인 경우의 부가가치세 납부세액은 얼마인가? (단, 영세율 대상은 아니라고 가정한다).

① 100,000원 ② 200,000원
③ 300,000원 ④ 400,000원

[해설] ④, 부가가치세 매출세액 = 과세표준 X 10% = 1,000,000
부가가치세 납부세액 = 매출세액 − 매입세액
= 1,000,000 − 800,000 = 200,000

13-17 거주가 K씨가 다음의 자산을 양도했을 경우에 양도소득세가 과세되지 않는 경우는?

① 상가건물의 양도 ② 대주주가 아닌 경우로서 비상장주식의 양도
③ 국외부동산의 양도 ④ 대주주가 아닌 경우로서 상장주식의 양도

[해설] ④, 대주주가 아닌 경우로서 상장주식의 양도는 양도소득세의 과세대상이 아니다.

13-18 다음 중 취득세의 과세대상이 아닌 것은?

① 상가건물의 취득 ② 중형승용차의 취득
③ 골프회원권의 취득 ④ 대형컴퓨터의 취득

[해설] ④, 컴퓨터의 취득은 취득세 과세대상이 아니다.

회계감사의 이해 5

감사의 의의 및 감사위험

14장

"외부감사는 규제가 아니다."

기업은 원래 자발적으로 외부 이해관계자들에게 기업의 재무상태와 경영성과에 대해 알릴 필요성을 갖고 있다. 자금을 조달하기 위해, 또는 외부로부터 물품을 외상으로 조달하기 위해, 또는 품질이나 애프터서비스에 대해 걱정하는 소비자에게 건실한 기업이니 안심해도 좋다는 점을 알리고 싶은 동기가 있다.

문제는 기업이 거짓말을 해도 외부 이해관계자는 잘 모른다는 데 있다. 기업의 내부 사정을 외부 사람들이 잘 알 길이 없기 때문이다. 따라서 기업이 거짓말을 해도 그 거짓말의 정도에 따라서는 상당 기간 외부 사람들은 모를 수밖에 없다. 거짓말을 해도 알 수 없다는 이러한 원천적인 불신 때문에 기업과 외부 사람들 사이에는 정보교환에 한계가 생긴다.

그리고 정보교환의 한계는 바로 자본시장의 비효율과 연결된다. 이러한 정보교환의 한계를 제거하고 신뢰성 있고 투명한 정보교환으로, 자본시장의 효율을 높이고자 하는 것이 바로 회계감사제도다.

한국경제신문. 2008년 6월 28일 주인기 교수

제1절 회계감사의 필요성

현대 자본시장은 시장참가자들 사이의 신뢰를 기초로 운영되고 있다. 기업들은 그들이 공시하는 회계정보를 통하여 투자자 및 채권자를 비롯한 이해관계자들에게 경영성과와 재무상태를 공시하고, 이해관계자들은 이를 신뢰하고 주식이나 채권을 매입하고 매출계약을 체결하는 등 각종 의사결정을 수행한다. 그러나 시장참가자들 사이의 신뢰가 무너질 때 자본시장은 정상적인 기능을 하지 못하며, 시장참가자들은 큰 비용을 부담하게 된다. 일례로 1999년의 대우그룹, 기아자동차 등의 회계부정사건은 해당 기업의 이해관계자들의 신뢰가 붕괴됨으로써 많은 투자자, 채권자들이 막대한 손실을 보았을 뿐 아니라 해당기업 및 관계기업들의 종업원들이 일자리를 잃는 아픔을 겪었다.

회계감사제도는 자본시장의 시장참가자들에게 공시되는 회계정보에 대한 신뢰도를 유지시켜줌으로써 시장의 실패를 막는 역할을 수행한다. 기업과 독립된 회계감사 전문가가 독립성을 유지하면서 전문가적 지식과 경험을 통해 기업의 회계정보에 대한 감사를 수행한 후 회계정보에 대한 감사의견을 표명함으로써 정보이용자들이 회계정보를 신뢰하고 의사결정을 할 수 있도록 돕는 것이다.

1. 회계감사의 정의

회계감사는 특정 경제실체의 경제적 행위와 사건에 대한 주장과 미리 설정된 기준과의 일치 정도를 확인하기 위하여 이들 주장에 관한 증거를 객관적으로 수집하고, 평가하여 그 결과를 해당 경제실체와 이해관계가 있는 이용자에게 전달하는 체계적인 과정으로 정의된다.(미국회계학회, A Statement of Basic Auditing Concepts. 1973)

여기서 '특정 경제실체의 경제적 행위와 사건에 대한 주장'은 경제실체의 책임자가 기업실체의 경제적 사건들을 회계정보의 형태로 공시한 것이다. 예를 들어, 영리기업의 경영자가 2010년 한해 동안의 기업의 매출과 비용 등 손익현황과 자산, 부채 등 재무상태에 대하여 재무제표의 형식으로 외부에 공시했다면, 그 재무제표가 바로 경영자의 주장이 되는 것이다. 특정 경제실체는 영리기업 외에도 비영리조직, 정부 기관 등 회계정보를 공시하는 다양한 실체들을 포괄하는 개념이다. 따라서 비영리기업, 정부기관의 경우도 회계감사의 대상이 된다.

또한, '미리 설정된 기준' 은 회계기준을 의미한다. 즉, 회계감사는 경영자가 제시하는 회계정보가 기업회계기준에 부합되는지를 확인하기 위하여 수행하는 것이다. 여기서 우리가 알 수 있는 것은 회계감사가 기업의 경영성과나 재무상태의 양호 여부를 판단하는 절차가 아니라는 점이다. 기업의 손익상황이 상당히 나쁘다고 하더라도 그 손익상황이 기업회계기준에 부합되어 손익계산서에 정확히 보고되었다면, 감사인은 경영자의 주장이 적정하다고 의견을 표명하게 된다.

이렇듯 회계감사는 독립된 회계감사인이 회사 경영자가 제시한 회계정보가 기업회계기준에 부합되는지를 확인하기 위해 관련된 증거를 수집하고, 평가하여 이해관계자에게 전달하는 체계적 과정이다. 회계감사인은 회계정보가 기업회계기준에 부합하는지 여부에 대한 '감사의견' 을 '감사보고서' 에 기술하여 이해관계자에게 보고한다.

2. 감사의 기능

회계정보는 한정된 재화나 용역을 효율적으로 배분하는 경제적 의사결정에 도움을 준다. 그러나 앞서 논의한 바와 같이 이러한 회계정보가 부정이나 오류로 인해 왜곡될 경우 이러한 왜곡된 정보를 기초로 한 의사결정은 비효율적 자원의 배분을 초래하게 된다.

예를 들어, 재무상태나 경영성과가 부실한 기업이 양호한 기업인 것처럼 회계정보를 왜곡하여 공시할 경우 투자자나 채권자는 그 기업의 부실을 모른채 계속적으로 출자나 대출의 형태로 자금을 공급해줄 것이다. 이로 인하여 성장성 있고 건실한 기업에게 가야할 자금이 부실한 기업으로 흘러들어가게 될 것이다.

따라서 기업의 경영성과와 재무상태를 왜곡되지 않게 표시하는 회계정보의 질을 유지하는 것이 매우 중요하며, 회계감사는 정보제공자를 통제하는 효과와 정보이용자에게 신뢰성을 제공하는 효과를 통해 회계정보의 질을 유지하는 역할을 한다.

제2절 감사의 종류

1. 외부감사와 내부감사

감사는 감사의 주체가 누구냐에 따라 외부감사와 내부감사로 구분할 수 있다.

외부감사 피감사인, 즉 감사를 받아야 하는 경제실체와 형식적, 실질적으로 독립되어 있고 적격성을 갖춘 감사인이 감사를 시행하는 것을 말한다. 따라서 외부감사의 경우 피감사회사와 독립된 위치에 있는 공인회계사가 감사를 수행한다. 우리나라의 경우 자산총액이 일정액 이상인 주식회사는 "주식회사의 외부감사에 관한 법률"에 의하여 공인회계사에게 외부감사를 의무적으로 받도록 하고 있다.

내부감사 조직내부의 일원인 감사인에 의하여 실시되는 감사를 말한다. 따라서 조직내부의 감사업무를 담당하는 직원 혹은 상법상의 내부감사에 의해 감사가 수행된다. 내부감사인은 회계감사 뿐 아니라 회사정책이나 경영목적을 달성하기 위한 업무감사까지 수행하는 경우가 대부분이다.

2. 재무제표 감사, 업무감사, 이행감사

감사는 감사를 실시하는 목적에 따라 재무제표 감사, 업무감사, 이행감사로 분류할 수 있다.

재무제표 감사 회사의 경영자가 작성하여 제시하는 재무제표가 일반적으로 인정된 회계원칙 혹은 기타의 회계원칙[1]에 따라 작성되었는지 여부에 대한 의견을 표명함으로써 재무제표의 신뢰성을 제고하는데 그 목적이 있다.

업무감사 피감사조직의 업무의 효율(efficiency)과 효과(effectiveness)를 평가할 목적으

1) "일반적으로 인정된 회계원칙"이외에도 정부회계기준, 지방공기업 회계규칙 등 해당경제실체의 특성 및 감사목적에 따라 기타의 회계원칙의 부합여부를 감사하는 경우가 있다.

로 실시하는 감사를 말한다. 업무감사를 통해 업무절차와 방법을 감사하고, 그 결과를 토대로 개선방향을 제시한다. 업무감사는 평가기준이 정형화된 재무제표 감사와 달리 평가기준이나 감사의 범위가 다양하다. 예를 들면 조직의 내부통제제도의 적절성, 수행된 업무의 경영정책과의 일치여부 등 다양한 업무영역이 감사의 대상이 될 수 있다.

이행감사 피감사조직이 법률이나 규정을 준수하였는지를 파악하는 것을 목적으로 실시하는 감사를 말한다. 민간영리기업의 경우 국세청이 시행하는 세법에 따라 세무신고를 적절하게 하였는지를 감사하는 세무조사, 공정거래위원회가 시행하는 독점규제 및 공정거래에 관한 법률의 준수여부에 대한 감사 등이 이에 속하며, 정부나 공공기관의 경우 각종 관계법령이나 상급기관의 지시 혹은 명령의 준수여부를 감사하는 것이 이에 속한다.

제3절 감사위험과 중요성

1. 감사위험

현대 기업의 경제적 거래의 규모는 상당히 크기 때문에 회계감사를 수행함에 있어서 모든 회계자료를 전수로 감사하는 것은 상당히 어려운 일이다. 물론 감사인력의 투입규모를 늘리고 감사투입시간을 충분히 확보한다면 가능할 수도 있겠지만, 그렇게 막대한 비용을 투입하여 수행하여 획득한 감사의 효익(신뢰성 제고)이 투입된 감사비용을 초과할 것으로 보기는 어렵다. 그러므로 일반적으로 회계감사는 감사의 경제성을 고려하여 표본감사를 수행하게 되며, 표본감사의 경우 선정된 표본이 모집단을 적절히 대표하지 못할 위험을 가지고 있기 때문에 감사인은 재무제표의 정확성에 대한 절대적 확신을 기초로 감사의견을 표명할 수 없다. 따라서 감사인은 재무제표의 적정성에 대한 합리적 확신(reasonable assurance)를 기초로 감사의견을 표명하며, 감사를 받은 재무제표라고 할지라도 재무제표의 왜곡이 여전히 존재할 가능성, 즉 감사위험이 있을 수 있다.

감사위험이란 감사인이 중요하게 왜곡표시되어 있는 재무제표에 대하여 부적절한 감사의견을 표명할 위험을 말하며, 그 발생원인에 따라 고유위험, 통제위험, 적발위험의 세가지 요소로 구성된다.

① 고유위험 고유위험(inherent risk)은 회사의 내부통제가 없다고 가정할 때 계정잔액이나 거래유형이 쉽게 왜곡표시될 가능성이 내재되어 있는 위험이다. 고유위험은 피감사회사가 속하는 산업의 특성 또는 계정과목의 성격에 기인하여 발생가능성이 높아진다. 예를 들어, 건설회사의 공사미수금은 공사진행률에 따라 인식되며, 공사진행률 산정시 예정원가 추정 등 회계추정이 개입됨으로 인해 임의적인 조정이 용이한 측면이 있으므로 고유위험이 높은 계정과목이라고 볼 수 있다.

② 통제위험 통제위험(inherent risk)은 계정잔액이나 거래유형에 발생될 수 있는 왜곡표시가 단독으로 또는 다른 계정잔액이나 거래유형의 왜곡표시와 합쳐서 중요하게 될 수 있는데도, 회사가 운용하는 내부통제제도에 의하여 방지되거나 또는 적시에 적발되어 수정되지 못할 위험이다. 통제위험은 회사의 회계제도와 내부통제제도가 적정하게 설계되어 운영될 때 작아질 수 있다.

③ 적발위험 적발위험(detection risk)은 계정잔액이나 거래유형에 존재하는 왜곡표시가, 단독으로 또는 다른 계정잔액이나 거래유형의 왜곡표시와 합쳐서 중요하게 될 수 있는데도, 감사인의 입증절차에 의해서 적발되지 못할 위험이다. 앞서 고유위험이나 통제위험은 사업의 특성이나 계정과목의 성격, 혹은 회사의 회계제도와 내부통제제도의 양호여부에 따라 주어지는 위험이며 감사인이 통제할 수 없는 위험이지만, 적발위험은 감사인이 입증감사절차를 수행함에 있어서 감사증거수집의 범위나 양을 증가시킴으로써 위험의 발생수준을 감소시킬 수 있다. 적발위험은 발생원인에 따라 표본감사의 한계로 인해 표본이 모집단을 대표하지 못함으로 인해 발생되는 표본위험과 감사인의 전문지식 부족 또는 정당한 주의의무의 결여에 의해 발생하는 비표본위험으로 구분된다.

즉, 감사위험은 회사의 특성 혹은 계정과목의 특성에 의해 발생할 수 있는 고유위험, 회사의 내부통제제도가 부실하여 발생할 수 있는 통제위험, 그리고 감사인이 입증감사절차를 통해 포착하지 못할 수 있는 적발위험의 세 가지로 구성되며, 이중 고유위험과 통제위험은 원칙적으로 감사인이 줄일 수 있는 감사위험이 아니며, 적발위험만을 감사절차의 방법, 범위, 시기를 조정함으로써 줄일 수 있다. 단, 통제위험의 경우는 감사인이 회사의 경영자에게 회사의 내부통제제도를 보완하라고 권고하고, 경영자가 이를 받아들여 내부통제제도를 개선할 경우 간접적으로 줄어들 수 있다.

2. 중요성

회계감사기준에 따라 작성된 일반적인 감사보고서 본문에는 다음과 같은 표현이 있다.

"본 감사인의 의견으로는 상기 재무제표는 ○○주식회사의 2012년 12월 31일과 2011년 12월 31일 및 2011년 1월 1일 현재의 재무상태와 2012년 12월 31일과 2011년 12월 31일로 종료되는 양 회계연도의 재무성과 및 현금흐름의 내용을 한국채택국제회계기준에 따라 중요성의 관점에서 적정하게 표시하고 있습니다."

감사보고서의 감사의견에서 알 수 있듯이 재무제표에 대한 감사목적은 회사의 재무제표가 중요성의 관점에서 기업회계기준에 따라 작성되었는지 여부에 대한 의견을 표명하는 것이다.

"중요성의 관점에서"라는 표현에는 회계감사의 고유한계(감사투입시간의 제약, 표본감사 등) 때문에 회계감사를 통해 모든 예외사항을 완벽하게 찾아내는 것이 아니라 정보이용자의 의사결정에 영향을 미칠만한 중요한 사항만을 찾아내는 것이라는 의미가 내포되어 있다.

중요성의 개념은 재무제표 이용자의 경제적 의사결정에 미치는 영향의 정도와 관련이 있다. 재무제표상 정보의 누락 또는 왜곡표시가 재무제표를 기초로 이루어지는 재무제표 이용자의 경제적 의사결정에 영향을 미치는 경우에는 그러한 정보는 중요하다. 중요성은 이러한 정보의 누락 또는 왜곡표시가 있는 특정사항에서 판단한 해당항목이나 오류의 크기에 따라 결정된다. 예를 들어, 누락 또는 왜곡표시사항의 금액적 크기가 작거나, 손익에 영향을 미치지 않고 단순 계정 분류상 오류일 경우에는 그것이 의사결정에 영향을 미치지 않을 가능성이 높다. 따라서 이러한 경우에는 중요하지 않다고 할 수 있다. 반대로 왜곡표시 된 예외사항의 금액적 크기가 크거나, 현금과 관련이 있거나 손익에 영향을 미치는 계정이라면 중요하다고 볼 수 있다.

여기서 재무제표 이용자의 경제적 의사결정이라는 것은 투자자의 경우 투자의사결정, 채권자의 경우 대출의사결정, 거래처의 경우 거래의사결정 등을 말하는 것이다. 가령, 1999년의 (주)대우 분식회계 사태 때, 주식투자자 혹은 채권자들이 (주)대우의 분식회계로 인한 손익조작액을 미리 알았다면 (주)대우의 주식을 사거나 (주)대우에 돈을 빌려주는 의사결정을 하지 않았을 것이다. 이 경우 (주)대우의 손익조작액은 중요성 기준을 초과하는 중요한 왜곡표시인 것이다.

그러나, 삼성전자와 같은 수십 조원의 자산을 가진 대기업에서 대손충당금을 500만원 정도 잘못 설정했고, 이를 주식투자자나 채권자들이 미리 알고 있었다고 하더라도 주식투자자들이나 채권자들은 주식을 사거나 대출을 해주는 의사결정을 변경하지 않았을 것이다. 이러한 대손충당금 설정오류는 중요한 왜곡표시가 아니며, 감사인들도 이러한 수준의 왜곡표시까지 모두 찾아낼 수 있도록 감사절차를 계획하지는 않는다.

단, 금액적 중요성이 작다고 하더라도 질적으로 중요한 왜곡표시가 되는 경우도 있는데, 예를 들어 이 대손충당금 설정오류 때문에 적자가 흑자로 바뀐다던지, 자본미잠식이 자본잠식으로 바뀌는 경우에는 재무제표 이용자의 의사결정에 영향을 미칠 수도 있다.

제4절 회계감사기준

회계감사기준은 감사인이 감사대상회사의 재무제표를 감사함에 있어서 준수하여야 할 기본원리와 주요절차를 규정하는 규범이다. 회계감사기준은 감사인이 재무제표감사를 수행할 때 감사의 전반적인 목적을 제시하며, 감사인이 감사목적을 충족할 수 있도록 설계된 감사의 성격과 범위를 설명하고 있다. 회계감사기준은 감사인의 독립성 유지와 재무제표의 신뢰성

유지에 필요한 사항 등을 외감법 시행령으로 정하는 바에 따라 한국공인회계사회가 정하되, 금융위원회의 사전승인을 받아야 한다.

우리나라는 2012년 12월에 국제회계사연맹(IFAC : International Federation of Accountants)이 공표하였던 국제감사기준(ISA : Internatioal Standard on Auditing)을 전면 도입하여 회계감사기준을 제정, 공표하였으며, 2013년 12월 31일 이후 개시하는 사업연도의 재무제표에 대한 회계감사부터 이를 일괄적으로 적용하도록 하였다. 동 회계감사기준은 33개 회계감사기준서와 보칙(위임사항) 및 부칙(경과규정)으로 구성되어 있다.

우리나라가 국제회계사연맹의 국제감사기준을 회계감사기준으로 도입한 이유는 Global Standard인 최신의 국제감사기준을 수용함에 따라 감사기준의 국제적 정합성을 제고하고, 감사기준의 명료성 강화를 통해 이해가능성을 제고하며, 목적중심(Objectives-based) · 위험중심(Risk-based) 감사접근법을 통해 감사품질을 향상시키기 위한 것이다. 여기서 목적중심이라 함은 회계감사기준서(총33개)마다 감사목적을 상세히 제시하고 감사목적 달성을 위한 감사절차 요구사항과 문서화 사항 등을 기술하여 감사인이 감사목적 달성에 집중할 수 있도록 한다는 것이며, 위험중심 감사접근법이라 함은 감사를 시행함에 있어 피감사회사의 경영전략, 경영진 특성 등 기업의 사업위험 전반을 먼저 검토한 후 발생가능한 재무정보 왜곡가능성(위험)을 파악하여 감사절차를 수행하는 하향식(top-down) 위험접근방식 도입함으로써 전사적 관점에서 재무정보의 왜곡 가능성(위험)이 높은 주요영역에 감사를 집중하여 감사의 효율성 및 효과성을 증대한다는 의미이다.

감사인의 감사에 대한 책임은 감사가 회계감사기준에 부합되게 이루어졌는지 여부에 따라 판단되므로, 회계감사기준은 감사의 적정성을 판단하는 잣대로서의 역할을 수행한다. 따라서 감사인은 감사를 수행함에 있어 회계감사기준에 저촉되는 점이 없는지를 상시 주의하여야 한다.

전 공 용 어

감사위험(audit risk),
고유위험(inherent risk),
통제위험(control risk),
적발위험(detection risk),
중요성(materiality),
합리적 확신(reasonable assurance)

연 | 습 | 문 | 제

14-1 감사의 기능을 시장 전체의 경제적 자원배분의 관점에서 설명하라.

14-2 감사를 받은 기업이 도산하였다고 하더라도 반드시 감사인이 책임을 지는 것은 아니다. 그 이유를 감사의 정의에 비추어 설명하라.

14-3 재무제표 감사, 이행감사, 업무감사의 개념과 각각의 차이에 대하여 요약하여 설명하라.

14-4 우리나라의 감사보고서 본문에서는 "중요성의 관점에서 적정하게 표시하고 있다."라는 표현을 사용하고 있다. 감사인들이 적정의견을 표명할 때 "중요성의 관점에서"라는 말을 사용하는 이유에 대하여 서술하시오.

14-5 다음 중 감사위험에 해당하지 않는 것은?

① 적발위험　　② 통제위험

③ 고유위험　　④ 불이행위험

[해설] ④, 불이행위험은 감사위험에 해당하지 않는다.

14-6 감사인의 중요하게 왜곡표시되어 있는 재무제표에 대하여 부적절한 감사의견을 표명할 위험을 무엇이라고 하는가?

① 적발위험　　② 통제위험

③ 고유위험　　④ 감사위험

[해설] ④, 감사인의 중요하게 왜곡표시되어 있는 재무제표에 대하여 부적절한 감사의견을 표명할 위험을 감사위험이라고 한다.

14-7 일반적으로 감사인은 재무제표의 적정성에 대한 어떠한 확신을 기초로 감사의견을 표명하는가?

① 논리적 확신　　② 통제적 확신

③ 합리적 확신　　④ 추론적 확신

[해설] ③, 일반적으로 감사인은 재무제표의 적정성에 대한 합리적 확신을 기초로 감사의견을 표명한다.

14-8 감사위험 중 표본감사의 한계로 인해 표본이 모집단을 대표하지 못함으로 인해 발생하는 표본위험과 감사인의 전문지식 부족 또는 정당한 주의의무의 결여에 의하여 발행하는 비표본위험으로 구성되는 감사위험은?

① 적발위험　　② 통제위험
③ 고유위험　　④ 내재위험

[해설] ①, 표본감사의 한계로 인해 표본이 모집단을 대표하지 못함으로 인해 발생하는 표본위험과 감사인의 전문지식 부족 또는 정당한 주의의무의 결여에 의하여 발행하는 비표본위험으로 구성되는 감사위험은 적발위험이다.

감사인과 감사절차

15장

제1절 회계감사절차
제2절 감사기술과 감사증거
제3절 감사인의 자격
제4절 부정과 오류

"회계사가 필요해"
"우수한 회계사 구하기가 쉽지 않아요. 벌써 2년 이상 됐죠"
월가에서 회계법인 관계자들을 만나보면 이구동성인 얘기다. 아니? 미국엔 변호사, 회계사, 경제학자가 길에 깔렸다고들 하는데, 이게 무슨 소린가 하는 사람들도 있겠지만. 사실이다.

출발점은 미국에서 최근 뜨거운 논쟁거리로 떠오른 샤베인스-옥슬리법(Sarbanes-Oxley Act · SOX)이다. 기업 투명성과 투자자 보호를 위해 회계 기준을 대폭 강화한 SOX가 지난 2002년 발효된 이후 회계사 수요가 이만 저만 늘어난 게 아니기 때문이다.

회계법인인 프리드만(Friedman) LLP의 제임스 김(James KIM)은 "전체적인 수급으로 보면 여전히 공급이 많지만 정작 High quality의 필요한 회계사를 구하려고 보면 구인난을 겪는 그런 구조"라고 설명했다. 프라이스 워터하우스 쿠퍼스(PWC) 등 미국의 대형 회계법인의 직원 수는 최근 2년 동안 30% 이상 늘어났다. 그것도 모자라 최고 명문대학들이 모여 있는 아이비리그(Ivy League)에서 입도선매식의 채용에 나서고 있다.

이데일리 2007년 2월 16일자 기사

제1절 회계감사절차

일반적으로 회계감사절차는 감사수임 및 감사계획단계, 회계제도와 내부통제제도의 평가단계, 입증감사절차 수행단계, 감사의견 형성 및 감사보고단계로 구분된다.

| 도표 15-1 | 회계감사절차

감사수임 및 계획단계	· 감사수임여부 검토/감사계약 · 사업에 대한 이해 · 감사계획 수립
↓ 회계제도와 내부통제제도 평가	· 회계제도와 내부통제제도 이해 · 내부통제의 시사 · 통제위험 평가
↓ 입증감사절차	· 계정과목/거래유형별 입증감사 · 수정사항 수정권고 · 공표용 재무제표 및 경영자확인서 수령
↓ 감사의견형성 및 감사보고	· 회사 미반영 미수정사항의 중요성 평가 · 감사의견 형성 및 감사보고서 작성

1. 감사수임 및 감사계획 단계

우리나라 회계감사의 경우 1981년부터 주식회사의 외부감사에 관한 법률에 따라 감사대상회사가 감사인을 자유로이 선임할 수 있는 자유수임방식을 채택하고 있다. 따라서 일반적으로 감사대상회사는 독립성과 전문가적 적격성을 갖춘 감사인을 선임하여 감사계약을 체결한다. 그러나 감사인 선임과 관련하여 감사품질의 제고를 위해 관련 법령에서 감사인 선임에 제한을 두는 경우도 있다.

이때 감사인은 자신이 피감사대상회사에 대하여 독립성을 유지하고 있는지, 자신이 피감사회사를 감사할 수 있는 전문가적 지식과 경험을 가지고 있는지, 그리고 감사계약이 감사관련 법규에 위배되는 것은 아닌지 검토하여야 한다.

이러한 검토가 필요한 이유는 회계감사의 목적이 재무제표의 신뢰성을 제고하는데 있으며, 감사의 결과가 정보이용자에게 신뢰도를 유지하기 위해서는 감사인이 회사의 회계처리에 대하여 불편 부당한 자세를 견지하고, 회계감사를 수행할 만한 전문가적 지식과 경험을 가지고 있어야 하기 때문이다.

감사계약이 체결되면 감사인은 감사팀을 구성하여 회사를 방문하여 회사의 사업에 대하여 이해하며, 감사계획을 수립하는데 필요한 고유위험 및 통제위험의 평가, 목표감사위험의 설정, 중요성 기준의 설정 등에 필요한 정보를 확보한다.

또한 감사인은 사업에 대한 이해 과정에서 수집한 정보를 토대로 감사계획을 수립한다. 감사인이 감사계획을 수립하는 이유는 감사인이 감사에 투입할 수 있는 인력과 시간이 제한적이기 때문이다. 감사계획을 적절하게 수립하여 감사를 수행할 경우 감사시 중요한 부분에 대하여 적절한 주의를 기울이고, 감사 참여자에게 적절하게 업무를 배정하는 등 감사업무를 효율적으로 수행하는데 도움이 된다.

감사계획은 전반감사계획과 세부감사계획으로 나뉜다. 전반감사계획서를 작성하여 감사의 범위와 수행방법을 결정하여 전반적인 감사의 틀을 구상한 후, 내부통제제도 평가 및 계정 및 거래의 입증감사절차를 위한 세부감사계획서를 작성한다.

| 도표 15-2 | 전반감사계획과 세부감사계획

구 분	전반감사계획	세부감사계획
목 적	· 감사의 범위 및 수행방법 결정	· 내부통제제도평가를 위한 세부감사계획 · 입증절차를 위한 세부감사계획
기 능	· 회사의 사업에 대한 이해 · 중요한 회계, 감사상 문제점 파악 · 감사위험 평가 및 중요성 금액 기준 설정 · 감사담당자와 감사업무 수행방법을 결정 · 감사시 회사의 내부통제제도에 대한 의존 여부 결정	· 내부통제제도 평가를 위한 감사절차 및 입증감사절차의 성격, 시기, 범위에 대한 계획 수립 – 성격 : 어떤 감사증거를 수집하며, 어떤 감사기술을 적용할 것인가? – 시기 : 언제 감사증거를 수집할 것인가? – 범위 : 얼마나 많은 감사증거를 수집할 것인가? · 감사 참여자에 대한 일련의 절차지시서 · 감사업무를 통제하고 기록하는 수단

2. 회계제도와 내부통제제도의 평가

내부통제제도란 경영자가 사업의 목적을 달성하기 위해 채택한 모든 정책과 절차를 말한다. 여기서 경영자의 목적은 다음과 같다.

① 경영정책의 준수를 포함한 사업의 효율적 수행

② 회사 자산의 보호

③ 부정과 오류의 예방과 적발

④ 정확하고 완전한 회계기록 및 신뢰할 수 있는 재무정보의 적시 작성

위 네 가지 내용을 포함하여 실행가능한 한 범위 내에서 최대한 체계적이고 효과적으로 사업을 수행하는 것이다. 내부통제제도는 회계제도, 통제환경, 통제절차로 구성된다.

| 도표 15-3 | 내부통제제도의 구성

구 분	내 용
회계제도	회사가 거래의 회계기록을 유지하고, 처리하는 일련의 업무와 기록
통제환경	내부통제제도의 중요성에 대한 경영자의 전반적인 태도, 의식 및 행동
통제절차	회사의 특정목적 달성을 위하여 회사의 경영자가 구축한 통제환경 내에 있는 제반정책이나 절차

감사인이 회계제도와 내부통제제도를 평가하는 이유는 경제적 감사의 수행을 위하여 통제위험의 평가에 필요한 증거를 수집하고, 그 결과에 따라 재무제표의 적정성과 직접 관련되는 입증절차의 성격, 시기, 범위를 결정하고자 하는 것이다. 여기서 통제위험이란 회계제도와 내부통제제도의 미비로 말미암아 재무제표에 부정과 오류가 발생할 위험이며, 통제위험 수준이 높을 경우 감사인은 입증감사절차를 보다 강화함으로써 재무제표의 부정과 오류를 찾아내기 위해 노력해야 한다.

만일 피감사회사의 회계제도와 내부통제제도를 평가한 결과, 양호한 내부통제제도가 운영되고 있다고 판단될 경우 회사의 통제위험은 낮은 수준인 것으로 판단될 것이며, 그에 따라 감사인이 입증감사절차에 투입되는 노력을 줄일 수 있을 것이다. 반대로 내부통제제도가 부실하고 신뢰할 수 없다고 판단되면 입증감사절차에 투입될 감사노력을 증가시켜야 할 것이다.

3. 입증감사절차

입증감사절차는 재무제표의 계정잔액이 적정하게 표시되어 있다는 증거를 수집하기 위한 감사절차이다. 즉, 감사인은 입증감사절차를 통하여 재무제표가 기업회계기준에 따라 작성되었는지에 대한 의견을 표명하는데 필요한 감사증거를 확보한다. 입증감사절차는 감사인의 업무 중 가장 큰 비중을 차지하며, 가장 많은 감사시간을 소비하는 경우가 일반적이다.

물론 앞서 회계제도와 내부통제제도의 평가에서 언급한 바와 같이, 통제위험의 평가결과 회계제도와 내부통제제도의 평가결과가 양호하여 통제위험이 작다고 판단될 경우 입증감사절차에 투입될 감사노력은 줄어들게 되며, 반대로 통제위험이 크다고 판단될 경우 입증감사절차에 투입될 감사노력은 증가하게 된다. 입증감사절차에서 확인하고자 하는 경영자의 주장은 다음과 같으며, 입증감사절차의 목표는 다음의 사항을 확인하는데 필요한 감사증거를 수집하는데 있다.

① 실재성(existence) 자산과 부채는 주어진 특정일자 현재 존재한다.
② 권리와 의무(right and obligation) 대차대조표일 등 주어진 특정일자 현재 자산이나 부채는 회사에 귀속된다.
③ 발생사실(occurrence) 거래나 사건은 회계기간 동안 회사에 실제로 발생하였다.
④ 완전성(completeness) 재무제표에 기록되지 않은 자산, 부채, 거래나 사건 혹은 공시되지 않은 항목은 없다.
⑤ 평가(valuation) 자산이나 부채는 적절한 가치로 계상되었다.
⑥ 측정(measurement) 거래나 사건은 적절한 금액으로 기록되었으며, 비용은 적절한 기간에 배분되었다.
⑦ 재무제표의 표시와 공시(presentation and disclosure) 재무제표의 구성항목은 기업회계기준에 따라 공시, 분류 및 기술되어 있다.

입증감사절차는 분석적 절차(analytical review)와 거래 및 계정잔액에 대한 시사(test of details of transactions and balances)로 구분된다.

분석적 절차는 유의적 재무비율 및 추세를 분석하는 것을 말하며, 그 결과 기타 관련 정보와 일관성이 없거나 예측되는 금액과 편차가 일어나는 추세 또는 상관관계에 대해 세부적으로 검토하는 것도 이에 포함된다. 분석적 절차를 통해 거래 및 계정잔액의 전반적인 합리성과 비정상항목을 확인할 수 있으며, 거래 및 계정잔액에 대한 시사를 수행할 때 어느 계정에 감사노력을 많이 투입할지를 분석적 절차를 통해 파악할 수 있다.

거래 및 계정잔액에 대한 시사는 실사, 외부조회, 증빙확인 등의 방법을 통해 수행되며, 일반적으로 감사시간 및 비용, 인력의 제약 때문에 전수조사가 아닌 표본감사의 방식으로 이루어진다. 계정잔액의 입증절차가 완료되면 입증감사절차 과정에서 파악된 회사의 회계처리 수정사항을 수정사항 요약서(summary of audit differences)에 집계한다. 그리고 감사인은 집계된 수정사항을 경영자에게 설명하고 이를 수정할 것을 권고한다. 만일 경영자가 이를 모두 수용하면 공표용 재무제표에 이 수정사항을 반영하고 감사의견을 적정의견으로 표명하고, 경영자가 이를 수용하지 않는다면 수정사항의 중요성을 감안하여 감사의견을 달리 표명한다.

또한, 감사인은 입증감사절차 종료시점에서 회사의 경영자로부터 경영자 확인서를 받는다. 경영자확인서는 재무제표를 기업회계기준에 따라 작성할 책임은 경영자에게 있으며, 경영자는 감사인에게 제시한 재무제표를 승인하였다는 사실을 서면으로 경영자에게 제공받기 위한 것이다. 경영자 확인서는 재무제표에 대한 경영자의 책임을 인정하게 하며, 경영자의 구두진술 형태의 감사증거를 서면으로 보완하는 기능을 가지고 있다.

4. 감사의견형성 및 감사보고

감사의견 형성 및 감사보고 단계에서 감사인은 감사인이 발견하여 수정을 권고하였으나 회사 경영자가 수정을 받아들이지 않은 미수정 왜곡표시사항을 집계하고, 그 중요성을 평가한다. 만일 회사가 수정하지 아니한 미수정 왜곡표시사항이 감사인이 감사계획 단계에서 사전에 설정한 중요성 기준 금액을 초과한다면, 감사인은 감사의견을 제한한다.

한편, 감사의견은 적정의견, 한정의견, 부적정의견, 의견거절의 4가지 유형으로 분류된다.

① 적정의견 감사인이 감사대상회사에 대하여 독립성을 유지하고 있으며, 회사의 회계정책 등에 대하여 경영자와 의견의 불일치가 존재하지 않았고, 또한 감사범위의 제한이 없을 때 표명할 수 있는 의견이다. 다시 말하면, 독립성을 유지한 감사인이 감사를 수행한 결과 회사가 제시한 공표용 재무제표가 기업회계기준에 비추어 중요한 왜곡표시가 없었고, 감사를 수행하는 과정에서 회사가 자료제출을 거부하는 등의 감사범위의 제한이 없었을 때 적정의견이 표명될 수 있다.

② 한정의견 감사인과 경영자간의 의견불일치나 감사범위의 제한으로 인한 영향이 중요하여 적정의견을 표명할 수 없지만, 부적정의견이나 의견거절을 표명하여야 할 정도로는 중요하지 않거나 재무제표 전체적인 입장에서 볼 때 이러한 예외사항을 제외하고는 재무제표가 적정하다고 판단되는 경우에는 "~ 을 제외하고는"이라는 용어를 사용하는 한정의견을 사용한다.

③ 부적정의견 감사인과 경영자간의 의견불일치로 인한 영향이 매우 중요하고 전반적이어

서 한정의견의 표명으로는 재무제표가 오도 또는 왜곡표시된 사실을 적절히 표현할 수 없다고 감사인이 판단했을 경우에 표명하는 의견이다.

④ 의견거절 감사인의 독립성이 결여되었거나, 감사범위의 제한의 영향이 매우 중요하고 전반적이어서 감사인이 충분하고 적합한 감사증거를 수집할 수 없었고 따라서 재무제표에 대한 감사의견을 거절해야 할 경우에 표명하는 의견이다.

| 도표 15-4 | 예외사항의 중요성과 감사의견과의 관계

예외사항	예외사항의 중요성과 감사의견		
	중요치 않음	중요함	매우 중요함
독립성 결여	의견거절	의견거절	의견거절
감사범위의 제한	적정의견	한정의견	의견거절
경영자와 의견 불일치 (재무제표 왜곡)	적정의견	한정의견	부적정의견

제2절 감사기술과 감사증거

1. 감사기술

감사기술(audit techniques)이란 감사의견을 표명하는데 필요한 감사증거를 수집하는 방법을 말한다. 감사증거는 회계제도와 내부통제제도의 평가 절차에서 내부통제의 시사를 수행하면서, 그리고 입증감사절차 과정에서 거래 및 계정잔액에 대한 시사와 분석적 절차 수행과정에서 수집하게 된다.

| 도표 15-5 | 감사절차와 관련 감사기술

감사절차	수행목적	관련 감사기술
회계제도와 내부통제의 평가절차	회계제도와 내부통제의 이해과정에서 평가한 예비적 통제위험 평가수준을 확인하기 위한 감사증거 수집	· 내부통제의 시사 : 질문, 실물자산이나 문서의 검사, 관찰, 재수행
입증감사절차	거래금액 및 계정잔액의 중요한 왜곡표시를 적발하기 위한 감사증거 수집	· 거래 및 계정잔액의 시사 : 질문, 실물자산이나 문서의 검사, 관찰, 조회, 계산검증 · 분석적 절차

감사기술은 다음과 같은 것들로 구성된다.

| 도표 15-6 | 감사기술의 종류

구 분	내 용
검 사 (inspection)	기록, 문서 또는 유형의 자산을 감사인이 직접 실지조사하는 것을 말한다. 이때 기록이나 문서를 검사하는 것을 문서검증, 유형의 자산을 검사하는 것을 실물검사라 한다.
관 찰 (observation)	타인이 수행하고 있는 절차나 과정을 육안으로 보는 것을 말한다. 회사가 실시하는 재고자산 조사과정을 관찰하는 "재고자산 실사의 입회", 혹은 내부통제제도의 수행과정의 관찰을 예로 들 수 있다.
질 문 (inquiry)	회사 내부 또는 외부의 관련지식이 있는 사람에게 정보를 구하는 행위를 말한다.
조 회 (confirmation)	재무제표의 특정사항에 대하여 제3자에게 확인적 정보를 요청하고 회신을 받는 절차를 말한다. 감사인은 조회를 통하여 예금, 차입금 등 금융자산과 부채, 매출채권과 매입채무, 대여금, 타처보관 재고자산 등에 대한 실재성, 발생사실 및 권리와 의무에 대한 증거를 수집할 수 있다.
계산검증 (computation)	계산검증이란 원시증빙서류와 회계기록에 관한 산술적 계산의 정확성을 확인하거나 별도의 재계산을 수행하는 것을 말한다.
분석적절차 (analytical review)	분석적 절차란 재무적 또는 비재무적 자료나 항목에 대하여 중요한 비율과 추세, 상관관계 등을 분석하고 그 결과 기대치와 상당한 차이를 나타내거나 관련된 다른 정보와 부합하지 않는 변동을 조사하는 것을 말한다.

2. 감사증거

감사증거(audit evidence)란 감사인이 감사의견의 근거가 되는 결론에 이르기까지 수집한 정보를 말한다. 감사증거는 원시증빙서류 및 회계기록, 그리고 기타 확인적 정보로 구성되어 있으며, 감사인은 내부통제의 시사, 혹은 입증감사절차에서의 거래 및 계정잔액에 대한 시사과정에서 감사증거를 수집한다. 감사인이 감사의견을 표명하기 위해서는 충분하고 적합한 감사증거를 수집하여야 한다. 충분하다는 의미는 감사증거의 양적인 측면을 말하며 적합하다는 것은 감사증거의 질적인 측면을 말하는 것이다.

제3절 감사인의 자격

회계감사는 제3자가 피감사회사의 경영자가 제출한 재무제표에 대하여 적정성을 판단하고 의견을 제시함으로써 재무제표의 신뢰성을 높이는 것이다. 정보이용자들은 제3자인 감사인이 피감사회사와 독립적인 위치에 있으며, 피감사회사의 재무제표를 감사할 수 있는 전문가적 적격성을 갖추고 있어야만 감사받은 재무제표에 대하여 신뢰감을 가질 수 있다.

1. 공인회계사, 감사반, 회계법인

대부분의 국가에서는 공인회계사(Certified Public Accountant : CPA)제도를 운영하고 있으며, 공인회계사 자격을 갖춘 자에게만 회계감사업무를 할 수 있도록 하고 있다.

회계감사에서의 감사인(auditor)란 회계감사를 수행하는 주체로서, 감사인은 공인회계사, 감사반, 회계법인의 형태로 감사에 참여하게 된다. 감사반과 회계법인은 공인회계사들이 모여서 조직한 감사업체를 말한다.

| 도표 15-7 | 감사인의 종류

감사인 종류	내 용
공인회계사	공인회계사 시험에 합격하고 일정기간동안의 연수과정을 거친 후 한국공인회계사회에 등록한 자를 말한다.
회계법인	공인회계사법에 따라 공인회계사 10인 이상, 공인회계사인 이사 3인 이상, 공인회계사인 사원 3인 이상, 자본금 5억원 이상 등의 요건을 갖추어 기획재정부 장관에게 등록한 감사업체를 말한다.
감사반	감사반은 공인회계사 3인 이상으로 한국공인회계사회에 등록한 감사업체를 말한다.

우리나라의 경우 관련 법률에서 회계감사를 수행할 수 있는 감사인의 종류를 규정하고 있다. 예를 들어, 외감법에 따라 회계감사를 수행할 수 있는 감사인은 회계법인과 감사반으로 제한하며, 공인회계사 개인이 감사를 수행할 수는 없다.

2. 전문가적 적격성

전문가적 적격성(professional competence)이란 전문서비스를 제공하기에 합당한 전문적 지식과 기술(실무적 경험)을 유지하고 있음을 의미한다. 감사에 참여하는 공인회계사는 전문가적 적격성을 유지하기 위하여 공표되는 법령과 회계, 감사기준 및 기타 전문적 기준 그리고 이와 관련된 규정을 교육과정을 통해 숙지함으로써 직무능력을 지속적으로 향상시켜야 하며, 질적 수준 유지를 위한 적절한 정책 또는 절차를 채택하여야 한다.

3. 독립성

독립성(independence)이란 감사절차의 수행, 그 결과의 평가 및 감사보고서 작성에까지 모든 감사업무를 수행하는 과정에서 정직하고 객관적인 마음을 잃지 않고 공정불편한 견해(unbiased viewpoint)를 유지할 수 있는 속성을 의미한다. 감사인이 감사업무를 수행함에 있어서 직무수행 착수일로부터 보고서 제출일까지 독립성을 유지하여야 한다.

정보이용자들이 감사보고서를 신뢰할 수 있는 이유는 재무제표의 적정성에 대한 감사인의 공정불편한 견해를 기대할 수 있기 때문이며, 만일 독립성이 유지되지 않는다면, 어떠한 경우에도 감사인은 당해 감사에 관여해서는 안된다.

감사인이 유지하여야 할 독립성은 정신적 독립성(혹은 실질적 독립성)과 외관상 독립성으로 구분된다.

3.1 정신적 독립성

정신적 독립성은 감사인이 모든 감사과정에서 정직하고 객관적인 자세와 전문가적 의구심을 가지고 실질적으로 공정불편한 견해를 유지하는 내면적 자세를 말한다. 감사인의 내면적인 자세가 실질적으로 감사결과에 영향을 미치기 때문에 정신적 독립성을 실질적 독립성이라고 부르기도 한다.

3.2 외관상 독립성

외관상 독립성이란 정보이용자들이나 제3자가 감사인의 정직성, 객관성 및 전문가적 의구심이 훼손되었다고 합리적으로 판단할 수 있을 만큼 독립성이 훼손되는 상황이나 사실을 회피하는 것을 말한다. 감사인이 정신적 독립성을 유지하고 있더라도 정보이용자가 외부적으로 나타난 상황 때문에 감사인의 독립성에 의문을 표시하게 될 경우 감사 자체의 의미가 상실된다. 따라서 외관상 독립성은 감사보고서의 신뢰성을 확보하기 위한 최소한의 전제조건이 된다.

4. 윤리강령의 준수

감사인은 재무제표 감사업무를 수행할 때 공인회계사 법령, 그리고 감사와 관련된 독립성 요구사항을 포함한 관련 윤리적 요구사항을 준수하여야 한다. 관련 윤리적 요구사항에는 재무제표감사와 관련된 공인회계사윤리기준, 그리고 각 국가에서 공인회계사윤리기준 외에 보다 엄격한 윤리적 요구사항이 있는 경우에는 그러한 요구사항도 포함된다.

우리나라의 공인회계사윤리기준은 한국공인회계사회가 국제회계사연맹 산하 제윤리기준위원회가 2005년에 공표한 국제윤리기준을 기초로 하여 제정하였다. 2012년 말에 개정된 회계감사기준에 따르면 감사인이 공인회계사윤리기준에 따라 준수해야 하는 윤리강령은 다음과 같다.

| 도표 15-8 | 감사인의 윤리기준

구 분	내 용
성 실	감사인이 모든 직무를 수행함에 있어서 솔직하고 정직해야 할 의무.
공 정	편견, 이해의 상충 또는 외부의 부당한 영향 때문에 전문가적 혹은 사업적인 판단을 훼손하지 않는 태도.
전문가적 적격성과 정당한 주의	전문가적 적격성이란 전문서비스를 제공하기에 합당한 전문적 지식과 실무적 경험을 유지하고 있음을 의미하며, 정당한 주의란 맡은 업무의 요구조건에 따라 철저하고 신중하게 또한 적시에 업무를 수행할 책임을 의미함. 특히 감사인은 일반인과 달리 전문감사인에게 기대되는 사회적인 요구를 충족할 수 있는 수준의 주의의무가 부과됨.
비밀유지	직무수행과정에서 알게 된 직업상의 비밀을 지켜야 할 의무.
전문가적 품위	관련 법규를 준수하고 공인회계사의 품위를 실추시키는 행위를 금지할 것을 요구하고 있음. 예를 들어 과장광고, 부당한 방법에 의한 업무수임 등을 금지하는 내용이 포함됨.

제4절 부정과 오류

1. 부정과 오류의 정의

1.1 부정

부정(fraud)이란 경영자, 내부감시기구, 종업원 또는 제3자가 불법적이거나 부당한 이득을 얻기 위해 저지른 의도적인 기만행위를 말한다. 법률상의 부정은 광범위한 개념이며 부정의 목적이 반드시 재무제표의 왜곡표시에 있다고 할 수는 없으나, 회계감사시 감사인은 재무제표를 중요하게 왜곡시키는 부정행위에 특히 관심을 두게 된다. 부정은 그 주체에 따라 경영자나 내부감시기구에 의한 "경영자 부정"과 종업원에 의한 "종업원 부정"으로 분류되며, 두 경우 모두 회사 외부의 제3자와 공모가 있을 수 있다.

1.2 오류

오류(error)란 재무제표상의 금액이나 공시사항의 누락 등 비의도적인 재무제표의 왜곡표시를 의미한다. 오류는 재무제표의 작성기초가 되는 자료수집과 처리과정, 회계추정과정, 회계기준 적용 과정에서 발생할 수 있다.

1.3 부정과 오류의 차이

부정과 오류의 구분은 왜곡표시의 원인이 되는 행위가 의도적인지 여부에 달려 있다. 부정은 오류와는 달리 의도적으로 수행되며 일반적으로 치밀하게 은폐된다. 부정이 저질러질 잠재적인 기회를 감사인이 파악할 수는 있겠지만, 회계추정이나 회계기준 적용의 타당성 등 특히 경영자의 판단이 개입되는 경우에는, 그것이 의도적인지 여부를 판단하기가 매우 어렵다.

2. 부정의 종류

감사인이 재무제표 감사와 관련하여 부정을 고려할 때는 그 성격상 "부정한 재무보고" 에 의한 왜곡표시와 "자산의 유용" 에 의한 왜곡표시의 두 가지 의도적인 왜곡표시, 즉 부정을 고려하는 것이 적합하다.

2.1 부정한 재무보고에 의한 왜곡표시

부정한 재무보고는 재무제표의 금액이나 공시사항을 의도적으로 왜곡시키거나 누락시켜 재무제표 이용자를 기만하는 것을 말한다. 부정한 재무보고의 내용은 다음과 같다.

- 재무제표 작성의 기초가 되는 회계 기록이나 문서에 대한 조작 위조 또는 변조
- 경제적 사건이나 거래 또는 유의적 정보에 대하여 재무제표에 의도적으로 누락시키거나 허위로 기재
- 측정, 인식, 분류, 표시 또는 공시와 관련된 회계기준의 의도적인 잘못 적용

2.2 자산 유용과 관련된 왜곡표시

자산의 유용은 입금액의 횡령, 회사 자산의 절취, 공급받지 않은 재화나 용역 대가의 지급 등 다양한 방법으로 이루어진다. 또 이와 같은 자산의 유용을 은폐하기 위하여 관련 기록이나 문서가 조작되기도 한다.

3. 부정의 발생원인

부정의 발생가능성은 부정을 저지르게 하는 동기의 존재여부 및 부정행위의 실행 기회의 존재여부, 양 측면에 좌우된다. 부정을 저지르게 하는 동기로 ① 경영자나 종업원이 경제적인 곤궁에 처하여 회사의 자산을 유용하려고 하는 경우, ② 비현실적인 목표이익의 달성 요구 등 회사 내외부로부터의 압력 때문에 경영자가 부정한 재무보고를 수행하려고 의도하는 경우를 예로 들 수 있다.

자산의 유용이나 부정한 재무보고 의도에 대한 현실적 실행기회는 ① 부정행위자가 내부통제 기능을 담당하고 있는 경우, ② 부정행위자가 내부통제의 취약점을 사전에 파악하고 있어 통제 절차를 피할 수 있다고 믿는 경우를 예로 들 수 있다.

4. 부정에 대한 책임

4.1 경영자와 내부감시기구의 부정에 대한 책임

부정과 오류의 예방과 적발에 대한 책임은 회사의 내부감시기구와 경영자에게 있지만, 내부감시기구와 경영자간의 책임 내용은 회사에 따라 다를 수 있다.

(1) 경영자의 책임

경영자는 부정과 오류를 예방하거나 적발하기 위하여, 내부감시기구의 감시 아래, 적절한 조직환경을 설정하고 정직하고 윤리적인 기업문화를 유지하며 적절한 통제 절차를 수립할 책임이 있다. 또한, 경영자는 회사의 사업을 체계적이고 효율적으로 수행하기 위하여 통제 환경을 수립하고 제반 정책과 절차를 유지할 책임이 있다. 즉, 경영자는 부정과 오류의 예방이나 적발을 위하여 회계제도 및 내부통제제도를 수립하여야 하고 이를 계속적으로 운영하여야 한다.

(2) 내부감시기구의 책임

내부감시기구는 경영자에 대한 감시를 통하여 회사의 회계 및 재무보고제도가 충실하게 유지되고 있는지 확인하고, 위험의 감시와 재무통제, 법규 준수 등 적절한 통제절차가 운영되고 있는지 확인할 책임이 있다.

4.2 감사인의 부정에 대한 책임

재무제표 감사의 목적은 재무제표가 중요성의 측면에서 일반적으로 인정된 회계처리기준 등 재무보고기준을 준수하여 작성되었는지에 대하여 감사인이 의견을 표명하는데 있다. 감사는 재무제표가 전반적으로 부정이나 오류에 의한 중요한 왜곡표시가 없다는 사실에 대하여 합리적 확신을 제공하도록 설계된다. 따라서 감사가 수행된다는 사실에 의하여 부정과 오류의 발생이 억제되는 효과가 나타나기도 하지만, 근본적으로 감사인은 부정과 오류의 예방에 대한 책임을 지지 아니한다.

전 | 공 | 용 | 어

감사기술(audit techniques),
감사인(auditor),
감사의견(audit opinion),
감사절차(audit procedure),
감사증거(audit evidence),
적정의견(unqualified opinion),
독립성(independence),
부적정의견(adverse opinion),
부정(fraud),
의견거절(disclamer of opinion),
오류(error),
전문가적 적격성(professional competence)
한정의견(qualified opinion),

연 | 습 | 문 | 제

15-1 감사범위의 제한과 관련된 감사의견에 대하여 설명하라.

15-2 감사인의 자격 중 독립성과 전문가적 적격성에 대하여 설명하라.

15-3 회계제도와 내부통제제도에 관하여 설명하라.

15-4 부정에 대한 감사인과 경영자의 책임범위에 대하여 설명하라.

15-5 감사인의 외관상 독립성이 감사보고서의 신뢰성을 확보하기 위한 최소한의 전제조건이 되는 이유에 대하여 서술하라.

15-6 입증감사절차를 수행함에 있어 먼저 해당 계정과목에 대한 분석적 절차를 수행하게 된다. 분석적 절차를 먼저 수행하는 이유는 무엇인가?

15-7 감사인이 의견거절을 표명하는 두 가지 이유를 쓰시오.

15-8 부정과 오류의 차이는 무엇인가?

15-9 다음의 회계감사절차 중 사업에 대한 이해가 필요한 단계는?

① 감사수임 및 계획 단계
② 회계제도와 내부통제의 평가 단계
③ 입증감사절차 단계
④ 감사의견 형성 및 감사보고 단계

[해설] ①

15-10 다음의 회계감사절차 중 통제위험의 평가가 필요한 단계는?

① 감사수임 및 계획 단계
② 회계제도와 내부통제의 평가 단계
③ 입증감사절차 단계
④ 감사의견 형성 및 감사보고 단계

[해설]②

15-11 다음의 회계감사절차 중 미수정사항에 대한 중요성의 평가가 필요한 단계는?

① 감사수임 및 계획 단계
② 회계제도와 내부통제의 평가 단계
③ 입증감사절차 단계
④ 감사의견 형성 및 감사보고 단계

[해설]④

15-12 다음의 회계감사절차 중 수정사항에 대한 수정권고가 필요한 단계는?

① 감사수임 및 계획 단계
② 회계제도와 내부통제의 평가 단계
③ 입증감사절차 단계
④ 감사의견 형성 및 감사보고 단계

[해설]③

15-13 다음의 회계감사절차 중 공표용 재무제표 및 경영자확인서에 대한 수령이 필요한 단계는?

① 감사수임 및 계획 단계
② 회계제도와 내부통제의 평가 단계
③ 입증감사절차 단계
④ 감사의견 형성 및 감사보고 단계

[해설]③

15-14 감사의견에 해당하지 않는 것은?

① 의견거절 ② 적정의견
③ 한정의견 ④ 부분의견

[해설]④

15-15 감사인과 경영자간의 의견불일치로 인한 영향이 매우 중요하고 전반적이어서 한정의견의 표명으로는 재무제표가 오도 또는 왜곡표시된 사실을 적절히 표현할 수 없다고 판단했을 경우에 표명하는 감사의견은?

① 의견거절 ② 부적정의견
③ 부분의견 ④ 경고의견

[해설]②

15-16 감사기술의 종류 중에서 회사 내부 또는 외부의 관련지식이 있는 사람에게 정보를 구하는 행위를 구하는 것은?

① 검사 ② 관찰
③ 질문 ④ 조회

[해설]③, 회사 내부 또는 외부의 관련지식이 있는 사람에게 정보를 구하는 행위를 구하는 감사기술을 질문이라고 한다.

부록

부 록 : 재무제표의 양식

재무상태표

제2기 20×2년 12월 31일
제1기 20×1년 12월 31일

(주)×××　　　　　　　　　　　　　　　　　　　　　　　　　　　　(단위 : 원)

	당 기	전 기
자 산		
유동자산		
당좌자산		
현금및현금성자산	×××	×××
단기금융자산	×××	×××
매출채권	×××	×××
기타채권	×××	×××
선급법인세	×××	×××
———		
재고자산	×××	×××
매각예정자산	×××	×××
매각예정자산집단	×××	×××
생물자산	×××	×××
기타유동자산	×××	×××
유동자산 합계	×××	×××
비유동자산		
투자자산		
장기금융자산	×××	×××
지분법적용투자주식	×××	×××
투자부동산	×××	×××
유형자산	×××	×××
무형자산	×××	×××
생물자산	×××	×××
기타비유동자산	×××	×××
비유동자산 합계	×××	×××
자산 총계	×××	×××

부 채		
유동부채		
매입채무	×××	×××
단기금융부채	×××	×××
충당부채	×××	×××
미지급법인세	×××	×××
기타유동부채	×××	×××
유동부채 합계	×××	×××
비유동부채		
장기금융부채	×××	×××
퇴직급여충당부채	×××	×××
기타부채	×××	×××
비유동부채 합계	×××	×××
부채 총계	×××	×××
자 본		
지배회사지분		
자 본 금	×××	×××
기타자본		
자본잉여금	×××	×××
자본조정	×××	×××
기타포괄손익누계액	×××	×××
이익잉여금	×××	×××
소수주주지분	×××	×××
자본 총계	×××	×××
부채와 자본 총계	×××	×××

포괄손익계산서(성격별)

제2기 20×2년 1월 1일부터 20×2년 12월 31일까지
(주)×××　　제1기 20×1년 1월 1일부터 20×1년 12월 31일까지　　(단위 : 원)

	당 기	전 기
수 익	×××	×××
기타수익	×××	×××
상품의 변동	(×××)	(×××)
상품매입액	(×××)	(×××)
종업원급여	(×××)	(×××)
감가상각비	(×××)	(×××)
기타비용	(×××)	(×××)
법인세비용차감전손익	×××	×××
법인세비용	(×××)	(×××)
계속사업손익	×××	×××
중단영업손익	×××	×××
당기순손익	×××	×××
기타포괄손익	×××	×××
총포괄손익	×××	×××
주당손익		
기본주당손익	×××	×××
희석주당손익	×××	×××

포괄손익계산서(기능별)

제2기 20×2년 1월 1일부터 20×2년 12월 31일까지
(주)×××　　제1기 20×1년 1월 1일부터 20×1년 12월 31일까지　　(단위 : 원)

	당 기	전 기
수 익	×××	×××
매출원가	(×××)	(×××)
매출총이익	×××	×××
기타수익	×××	×××
물 류 비	(×××)	(×××)
일반관리비	(×××)	(×××)
마케팅비용	(×××)	(×××)
이자비용	(×××)	(×××)
기타비용	(×××)	(×××)
법인세비용차감전손익	×××	×××
법인세비용	(×××)	(×××)
계속사업손익	×××	×××
중단영업손익	×××	×××
당기순손익	×××	×××
기타포괄손익	×××	×××
총포괄손익	×××	×××
주당손익		
기본주당손익	×××	×××
희석주당손익	×××	×××

자본변동표

(주)×××　　20×1년 1월 1일부터 20×1년 12월 31일까지　　(단위 : 원)

	구　분	자본금	기타자본	이익잉여금	총 계	소수주주 지분	지배회사 지분
	기초금액	×××	×××	×××	×××	×××	×××
변동내역	총포괄손익		×××	×××	×××	×××	×××
	회계정책변경누적효과			×××	×××	×××	×××
	전기오류 수정손익			×××	×××	×××	×××
	연차배당			(×××)	(×××)	(×××)	(×××)
	중간배당			(×××)	(×××)	(×××)	(×××)
	유상증자 (감자)	×××	×××		×××	×××	×××
	자가주식취득		×××		(×××)	(×××)	(×××)
	해외사업 환산차손익		×××		(×××)	(×××)	(×××)
	기말금액	×××	×××	×××	×××	×××	×××

현금흐름표-직접법

현금흐름표

(주)×××　　20×1.01.01에서 20×1.12.31까지　　(단위 : 원)

I. 영업활동으로 인한 현금흐름		
1. 현금유입액	×××	
2. 현금유출액	(×××)	×××
II. 투자활동으로 인한 현금흐름		
1. 투자활동으로 인한 현금유입액	×××	
2. 투자활동으로 인한 현금유출액	(×××)	×××
III. 재무활동으로 인한 현금흐름		
1. 재무활동으로 인한 현금유입액	×××	
2. 재무활동으로 인한 현금유출액	(×××)	×××
IV. 현금의 증가		×××
V. 기초의 현금		×××
VI. 기말의 현금		×××

현금흐름표-간접법

현금흐름표

(주)××× 	20×1.01.01에서 20×1.12.31까지	(단위 : 원)
I. 영업활동으로 인한 현금흐름		
1. 당기순이익		×××
2. 현금의 지출이 없는 비용의 가산		
감가상각비	×××	
──	×××	×××
3. 현금의 수입이 없는 수익의 차감		
──		(×××)
4. 영업활동으로 인한 자산 · 부채의 변동		
──		×××
II. 투자활동으로 인한 현금흐름		
1. 투자활동으로 인한 현금유입액		
──		×××
2. 투자활동으로 인한 현금유출액		
──		(×××)
III. 재무활동으로 인한 현금흐름		
1. 재무활동으로 인한 현금유입액		
──		×××
2. 재무활동으로 인한 현금유출액		
──		(×××)
IV. 현금의 증가		×××
V. 기초의 현금		×××
VI. 기말의 현금		×××

색 인

_ㅂ

_ㅅ

저자소개

김석웅 부산대학교 상과대학 경영학과 졸업(학사)
서울대학교 대학원 경영학과 졸업(경영학석사)
부산대학교 대학원 회계학과 졸업(경영학박사)
호주 Monash대학교 Visiting Professor 역임
미국 UC Berkeley(Haas School) Visiting Scholar 역임
현, 동의대학교 상경대학 회계학 교수.
저 · 역서 : 중국회계제도의 어제와 오늘(산물출판, 2012), 재무회계이론(대명, 2005),
회계부정(산물출판, 2011), 자본시장회계론(신영사, 1997) 외 다수
논문 : 회계학의 해석적 방법론에 관한 연구(회계저널, 2011) 외 다수

김태동 연세대학교 경영대학 경영학과 졸업(학사)
연세대학교 대학원 경영학과 졸업(석사/박사)
미국공인회계사(USCPA, California)
현, 차의과학대학교 데이터경영학과 교수
저서 : EASY회계원리(2008, 산문출판)
IFRS중급회계(2013, 지혜의샘)
정부회계(2013, 지혜의샘)
논문 : 감사인 규모가 이익조정에 미치는 영향(2013, 회계연구) 외 다수

이영한 연세대학교 상경대학 경영학과 졸업(경영학사)
연세대학교 대학원 경영학과 졸업(경영학석사, 경영학박사)
Western Washington University, Visting scholar 역임
공인회계사, 세무사
전, 산동회계법인, 한국기업평가(주) 근무
현, 서울시립대학교 세무학과 교수
저서 : Easy 회계원리(산물출판, 2008)
논문 : 세무상 결손금을 이용한 시중 대형은행의 효과적 세무계획에 관한 연구(회계저널, 2012) 외 다수

최영문 경희대학교 회계학과 졸업(학사)
경희대학교 일반대학원 회계학과 졸업(경영학석사, 경영학박사)
전, 서울디지털대학교 재경회계학부 교수
한국세무학회 [최우수논문상수상], 한국회계정보학회 [우수논문상수상]
현, 경남대학교 경상대학 경영학부 교수
저서 : 사례중심의 원가관리회계(교육과학사, 2012년), K-IFRS 회계원리(교육과학사, 2011년)
현대회계의 이해(산문출판, 2011년), 원가관리회계(산문출판, 2009년) 외 다수
논문 : "기업의 사회적 책임원가와 기업가치 관계연구", 회계연구(2012) 외 다수

IFRS 회계와 사회

2013년 8월 25일 1판 1쇄 인쇄
2013년 8월 30일 1판 1쇄 발행

저　자 김석웅 · 김태동 · 이영한 · 최영문
발행인 김 동 규
발행처 교육과학사
주　소 경기도 파주시 교하읍 문발리
파주출판문화정보산업단지 514-5
등　록 1970년 5월 18일 제2-73호
전　화 (031) 955-6956~8
팩　스 (031) 955-6037

Home-page : www.kyoyookbook.co.kr
E-mail : kyoyook@chol.com

ISBN 978-89-254-0727-2

정가 20,000원

낙장 · 파본은 교환해 드립니다.
Printed in Korea.